Guttentag'sche Sammlung
№ 35. Deutscher Reichsgesetze. № 35.
Text-Ausgaben mit Anmerkungen.

Die

Reichs-Eisenbahngesetzgebung.

Text-Ausgabe mit Anmerkungen und Sachregister

von

W. Coermann,
Kaiserlicher Amtsrichter in Bolchen.

Berlin SW.48.
Wilhelmstraße 119/120.
J. Guttentag, Verlagsbuchhandlung.
1895.

Vorwort.

Die Bedeutung des Eisenbahnwesens für das Verkehrsleben, die einschneidenden Eingriffe des an die Bahnen sich anknüpfenden neuen Rechts in die bestehenden Rechtsverhältnisse lassen eine Sammlung und Ordnung der reichsrechtlichen Bestimmungen über das Eisenbahnwesen gerechtfertigt erscheinen.

Ist auch der Entwurf eines Reichseisenbahngesetzes nicht zum Gesetz erhoben, so finden sich doch in den Einzelgesetzen des Reichs zerstreut so viele Bestimmungen über die Eisenbahnen, daß man von einem Reichseisenbahnrecht als besonderem Rechtsgebiet sprechen kann. Nach ihrer Stellung im gesammten Rechte sind die einschlägigen Bestimmungen in Verfassungs- bzw. Verwaltungs-, bürgerliches und Strafrecht eingetheilt, eine Anordnung, gegen die zwar manches Bedenken geltend gemacht werden kann, die aber für den praktischen Gebrauch dieses Werkchens als die geeignetste erscheint.

Um die dem Bändchen der Guttentag'schen Sammlung gesteckten Grenzen nicht zu überschreiten, sind alle einer häufigeren Aenderung unterliegenden Bestimmungen fortgelassen. Aus gleichem Grunde wurde von der Aufnahme der Bahnordnung für die Nebeneisenbahnen Deutschlands Abstand genommen und die Abweichungen von den Paragraphen der Betriebs-Ordnung in den Anmerkungen zu diesen angedeutet.

Die Anmerkungen bezwecken die Wiedergabe des in den Entscheidungen höchster Gerichtshöfe niedergelegten Rechtes, diejenigen des Reichsgerichts sind — soweit ihre Veröffentlichung erfolgte — nahezu erschöpfend berücksichtigt. Streitige Fragen sowie die Litteratur konnten wegen Mangels an Raum keine Aufnahme finden.

Das Werkchen ist bestimmt, Juristen und Eisenbahnbeamten als Wegweiser durch das bestehende Reichseisenbahnrecht zu dienen und soll das oft schwierige Aufsuchen der zerstreut sich findenden Bestimmungen in Gesetzblättern und Rechtsbüchern ersparen.

Bolchen (Lothringen), im Februar 1895.

Der Verfasser.

Inhalt.

Abkürzungen.

BO. = Betriebs-Ordnung.
CA. = Central-Amt für den internationalen Eisenbahntransport in Bern.
CBl. = Centralblatt für das Deutsche Reich.
CPO. = Civilprozeßordnung.
Eger, Entsch. = „Eisenbahnrechtliche Entscheidungen" von Eger.
GO. = Gewerbe-Ordnung.
HGB. = Handelsgesetzbuch.
Opp. = Oppenhoff, Rechtsprechung i. Strafsachen.
OLG. = Oberlandesgericht.
Rechtspr. = Rechtsprechung des Reichsgerichts. (Herausgegeben von der Reichsanwaltschaft.)
RG. = Reichsgericht, Entscheidungen in Strafsachen bezw. in Civilsachen.
RV. = Reichsverfassung.
RVA. = Reichsversicherungsamt.
Pr.OVG. = Preußisches Ober-Verwaltungs-Gericht.
Pr.OT. = Preußisches Obertribunal.
StGB. = Strafgesetzbuch.
StPO. = Strafprozeßordnung.
VO. = Verkehrs-Ordnung.
Internat. Uebereink. = Internationales Uebereinkommen über den Eisenbahn-Frachtverkehr.

I. Verfassungs- und Verwaltungsrecht.

1. Reichsverfassung.

(BGBl. 1871 S. 63.)

Art. 4. Der Beaufsichtigung[1] Seitens des Reichs und der Gesetzgebung[2] desselben unterliegen die nachstehenden Angelegenheiten:

8) das Eisenbahnwesen,[3] in Bayern vorbehaltlich der Bestimmung im Artikel 46, und die Herstellung von Land- und Wasserstraßen im Interesse der Landesvertheidigung und des allgemeinen Verkehrs.

[1] Durch das Reichseisenbahnamt und die Linienkommissionen.

[2] Nur bezüglich der Landesvertheidigung und des allgemeinen Verkehrs, im Uebrigen ist das Eisenbahnhoheitsrecht den Einzelstaaten verblieben.

[3] Ohne Unterschied, ob Staats- oder Privatbahnen, jedoch nur Dampfbahnen, nicht Pferdebahnen. RG. 19. 5. 85 (Entsch. i. Str. S. XII 205) und RG. 3. 7. 80 (Eger, Entsch. X 244).

Art. 41. Eisenbahnen,[1] welche im Interesse der Vertheidigung Deutschlands oder im Interesse des gemeinsamen Verkehrs für notwendig erachtet werden, können kraft eines Reichsgesetzes auch gegen den Widerspruch der Bundesglieder,[2] deren Gebiet die Eisenbahnen durchschneiden, unbeschadet der Landeshoheitsrechte, für Rechnung des Reichs angelegt oder an Privatunternehmer zur Ausführung konzessionirt[3] und mit dem Expropriationsrechte[4] ausgestattet werden.

Jede bestehende Eisenbahnverwaltung ist verpflichtet, sich den Anschluß neu angelegter Eisenbahnen auf Kosten der letzteren gefallen zu lassen.

Die gesetzlichen Bestimmungen, welche bestehenden Eisenbahn-Unternehmungen[5] ein Widerspruchsrecht gegen die Anlegung von Parallel- oder Konkurrenzbahnen einräumen, werden, unbeschadet bereits erworbener Rechte, für das ganze Reich hierdurch aufgehoben. Ein solches Widerspruchsrecht kann auch in den künftig zu ertheilenden Konzessionen nicht weiter verliehen werden.

[1] Art. 41—47 gelten nicht für Pferdebahnen, elektrische und ähnliche Bahnen.

[2] Auch in Bayern; vergl. Art. 46 Abs. 2.

[3] Konzessionirung sonst Landeshoheitsrecht.

[4] In den Grenzen des in dem betr. Staate geltenden Enteignungsrechts.

[5] Auch Staatsverwaltungen.

Art. 42. Die Bundesregierungen verpflichten sich, die deutschen Eisenbahnen im Interesse des allgemeinen Verkehrs wie ein einheitliches Netz verwalten und zu diesem Behuf auch die neu[1] herzustellenden Bahnen nach einheitlichen Normen[2] anlegen und ausrüsten zu lassen.[3]

[1] Bezieht sich nicht auf damals bereits bestehende Bahnen, bei denen also eine Aenderung nicht verlangt wird.

[2] Vergl. Normen über den Bau und die Ausrüstung der Haupteisenbahnen Deutschlands vom 5. Juli 1892, RGBl. S. 747 ff.

[3] Art 42 betrifft den Bau, Art. 43 den Betrieb und Art. 44 den Transport.

Art. 43. Es sollen demgemäß in thunlichster Beschleunigung übereinstimmende Betriebseinrichtungen getroffen, insbesondere gleiche Bahnpolizei-Reglements[1] eingeführt werden. Das Reich hat dafür Sorge zu tragen,[2] daß die Eisenbahnverwaltungen die Bahnen jederzeit in einem die nöthige Sicherheit gewährenden baulichen Zustande erhalten und dieselben mit Betriebsmaterial so ausrüsten, wie das Verkehrsbedürfniß es erheischt.

[1] Erlassen am 4. Jan. 1875, jetzt ersetzt durch die Betriebsordnung vom 5. Juli 1892 (siehe unten). Signalordnung vom 5. Juli 1892, RGBl. S. 733 ff. Bahnordnung für deutsche Eisenbahnen untergeordneter Bedeutung vom 12. Juni 1878, jetzt ersetzt durch die Bahnordnung für die Nebeneisenbahnen Deutschlands vom 5. Juli 1892, RGBl. S. 764 ff. Bestimmungen über die Befähigung von Eisenbahnbetriebsbeamten vom 5. Juli 1892, RGBl. S. 723 ff.

[2] Ueberwachung durch das Reichseisenbahnamt (siehe unten).

Art. 44. Die Eisenbahnverwaltungen sind verpflichtet, die für den durchgehenden[1] Verkehr und zur Herstellung ineinander greifender Fahrpläne[2] nöthigen Personenzüge mit entsprechender Fahrgeschwindigkeit, desgleichen die zur Bewältigung des Güterverkehrs nöthigen Güterzüge einzuführen, auch direkte Expeditionen im Personen- und Güterverkehr, unter Gestattung des Ueberganges[3] der Transportmittel von einer Bahn auf die andere, gegen die übliche Vergütung einzurichten.

[1] Nur auf das Inland bezüglich. Wegen des Verkehrs mit dem Auslande vergl. Internationales Uebereinkommen über den Eisenbahnfrachtverkehr vom 14. Okt. 1890 (s. unten).

[2] Nach Veröffentlichung Aenderung ohne Genehmigung der Aufsichtsbehörde nicht mehr zulässig. RG. 27. 10. 93 (Entsch. i. C.S. XXXII 134). Letztere zur Aenderung der Fahrpläne auch dann befugt, wenn der Bestand derselben Privaten vorher vertragsmäßig zugesagt war

[3] Wenn die Betriebseinrichtungen solches gestatten (z. B. die Umgrenzung des lichten Raumes), Aenderung der nicht genügenden, vor Erlaß der Reichsverfassung hergestellten, kann nicht verlangt werden. Siehe Anm. 1 zu Art 42.

Art. 45. Dem Reiche steht die Kontrole über das Tarifwesen zu. Dasselbe wird namentlich dahin wirken:

1) daß baldigst auf allen Deutschen Eisenbahnen übereinstimmende Betriebsreglements[1] eingeführt werden;
2) daß die möglichste Gleichmäßigkeit und Herabsetzung der Tarife[2] erzielt, insbesondere, daß bei größeren Entfernungen für den Transport von Kohlen, Koaks, Holz, Erzen, Steinen, Salz, Roheisen, Düngungsmitteln und ähnlichen Gegenständen ein dem Bedürfniß der Landwirthschaft und Industrie entsprechender ermäßigter Tarif, und zwar zunächst thunlichst der Einpfennig-Tarif eingeführt werde.

[1] Eisenbahnbetriebsreglement vom 10. Juni 1870, jetzt ersetzt durch die Verkehrsordnung vom 15. Nov. 1892 (s. unten).

[2] Die Tarife werden z. B. einheitlich durch den Verein deutscher Eisenbahnverwaltungen festgesetzt und wirken, soweit nicht das Reich oder die Einzelstaaten widersprechen.

Art. 46. Bei eintretenden Nothständen,[1] insbesondere bei ungewöhnlicher Theuerung der Lebensmittel, sind die Eisenbahnverwaltungen verpflichtet, für den Transport, namentlich von Getreide, Mehl, Hülsenfrüchten und Kartoffeln, zeitweise einen dem Bedürfniß entsprechenden, von dem Kaiser auf Vorschlag des betreffenden Bundesraths-Ausschusses festzustellenden, niedrigen Spezialtarif einzuführen, welcher jedoch nicht unter den niedrigsten auf der betreffenden Bahn für Rohprodukte geltenden Satz herabgehen darf.

Die vorstehend, sowie die in den Artikeln 42 bis 45 getroffenen Bestimmungen sind auf Bayern nicht anwendbar.

Dem Reiche steht jedoch auch Bayern gegenüber das Recht zu, im Wege der Gesetzgebung einheitliche Normen für die Konstruktion und Ausrüstung der für die Landesvertheidigung wichtigen Eisenbahnen aufzustellen.

[1] Das Vorliegen des Nothstandes wird durch den Kaiser festgestellt.

Art. 47. Den Anforderungen der Behörden des Reichs in Betreff der Benutzung der Eisenbahnen zum Zweck der Vertheidigung Deutschlands haben sämmtliche Eisenbahnverwaltungen unweigerlich Folge zu leisten.[1] Insbesondere ist das Militair und alles Kriegsmaterial zu gleichen ermäßigten Sätzen zu befördern.

[1] Auch in Friedenszeiten. Vergl. Gesetz vom 13. Febr. 1875, betr. Naturalleistungen für die bewaffnete Macht im Frieden § 15 (siehe unten), und Gesetz vom 13. Juni 1873 über die Kriegsleistungen §§ 28—31 (siehe unten); ferner die im Anschluß hieran erlassene Friedenstransportordnung vom 11. Febr. 1888, RGBl. S. 23, und Kriegstransportordnung vom 26. Febr. 1887, RGBl. S. 9.

2. Bekanntmachung, betreffend die Betriebsordnung für die Haupteisenbahnen Deutschlands.

Vom 5. Juli 1892.

(RGBl. S. 691).

Gemäß der vom Bundesrath in der Sitzung vom 30. Juni 1892 auf Grund der Artikel 42 und 43 der Reichsverfassung gefaßten Beschlüsse tritt an die Stelle des Bahnpolizei-Reglements für die Eisenbahnen Deutschlands vom 30. November 1885 nachstehende

Betriebsordnung [1]

für die

Haupteisenbahnen [2] Deutschlands.

I.

Zustand, Unterhaltung und Bewachung der Bahn.

§. 1. Fahrbarer Zustand der Bahn.

(1) Die Bahn ist fortwährend in einem solchen baulichen Zustande zu halten, daß jede Strecke, soweit sie sich nicht in Ausbesserung befindet, ohne Gefahr mit der von der Aufsichtsbehörde für die betreffende Strecke festgesetzten größten Geschwindigkeit (§. 26) befahren werden kann.

(2) Bahnstrecken, auf welchen zeitweise die sonst für dieselben zulässige Fahrgeschwindigkeit ermäßigt werden muß, sind durch Signale als solche zu kennzeichnen, und unfahrbare Strecken, auch wenn kein Zug erwartet wird, durch Signale abzuschließen.

(3) Die Bahnhöfe und Haltestellen sind durch Signale geschlossen zu halten und nur für die Einfahrt oder Durchfahrt der Züge zu öffnen (§. 46 (1)).

[1] Die Betriebsordnung hat nicht Gesetzeskraft, kann also entgegenstehende Landesgesetze nicht aufheben; Abdruck im Reichsgesetzblatt nicht genügend, es fehlt Mitwirkung des Reichstages und Veröffentlichung durch den Kaiser. OLG. Colmar 3. 2. 88 (Eger, Entsch. VI 250). Anderer Meinung: RG. 24. 3. 84 (Entsch. in Str. S. X 327).

[2] Ausschluß der normalspurigen Nebeneisenbahnen, aller Schmalspurbahnen, Straßenbahnen, elektrischen und ähnlichen Bahnen. RG. 19. 5. 85 (Entsch. i. Str. S. XII 205). Bezüglich der Nebenbahnen vergl. Bahnordnung für dieselben vom 5. Juli 1892, RGBl. S. 764 ff.

§. 2. Umgrenzung des lichten Raumes.

(1) Sämmtliche Gleise, auf denen Züge bewegt werden, sind von baulichen Anlagen und lagernden Gegenständen[1] mindestens bis zu derjenigen Umgrenzung des lichten Raumes frei zu halten, welche für die freie Bahn, sowie innerhalb der Stationen für die Ein- und Ausfahrtsgleise der Züge mit Personenbeförderung auf Anlage A,[2] für die sonstigen Gleise der Stationen auf Anlage B[3] dargestellt ist. Dabei ist in Krümmungen auf die Spurerweiterung und die Ueberhöhung der äußeren Schiene Rücksicht zu nehmen. Bei Gleisen, welche innerhalb der Stationen zur Ein- und Ausfahrt von Militärzügen dienen, ist eine Abweichung von der Umgrenzung des lichten Raumes — Anlage A — hinsichtlich der Höhe der obersten Stufe über das Maaß von $0_{,760}$ Meter zulässig.

(2) Die bis zu 50 Millimeter über Schienenoberkante hervortretenden unbeweglichen Gegenstände müssen außer-

halb des Gleises im Allgemeinen mindestens 150 Millimeter von der Innenkante des Schienenkopfes entfernt bleiben; bei unveränderlichem Abstande derselben von der Fahrschiene darf dies Maaß auf 135 Millimeter eingeschränkt werden. Innerhalb des Gleises muß ihr Abstand von der Innenkante des Schienenkopfes mindestens 67 Millimeter betragen, jedoch kann dieser Abstand bei Zwangsschienen nach dem mittleren Theile hin allmälig bis auf 41 Millimeter eingeschränkt werden. In gekrümmten Strecken mit Spurerweiterung muß der Abstand der innerhalb des Gleises hervortretenden unbeweglichen Gegenstände von der Innenkante des Schienenkopfes um den Betrag der Spurerweiterung größer sein, als die vorgenannten Maaße.

(3) An Ladegleisen kann nach der Art ihrer Benutzung eine Einschränkung der Umgrenzung des lichten Raumes von der Aufsichtsbehörde zugelassen werden.

(4) Inwieweit im Uebrigen Abweichungen von der vorgeschriebenen Umgrenzung des lichten Raumes zu gestatten sind, bestimmt der Bundesrath.

[1] Und Gewächsen, Bäumen.

[2] Siehe RGBl. 1892 S. 721, 722.

§ 3. Vorrichtungen zur Sicherung der Weichen, beweglichen Brücken und Bahnkreuzungen, Schiebebühnen und Drehscheiben.

(1) Weichen, welche außerhalb der Bahnhöfe und Haltestellen liegen, sind durch Signale zu decken. Werden solche Weichen für gewöhnlich verschlossen gehalten,

so muß mindestens ihre Stellung durch geeignete Signale kenntlich gemacht sein.

(2) Die innerhalb eines Bahnhofes oder einer Haltestelle liegenden Weichen, welche von ein- oder durchfahrenden Personenzügen im regelmäßigen Betriebe gegen die Zungenspitze befahren werden, müssen durch Signalvorrichtungen gesichert sein, und zwar darf das Fahrsignal erst erscheinen können, nachdem die Weichen für den vorgeschriebenen Weg gestellt sind; auch müssen die Weichen in richtiger Lage festgelegt sein, solange das Fahrsignal steht.

(3) Alle übrigen in den Hauptgleisen der Bahnhöfe und Haltestellen liegenden Weichen müssen, sofern sie nicht ebenfalls mit den Signalen zur Sicherung der spitz zu befahrenden Weichen in gegenseitiger Abhängigkeit stehen, mit besonderen Signalen verbunden sein, welche die jedesmalige Stellung der Weichen kenntlich machen.

(4) Bewegliche Brücken, mit Ausschluß derjenigen, welche nur ausnahmsweise bei vorübergehender Außerbetriebsetzung der betreffenden Gleise geöffnet werden, sind nach beiden Richtungen durch Signale abzuschließen, welche mit der Verriegelungsvorrichtung der Brücke dergestalt in gegenseitiger Abhängigkeit stehen, daß das Fahrsignal nur bei genauer und völlig sicherer Feststellung der Brücke erscheinen kann.

(5) Die Hauptgleise dürfen nicht durch Schiebebühnen mit versenkten Gleisen unterbrochen sein; Drehscheiben in den Hauptgleisen sind nur in besonderen Fällen mit Genehmigung der Landes-Aufsichtsbehörde zulässig.

(6) Bahnkreuzungen in Schienenhöhe außerhalb der Bahnhöfe und Haltestellen sind durch Signale, welche in gegenseitiger Abhängigkeit von einander stehen, nach jeder Richtung zu sichern.

§. 4.[1] Einfriedigungen der Bahn.

(1) Einfriedigungen müssen da angelegt werden, wo die gewöhnliche Bahnbewachung nicht hinreicht, um Menschen oder Vieh vom Betreten der Bahn abzuhalten.

(2) Zwischen der Eisenbahn und Wegen, welche unmittelbar neben derselben in gleicher Ebene oder höher liegen, sind Schutzwehren erforderlich. Als solche können nach näherer Bestimmung der Landes=Polizeibehörde auch Gräben mit Seitenaufwurf angesehen werden.

(3) Die Uebergänge in Schienenhöhe müssen mit leicht sichtbaren Schranken[2] in angemessener Entfernung von dem nächsten Gleise versehen sein. An Uebergängen für Fußgänger kann die Aufsichtsbehörde Drehkreuze oder andere in gleicher Weise sichernde Verschlüsse zulassen.

(4) Die Schranken dürfen auch während des Oeffnens und Schließens nicht in die Umgrenzung des lichten Raumes der Bahngleise (§. 2 (1)) hineinreichen.

(5) Die Zugschranken müssen auch mit der Hand geöffnet und geschlossen werden können. Jeder durch Zugschranken abzuschließende Uebergang muß mit einer Glocke versehen sein, mit welcher vor dem Schließen der Schranken zu läuten ist. Zugschranken in mehr als 50 Meter Entfernung von dem Standorte des bedienenden Wärters sind nur bei Uebergängen mit geringem Verkehr anzu=

wenden und müssen vom Standorte des Wärters aus zu übersehen sein.

(6) In angemessener Entfernung vor den Wegeübergängen in Schienenhöhe müssen Warnungstafeln aufgestellt sein, welche zugleich die Stelle des Weges bezeichnen, wo Fuhrwerke, Reiter und Viehherden anhalten müssen, wenn die Schranken geschlossen sind.[3]

[1] Nichtbeachtung giebt Dritten kein Klagerecht auf Herstellung der Einfriedigung, Oldenburg 2. 11. 72 in Eisenbahnzeitung 1884 Nr. 71, begründet jedoch Haftpflicht der Bahn für dadurch entstehenden Schaden. RG. 24. 3. 84 (Entsch. i. Str.S. X 327).

[2] Dieselben müssen so fest hergestellt sein, daß bei gewöhnlichem Verkehr ein Durchbrechen unmöglich ist.

[3] Bezüglich der Abweichungen bei Nebenbahnen vergl. Bahnordnung f. dieselben § 7.

§. 5. Bewachung der Bahn.

(1) Die Bahn muß solange bewacht werden, als noch Züge oder einzeln fahrende Lokomotiven zu erwarten sind.

(2) Sämmtliche Bahnstrecken müssen durch die Wärter täglich mindestens dreimal auf ihren ordnungsmäßigen Zustand untersucht werden. Ausnahmen hiervon können für einzelne Bahnlinien mit geringem Verkehr von der Aufsichtsbehörde zugelassen werden. Gefahrdrohende Stellen sind ständig zu bewachen.

(3) Bei der Untersuchung ist insbesondere auch auf die Dienstfähigkeit der Weichen- und Signalvorrichtungen zu achten.

(4) Die Wegeschranken sind rechtzeitig vor Ankunft des Zuges zu schließen.

(5) Die Schranken an nicht besonders bewachten Uebergängen von Privatwegen sind unter Verschluß zu halten (§. 58).

(6) Die Schranken an Uebergängen mit geringem Verkehr können mit Genehmigung der Landes-Polizeibehörde geschlossen gehalten werden, müssen dann aber mit einem Glockenzug versehen sein, mittelst dessen der Wärter zum Oeffnen der Schranken aufgefordert werden kann. Auf Verlangen hat der Wärter die Schranken zu öffnen, sobald dies ohne Gefahr geschehen kann.

(7) Die Uebergänge in Schienenhöhe innerhalb der Stationen sind während der Dauer des Betriebes zu überwachen.

(8) Der Schrankendienst kann, wenn er von dem Dienst der Gleisüberwachung getrennt ist, auch weiblichen Personen anvertraut werden.

(9) Die Uebergänge der verkehrsreicheren öffentlichen Fahrstraßen müssen bei geschlossenen Schranken im Dunkeln beleuchtet sein. Dasselbe gilt von sämmtlichen Zugschranken, soweit sie nicht unter Verschluß gehalten werden.

(10) Die Anfahrten[1 2] auf den Stationen und die Bahnsteige sind bei Dunkelheit mindestens eine halbe Stunde vor Ankunft eines jeden zur Personenbeförderung bestimmten Zuges zu beleuchten. Auf den Anfangsstationen solcher Züge hat die Beleuchtung mindestens eine halbe Stunde vor deren Abfahrt zu beginnen.[3]

[1] „Anfahrten“ begreift jede Art Zugang, auch Fußsteige. Für Unfälle durch mangelhafte Beschaffenheit oder Beleuchtung derselben haftet die Bahn. RG. 13. 10. 91 (Eger, Entsch. IX 87).

[2] „Anfahrten“ übrigens nicht identisch mit „Vorplätze der Stationen“ im § 53, erstere sind zur Fortbewegung, letztere zum Anhalten bestimmt. Pr. OVG. 28. 9. 92 (Eger, Entsch. IX 351); unter ersteren sind nur diejenigen Wegetheile zu verstehen, welche Eigenthum der Bahn sind und auf Bahngebiet liegen. Pr. OVG. 20. 10. 91 (Eger, Entsch. IX 93).

[3] Das Bahngebiet ist im Uebrigen nur soweit zu beleuchten, als es den Betrieb und die Sicherheit der auf demselben dienstlich beschäftigten Personen betrifft. RG. 2. 2. 81 (Eger, Entsch. I 378).

§. 6. Abtheilungszeichen, Neigungszeiger, Merkzeichen.

(1) Die Bahn muß mit Abtheilungszeichen versehen sein, welche Entfernungen von ganzen und zehntel Kilometern angeben.

(2) Die Neigungen der einzelnen Bahnstrecken und die Längen derselben zwischen den Wechselpunkten müssen neben den letzteren durch Neigungszeiger kenntlich gemacht sein.

(3) Zwischen zusammenlaufenden Schienensträngen muß ein Merkzeichen angebracht sein, welches die Stelle angiebt, über die hinaus auf dem einen Gleise Fahrzeuge mit keinem ihrer Theile vorgeschoben werden dürfen, ohne daß der Durchgang von Fahrzeugen auf dem anderen Gleise gehindert wird.

II.

Zustand, Unterhaltung und Untersuchung der Betriebsmittel.

§. 7. Zustand der Betriebsmittel.

Die Betriebsmittel müssen fortwährend in einem solchen Zustande gehalten werden, daß die Fahrten mit der größten für die letzteren zulässigen Geschwindigkeit (§. 26) ohne Gefahr stattfinden können.

§. 8. Einrichtung der Lokomotiven.

(1) Für jede Lokomotive ist nach Maßgabe ihrer Bauart eine Fahrgeschwindigkeit vorzuschreiben, welche in Rücksicht auf die Sicherheit niemals überschritten werden darf. Diese Geschwindigkeit muß an der Lokomotive angezeichnet sein.

(2) Die zur Beförderung von Zügen mit mehr als 45 Kilometer Geschwindigkeit in der Stunde bestimmten Lokomotiven mit besonderem Tender, deren sämmtliche Achsen vor der Feuerbuchse liegen, müssen mit Vorrichtungen zur Verhütung des Schlingerns versehen sein.

(3) An jedem Lokomotivkessel muß sich eine Einrichtung zum Anschluß eines Prüfungsmanometers befinden, durch welches die Belastung der Sicherheitsventile und die Richtigkeit der Federwaagen und Manometer geprüft werden kann.

(4) Jede Lokomotive muß versehen sein:

a) mit mindestens zwei zuverlässigen Vorrichtungen zur Speisung des Kessels, welche unabhängig von einander in Betrieb gesetzt werden können, und von denen jede für sich während der Fahrt im Stande sein muß, das zur Speisung erforderliche Wasser zuzuführen. Eine dieser Vorrichtungen muß geeignet sein, auch beim Stillstande der Lokomotive dem Kessel Wasser zuzuführen;

b) mit mindestens zwei von einander unabhängigen Vorrichtungen zur zuverlässigen Erkennung der Wasserstandshöhe im Innern des Kessels. Bei einer dieser Vorrichtungen muß die Höhe des Wasserstandes vom Stande des Führers ohne besondere Proben fortwährend erkennbar und eine in die Augen fallende Marke des niedrigsten zulässigen Wasserstandes angebracht sein;

c) mit wenigstens zwei Sicherheitsventilen, von welchen das eine so eingerichtet sein soll, daß die Belastung desselben nicht über das bestimmte Maaß gesteigert werden kann. Die Sicherheitsventile sind so einzurichten, daß sie vom gespannten Dampf nicht weggeschleudert werden können, wenn eine unbeabsichtigte Entlastung derselben eintritt. Die Einrichtung der Sicherheitsventile muß denselben eine senkrechte Bewegung von drei Millimeter gestatten;

d) mit einer Vorrichtung (Manometer), welche den Druck des Dampfes zuverlässig und ohne Anstellung besonderer Proben fortwährend erkennen läßt. Auf den Zifferblättern der Manometer muß der höchste zulässige Dampfüberdruck durch eine in die Augen fallende Marke bezeichnet sein;

e) mit einer Dampfpfeife.

§. 9. Abnahmeprüfung und wiederkehrende Untersuchungen der Lokomotiven und Tender.

(1) Neue oder mit neuen Kesseln versehene Lokomotiven dürfen erst in Betrieb gesetzt werden, nachdem sie einer technisch-polizeilichen Abnahmeprüfung unterworfen und als sicher befunden sind. Der hierbei als zulässig erkannte höchste Dampfüberdruck sowie der Name des Fabrikanten der Lokomotive und des Kessels, die laufende Fabriknummer und das Jahr der Anfertigung müssen in leicht erkennbarer und dauerhafter Weise an der Lokomotive bezeichnet sein.

(2) Nach jeder umfangreicheren Ausbesserung des Kessels, im Uebrigen in Zeitabschnitten von höchstens drei Jahren, sind die Lokomotiven nebst den zugehörigen Tendern in allen Theilen einer gründlichen Untersuchung zu unterwerfen, mit welcher eine Kesseldruckprobe zu verbinden ist. Diese Zeitabschnitte sind vom Tage der Inbetriebsetzung nach beendeter Untersuchung bis zum Tage der Außerbetriebsetzung zum Zweck der nächsten Untersuchung zu bemessen.

(3) Bei den Druckproben ist der Kessel vom Mantel zu entblößen, mit Wasser zu füllen und mittelst einer Druckpumpe zu prüfen. Der Probedruck soll den höchsten zulässigen Dampfüberdruck um fünf Atmosphären übersteigen. Bei Lokomotiven, für welche ein geringerer Probedruck bis zum Inkrafttreten dieser Bestimmungen als zulässig erachtet worden ist, kann es mit Genehmigung der Aufsichtsbehörde hierbei verbleiben.

(4) Kessel, welche bei dieser Probe ihre Form bleibend ändern, dürfen in diesem Zustande nicht wieder in Dienst genommen werden.

(5) Bei jeder Kesselprobe ist gleichzeitig die Richtigkeit der Manometer und Ventilbelastungen der Lokomotiven zu prüfen.

(6) Der angewendete Probedruck ist mittelst eines Prüfungsmanometers zu messen, welches in angemessenen Zeitabschnitten auf seine Richtigkeit untersucht werden muß.

(7) Längstens acht Jahre nach Inbetriebsetzung eines Lokomotivkessels muß eine innere Untersuchung desselben vorgenommen werden, bei welcher die Siederohre zu entfernen sind. Nach spätestens je sechs Jahren ist diese Untersuchung zu wiederholen.

(8) Ueber die Ergebnisse der Kesseldruckproben und der sonstigen mit den Lokomotiven und Tendern vorgenommenen Untersuchungen ist Buch zu führen.

§. 10. Bahnräumer, Aschkasten, Funkenfänger.

(1) An der Stirnseite der Lokomotiven und an der Rückseite der Tender und Tenderlokomotiven müssen Bahnräumer angebracht sein.

(2) Jede Lokomotive muß mit einem verschließbaren Aschkasten und mit Vorrichtungen versehen sein, welche den Auswurf glühender Kohlen aus dem Aschkasten und dem Schornstein zu verhüten bestimmt sind.

§. 11. Bremsen der Lokomotiven und Tender.

(1) Tenderlokomotiven und Tender müssen ohne Rück-

sicht auf etwa vorhandene anderweite Bremsvorrichtungen mit einer Handbremse versehen sein, die jederzeit leicht und schnell in Thätigkeit gesetzt werden kann.

(2) Diejenigen Lokomotiven, welche zur Beförderung von Personenzügen mit mehr als 60 Kilometer Geschwindigkeit in der Stunde (§. 26) dienen, müssen mit Vorrichtungen versehen sein, welche es ermöglichen, daß ihre Bremse zugleich mit den Wagenbremsen vom Führerstande aus in Thätigkeit gesetzt werden kann.

§. 12. Beschaffenheit der Fahrzeuge und Kuppelungen.

(1) Sämmtliche Wagen, mit Ausnahme der nur in Arbeitszügen laufenden, müssen mit Tragfedern, sowie an beiden Stirnseiten mit federnden Zug- und Stoßvorrichtungen versehen sein.

(2) Sämmtliche Räder müssen Spurkränze haben, deren Höhe über den mittleren, 750 Millimeter von der Mitte der Achse entfernt anzunehmenden Laufkreisen der Räder (Absatz (3)) nicht weniger als 25 Millimeter, und auch im Zustande der größten Abnutzung der Radreifen nicht mehr als 36 Millimeter betragen darf.

(3) Die Stärke der Radreifen muß bei Lokomotiven und Tendern, Personen-, Post- und Gepäckwagen sowie bei Güterwagen, welche vorzugsweise zur Einstellung in Personenzüge bestimmt sind, mindestens 24 Millimeter, bei allen übrigen Fahrzeugen mindestens 20 Millimeter betragen, und zwar in der senkrechten Ebene des Laufkreises gemessen. Bei Rädern, deren Reifen durch eine

Befestigungsnuth unter der der Abnutzung unterworfenen Fläche geschwächt sind, müssen noch an der schwächsten Stelle die bezeichneten Maaße innegehalten werden.

(4) Sämmtliche Fahrzeuge müssen sich in doppelter, von einander unabhängiger Weise so mit einander verbinden lassen, daß beim Bruch irgend eines Theiles der angespannten Kuppelungsvorrichtung die Sicherheitskuppelung in Wirksamkeit tritt.

(5) Ob und unter welchen Bedingungen einzelne Theile der Hauptkuppelungsvorrichtung zugleich für die Sicherheitskuppelung verwendet werden dürfen, entscheidet die Landes-Aufsichtsbehörde nach Verständigung mit dem Reichs-Eisenbahn-Amt.

(6) Alle Kuppelungen und Verbindungsvorrichtungen müssen, wenn sie herabhängen, beim niedrigsten zulässigen Bufferstande noch mindestens 75 Millimeter von der Schienenoberkante entfernt bleiben.

(7) Jeder mit mehr als 60 Kilometer Geschwindigkeit in der Stunde fahrende Personenzug muß mit durchgehender Bremse versehen sein, welche folgenden Bedingungen zu entsprechen hat:

a) Die Bremse muß durch den Lokomotivführer, den Zugführer und den Wagenwärter, sowie von jeder Personenwagenabteilung aus in Thätigkeit gesetzt werden können.

b) Die Bremse muß selbstthätig wirken, sobald der Zusammenhang der Bremsleitung aufgehoben wird.

Am Schlusse eines solchen Zuges dürfen einzelne Wagen ohne durchgehende Bremse mitgenommen werden, deren gesammte Achsenzahl jedoch nie mehr als sechs betragen darf. Sofern in diesem Falle der letzte Wagen nach Maßgabe des §. 33 (1) eine bediente Bremse haben muß, hat die Bedienung derselben durch einen Bremser zu erfolgen.

(8) Die Bremsen eines mit durchgehender Bremse versehenen Zuges müssen in der nach §. 13 erforderlichen Anzahl auch einzeln mit der Hand bedient werden können.

§. 13. Zahl der Bremsen eines Zuges.

(1) In jedem Zuge müssen außer den Bremsen am Tender und an der Lokomotive so viele Bremsen bedient sein, daß durch die letzteren mindestens der aus nachstehendem Verzeichnisse zu berechnende Theil der im Zuge befindlichen Wagenachsen gebremst werden kann.

Auf Neigungen		Bei einer Fahrgeschwindigkeit von									
von ..... ‰	vom Verhältniß	25	30	35	40	45	50	60	70	80	90
		Kilometer in der Stunde müssen von je 100 Wagenachsen zu bremsen sein									
0	1 : ∞	6	6	6	6	8	10	17	25	36	48
2,5	1 : 400	6	6	7	9	11	14	21	30	41	54
5,0	1 : 200	6	7	9	12	14	18	25	35	46	59
7,5	1 : 133	8	10	12	15	18	21	29	39	51	.
10,0	1 : 100	10	13	15	18	21	25	33	44	56	.
12,5	1 : 80	13	15	18	21	25	29	38	48	.	.
15,0	1 : 66	15	18	21	24	28	32	42	53	.	.
17,5	1 : 57	18	21	24	27	32	36	46	.	.	.
20,0	1 : 50	20	23	27	31	35	39	50	.	.	.
22,5	1 : 44	22	26	30	34	38	43	.	.	.	.
25,0	1 : 40	25	29	33	37	42	47	.	.	.	.

(2) Bei der hiernach auszuführenden Berechnung der Zahl der zu bremsenden Wagenachsen ist Folgendes zu beachten:

a) Für Fahrgeschwindigkeiten und Neigungen, welche zwischen den in dem Verzeichnisse aufgeführten liegen, gilt jedesmal die größte der dabei in Frage kommenden Bremszahlen.

b) Die Anzahl der zu bremsenden Wagenachsen ist für die stärkste, auf der fraglichen Strecke vorkommende Bahnneigung (Steigung oder Gefälle), welche sich ununterbrochen auf eine Länge von

1000 Meter oder darüber erstreckt, zu bestimmen. Erreicht die stärkste vorkommende Neigung an keiner Stelle die Länge von 1000 Meter, so ist die gerade Verbindungslinie zwischen denjenigen zwei Punkten des Längenschnitts, welche bei 1000 Meter Entfernung den größten Höhenunterschied zeigen, als stärkstgeneigte Strecke anzusehen.

c) Als maßgebende Fahrgeschwindigkeit ist diejenige anzunehmen, welche der Zug auf der betreffenden Strecke höchstens erreichen darf.

d) Sowohl bei Zählung der vorhandenen Wagenachsen, als auch bei Feststellung der erforderlichen Bremsachsen, ist eine unbeladene Güterwagenachse als halbe Achse zu rechnen. Die Achsen von Personen-, Post- und Gepäckwagen sind stets voll in Ansatz zu bringen.

e) Der bei der Berechnung der erforderlichen Anzahl der zu bremsenden Wagenachsen sich etwa ergebende überschießende Bruchtheil ist stets als ein Ganzes zu rechnen.

(3) Bei Militärzügen sind mindestens die für eine Fahrgeschwindigkeit von 40 Kilometer angegebenen Bremszahlen anzunehmen.

(4) Für Bahnstrecken, welche stärkere Neigungen als 25 ‰ (1 : 40) haben, sind für das Bremsen der Züge von der Landes-Aufsichtsbehörde besondere Vorschriften zu erlassen.

(5) Den im äußeren Betriebsdienst beschäftigten Stationsbeamten sowie den Lokomotiv- und Zugführern

ist bekannt zu geben, der wievielte Theil der Wagenachsen auf jeder Strecke bei den vorgeschriebenen Fahrgeschwindigkeiten muß gebremst werden können.

§. 14. Verschluß und Erleuchtung der Personenwagen.

(1) Die Thüren, welche sich an den Langseiten der Personenwagen befinden, müssen mit mindestens doppelter, nur von der Außenseite zu schließender Verschlußvorrichtung versehen sein, deren einer Theil aus einem Vorreiber oder Einreiber besteht. Sämmtliche Thüren an den Personenwagen dürfen nur so verschlossen werden, daß das Oeffnen derselben den Insassen des Wagens möglich ist.

(2) Im Innern der Personenwagen müssen an den Thüröffnungen Schutzvorrichtungen gegen das Einklemmen der Finger angebracht sein.

(3) In den Personenwagen mit einer äußeren Kastenbreite von mehr als 2,900 Meter muß an jedem zum Oeffnen eingerichteten Seitenfenster, sofern nicht durch besondere Vorrichtungen das Hinauslehnen aus demselben unmöglich gemacht ist, ein Anschlag angebracht sein, welcher dieses Hinauslehnen verbietet.

(4) Die Personenwagen müssen mit Vorrichtungen zur Erleuchtung im Innern versehen sein.

§. 15. Signallaternenstützen.

(1) Sämmtliche Personen-, Post- und Gepäckwagen, sowie die als Schlußwagen laufenden Güterwagen müssen mit den erforderlichen Laternenstützen versehen sein, welche so anzubringen sind, daß die aufgesteckte Laterne ent-

weder zur Seite des Wagens oder über die Decke desselben hervorragt.

(2) Der Abstand der Oberkante dieser Stützen über Schienenoberkante darf im ersteren Falle höchstens $3{,}000$ Meter, im letzteren höchstens $3{,}600$ Meter betragen, während die senkrechte Mittelachse der Stützen im ersteren Falle höchstens $1{,}400$ Meter, im letzteren höchstens $1{,}200$ Meter von der Mitte des Wagens entfernt sein darf.

(3) Die Laternenstützen müssen die Form einer abgestumpften Pyramide mit quadratischem Querschnitt von im Lichten 46 Millimeter oberer und 35 Millimeter unterer Länge und Breite bei 76 Millimeter Höhe derselben haben und diagonal zur Achse des Wagens gestellt werden. Der größte Querschnitt des Laternenkastens, dessen Seitenflächen parallel den Wagenflächen liegen müssen, darf nicht über 250 Millimeter Breite und 280 Millimeter Höhe betragen und derjenige des Laternenaufsatzes (Schornstein) nur 140 Millimeter Breite und 120 Millimeter Höhe haben.

§. 16. Bedeckung der Güterwagen.

Alle mit leicht feuerfangenden Gegenständen beladenen Güterwagen müssen mit einer sicheren Bedeckung versehen sein, soweit nicht Ausnahmen durch die Verkehrsordnung für die Eisenbahnen Deutschlands gestattet sind.

§. 17. Untersuchung der Wagen.

(1) Neue Wagen dürfen erst in Gebrauch genommen werden, nachdem sie untersucht und als sicher befunden sind.

(2) Jeder Wagen ist von Zeit zu Zeit einer gründlichen Untersuchung zu unterwerfen, bei welcher die Achsen,

Lager und Federn abgenommen werden müssen. Diese Untersuchung hat spätestens drei Jahre nach der ersten Ingebrauchnahme oder nach der letzten Untersuchung zu erfolgen, bei den Personen-, Gepäck- und Postwagen jedoch spätestens nach jedesmaliger Zurücklegung eines Weges von 30000 Kilometer.

§. 18. Bezeichnung der Wagen.

(1) Jeder Wagen muß Bezeichnungen haben, aus welchen zu ersehen ist:

a) die Eisenbahn, zu welcher er gehört;
b) die Ordnungsnummer, unter welcher er in den Werkstätten geführt wird;
c) das eigene Gewicht einschließlich der Achsen und Räder und ausschließlich der losen Ausrüstungsgegenstände;
d) bei Güter- und Gepäckwagen das Ladegewicht und die Tragfähigkeit;
e) der Zeitpunkt der letzten Untersuchung;
f) der Radstand;
g) das etwaige Vorhandensein von Lenkachsen und die Verschiebbarkeit der Mittelachse;
h) bei Wagen, deren Achslager für periodische Schmierung eingerichtet sind, der Zeitpunkt der letzten Schmierung.

(2) Diese Bezeichnungen sind bei den im §. 17 vorgeschriebenen Untersuchungen der Wagen, sowie außerdem bei jeder geeigneten Gelegenheit, insbesondere nach umfangreicheren Ausbesserungen und bei Auswechselung von

Achsen einer erneuten Prüfung und erforderlichenfalls der Berichtigung zu unterziehen.

(3) Jeder Personenwagen muß mit Merkmalen versehen sein, welche dem Reisenden das Auffinden der Wagenklasse wie der benutzten Wagenabtheilung erleichtern.

(4) Außerdeutschen Bahnen zugehörige Wagen können von der Verwaltung der anschließenden deutschen Bahn, sofern letztere dieselben für betriebssicher erachtet, ohne Rücksicht auf die Bestimmungen der §§. 17 und 18 in den Betrieb genommen und auf andere deutsche Bahnen übergeführt werden. Durch Staatsverträge in dieser Beziehung getroffene Bestimmungen werden hierdurch nicht berührt.

§. 19. Mitführung von Geräthschaften zur Beseitigung von Schäden am Zuge.

In jedem Zuge müssen diejenigen Geräthschaften vorhanden sein, mittelst welcher die während der Fahrt an dem Zuge vorgekommenen Beschädigungen zum Zweck der Weiterfahrt thunlichst beseitigt werden können.

III.

Handhabung des Betriebes.

§. 20. Stationsnamen und Uhren.

(1) Der Name der Station muß am Stationsgebäude oder an anderer geeigneter Stelle in einer für die Reisenden in die Augen fallenden Weise angebracht sein.

(2) Auf jeder Station muß an einer dem Publikum

sichtbaren Stelle eine Uhr angebracht sein, welche nach der den veröffentlichten Fahrplänen entsprechenden Zeit täglich richtig gestellt werden muß. Auf größeren Bahnhöfen müssen die Zeitangaben sowohl von dem Zugange zum Bahnhofe, als von der Bahnseite bei Tage und auch im Dunkeln erkennbar sein.

(3) Die Zugführer, Lokomotivführer, Bahnmeister und Bahnwärter müssen im Dienst beständig eine richtig gehende Uhr bei sich tragen.

§. 21. Rechtsfahren der Züge.

(1) Auf doppelgleisigen Bahnstrecken sollen die Züge und einzeln fahrende Lokomotiven das in ihrer Fahrtrichtung rechts liegende Gleis befahren.

(2) Bereits bestehende Ausnahmen dürfen bis auf weiteres beibehalten werden.

(3) Von der bestehenden Fahrweise sind Ausnahmen zulässig:

a) nach vorgängiger Verständigung zwischen benachbarten Stationen:
   1. bei Gleissperrungen,
   2. für Arbeitszüge,
   3. mit Genehmigung der Aufsichtsbehörde zwischen einer Station und einer auf der anschließenden freien Bahnstrecke liegenden Einmündungsweiche eines Anschlußgleises;

b) unter Verantwortlichkeit des dienstthuenden Stationsbeamten:
   1. auf Stationen,
   2. für Hülfszüge und Hülfslokomotiven,

3. für Lokomotiven, welche zum Nachschieben eines Zuges gedient haben.

§. 22. Schieben der Züge.

(1) Das Schieben von Zügen, an deren Spitze sich eine führende Lokomotive nicht befindet, ist, sofern nicht von der Landes-Aufsichtsbehörde weitere Einschränkungen bestimmt werden, in folgenden Fällen gestattet:

a) Bei langsamen Rückwärtsbewegungen des Zuges auf den Stationen oder in Nothfällen auf freier Strecke.

b) Bei Arbeitszügen, dienstlichen Sonderzügen und — unter den von der Aufsichtsbehörde festgestellten Bedingungen — bei Zügen nach und von benachbarten Gruben und sonstigen gewerblichen Anlagen unter Innehaltung einer Geschwindigkeit von höchstens 25 Kilometer in der Stunde (§. 26 (7)), wobei jedoch der vorderste Wagen mit einem wachthabenden Beamten oder verpflichteten Arbeiter zu besetzen ist.

(2) Bei Zügen mit einer führenden Lokomotive an der Spitze ist das Nachschieben nur zulässig:

a) zum Ersteigen stark geneigter Bahnstrecken;

b) bei Ingangbringung der Züge in den Stationen oder in Nothfällen auf freier Strecke.

(3) Wird einem Zuge eine Schiebelokomotive mitgegeben, so ist dies entsprechend vorzumelden.

§. 23. Stärke der Züge.

Mehr als 150 Wagenachsen sollen in keinem Eisenbahnzuge laufen. Personenzüge sollen nicht über 100

Wagenachsen stark sein. Militärzüge und solche Güterzüge, welche fahrplanmäßig zur Personenbeförderung mitbenutzt werden, dürfen, sofern ihre Fahrgeschwindigkeit nicht über 45 Kilometer in der Stunde beträgt, bis 110 Wagenachsen stark sein.

§. 24. Fahrt der Lokomotive mit dem Tender voran.

(1) Bei Zügen ist die Fahrt der an der Spitze befindlichen Lokomotive mit dem Tender voran nur dann gestattet, wenn die Geschwindigkeit des Zuges 45 Kilometer in der Stunde nicht übersteigt (§. 26 (6)).

(2) Bei Tenderlokomotiven fällt die vorerwähnte Beschränkung fort.

§. 25. Abfahrt der Züge.

(1) Kein Zug darf ohne Erlaubniß des dienstthuenden Stationsbeamten von einer Station abfahren. Diese Erlaubniß darf, abgesehen von Störungsfällen, nicht ertheilt werden, solange nicht festgestellt ist, daß der letzte, in derselben Richtung voraufgefahrene Zug die nächste Station oder die nächste Blockstation erreicht hat. Einzeln fahrende Lokomotiven sind hierbei den Zügen gleich zu behandeln.

(2) Kein zur Beförderung von Personen bestimmter Zug darf vor der im veröffentlichten Fahrplan bekannt gegebenen Zeit die Station verlassen.

(3) Das Oeffnen der nach außen aufschlagenden Thüren an den Langseiten der Wagen ist während der Fahrt nur in Fällen dringenden Bedürfnisses zulässig und darf bei zweigleisigen Bahnen nur nach der äußeren Seite des Gleises erfolgen.

§. 26. Fahrgeschwindigkeit.

(1) Die Fahrgeschwindigkeit darf niemals diejenigen Grenzen übersteigen, welche

a) für die einzelnen Lokomotiven je nach ihrer Bauart gemäß §. 8(1) festgesetzt sind;

b) der in den Zügen vorhandenen Anzahl der zu bremsenden Wagenachsen nach §. 13 entsprechen;

c) durch die Besonderheiten der einzelnen Bahnstrecken geboten sind.

(2) Die Erfüllung vorstehender Bedingungen vorausgesetzt, ist als größte zulässige Fahrgeschwindigkeit in der Stunde anzunehmen:

a) für Personenzüge:
1. ohne durchgehende Bremse . . . 60 Kilometer,
2. mit durchgehender Bremse:
im Allgemeinen . . . . 80 „ ,
unter besonders günstigen Verhältnissen mit Genehmigung der Landes-Aufsichtsbehörde 90 „ ;

b) für Güterzüge:
im Allgemeinen . . . . 45 „ ,
unter besonders günstigen Verhältnissen mit Genehmigung der Aufsichtsbehörde:
bei einer Zugstärke
bis zu höchstens 100 Wagenachsen 50 „ ,
„ „ „ 80 „ 55 „ ,
„ „ „ 60 „ 60 „ ;

c) für Arbeitszüge:
1. wenn die in denselben laufenden Wagen nicht durchweg den Bestimmungen im §. 12 entsprechen 30 Kilometer,
2. andernfalls . . . . 45 = ;

d) für einzeln fahrende Lokomotiven (abgesehen von Probefahrten, für welche keine Beschränkung stattfindet) 50 = , jedoch können für dieselben mit Genehmigung der Aufsichtsbehörde größere Fahrgeschwindigkeiten bis zu der nach §. 8(1) festgesetzten Geschwindigkeitsgrenze gestattet werden.

(3) Für jeden Zug ist diejenige Fahrzeit zu ermitteln, welche in Berücksichtigung aller in Betracht kommenden Verhältnisse von Station zu Station mindestens verwendet werden muß. Diese kürzeste Fahrzeit sowie die Fahrgeschwindigkeit, nach welcher die Anzahl der zu bremsenden Wagenachsen berechnet werden soll, ist dem Zugpersonal und den im äußeren Betriebsdienst beschäftigten Stationsbeamten neben der planmäßigen Fahrzeit des Zuges anzugeben.

(4) Bei Berechnung der kürzesten Fahrzeit ist die größte zulässige Geschwindigkeit auf fallenden und auf gekrümmten Bahnstrecken wie folgt anzunehmen:

a) beim Herabfahren von Gefällstrecken von:

$2,_5$ ‰	(1 : 400)	90	Kilometer in der Stunde,
$5,_0$ =	(1 : 200)	85	= = = ,
$7,_5$ =	(1 : 133)	80	= = =
$10,_0$ =	(1 : 100)	75	= = = ,

$12{,}_5$ ‰	(1 : 80)	70	Kilometer in der Stunde,
$15{,}_0$ „	(1 : 66)	65	„ „ „ „ ,
$17{,}_5$ „	(1 : 57)	60	„ „ „ „ ,
$20{,}_0$ „	(1 : 50)	55	„ „ „ „ ,
$22{,}_5$ „	(1 : 44)	50	„ „ „ „ ,
$25{,}_0$ „	(1 : 40)	45	„ „ „ „ ;

b) beim Durchfahren gekrümmter Bahnstrecken in Krümmungen mit einem Halbmesser von:

1000 Meter	90	Kilometer in der Stunde,
900 „	85	„ „ „ „ ,
800 „	80	„ „ „ „ ,
700 „	75	„ „ „ „ ,
600 „	70	„ „ „ „ ,
500 „	65	„ „ „ „ ,
400 „	60	„ „ „ „ ,
300 „	55	„ „ „ „ ,
250 „	50	„ „ „ „ ,
200 „	45	„ „ „ „ ,
180 „	40	„ „ „ „ ;

c) für Gefälle und Krümmungen, welche zwischen den vorstehend aufgeführten liegen, gilt jedesmal die kleinere der dabei in Betracht kommenden Geschwindigkeitszahlen;

d) bei fallenden und zugleich gekrümmten Bahnstrecken ist die kleinere der nach a und b sich ergebenden Geschwindigkeiten als größte zulässige Fahrgeschwindigkeit anzusehen.

(5) Für die Fahrt durch Stationen, in welchen die Züge durch den krummen Strang einer Weiche oder gegen

die Spitze einer nicht verriegelten oder verschlossenen Weiche zu fahren haben, sowie auf Strecken, in welchen eine Drehbrücke liegt oder welche aus einem sonstigen Grunde stets mit besonderer Vorsicht befahren werden müssen, ist die größte zulässige Geschwindigkeit für die einzelnen Zuggattungen besonders festzusetzen.

(6) Bei Zügen, an deren Spitze die Lokomotive mit dem Tender voran fährt, darf die Fahrgeschwindigkeit 45 Kilometer in der Stunde nicht übersteigen (§. 24 (1)).

(7) Züge, welche geschoben werden, ohne daß sich an ihrer Spitze eine führende Lokomotive befindet, dürfen höchstens mit einer Geschwindigkeit von 25 Kilometer in der Stunde fahren (§. 22 (1)).

(8) Wird bei einem Zuge mit durchgehender Bremse letztere unterwegs ungangbar, so darf die Fahrt ohne Verminderung der sonst dafür zugelassenen Geschwindigkeit fortgesetzt werden, sofern die Bedienung der nach §. 13 erforderlichen Anzahl von Bremsen mit der Hand bewirkt wird und eine Zugleine entsprechend der Bestimmung im §. 48 (2) angebracht ist. Wird eine Zugleine nicht angebracht, so darf der Zug mit höchstens 45 Kilometer Geschwindigkeit weiter fahren.

(9) Die festgesetzten Fahrzeiten sind den Neigungs- und Krümmungsverhältnissen der Strecke entsprechend zu verwenden.

(10) Wenn ein Signal zum Langsamfahren gegeben ist oder ein Hinderniß auf der Bahn bemerkt wird, muß die Fahrgeschwindigkeit in einer den Umständen angemessenen Weise ermäßigt werden.

§. 27. Ueberfahren von Bahnkreuzungen.

(1) Bahnkreuzungen in Schienenhöhe außerhalb der Stationen dürfen von den Zügen erst befahren werden, nachdem die letzteren vor dem Haltsignal zum Stillstand gebracht sind und sodann durch den Aufsichtsbeamten oder in dessen Auftrag das Fahrsignal gegeben ist.

(2) Bei der Kreuzung einer Hauptbahn durch eine Nebeneisenbahn genügt es, wenn mit Genehmigung der Landes-Aufsichtsbehörde die Verpflichtung des Anhaltens vor der Durchkreuzung lediglich den Zügen der letzteren Bahn auferlegt wird.

§. 28. Beschaffenheit der Betriebsmittel in schnellfahrenden Personenzügen.

Bei denjenigen Personenzügen, bei welchen eine Geschwindigkeit von mehr als 60 Kilometer in der Stunde zur Anwendung kommen soll, müssen sich die Betriebsmittel in einem vorzugsweise tüchtigen Zustande befinden. Außerdem müssen die Wagen so beschaffen sein, daß sie sowohl unter sich als auch mit dem Tender so fest sich verkuppeln lassen, daß sämmtliche Zug- und Bufferfedern etwas angespannt sind.

§. 29. Vorrang von Sonder- und schnellfahrenden Zügen.

Die Sonderzüge der Allerhöchsten und Höchsten Herrschaften, sowie die schnellfahrenden Züge haben behufs besonders pünktlicher Beförderung überall den Vorrang vor den anderen Zügen.

§. 30. Beförderung von Gütern mit Personenzügen.

(1) Die Beförderung von Gütern mit den Personenzügen ist nur unter folgenden Bedingungen zulässig:

a) Das Auf- und Abladen von Gütern, ebenso wie das An- und Abschieben von Güterwagen darf niemals Veranlassung zur Verlängerung des Aufenthalts auf den Stationen sein, sofern nicht als sicher angenommen werden kann, daß die entstehende Verspätung bis zur nächsten Anschluß- oder bis zur Endstation wieder beseitigt werden wird.

b) Die Mitnahme von Güterwagen darf eine Verlängerung der planmäßigen Fahrzeit nicht herbeiführen.

c) Die Reisenden dürfen durch die Mitbeförderung von Gütern nicht belästigt werden.

(2) Inwieweit Eilgut mit Personenzügen befördert werden darf, bei welchen eine Fahrgeschwindigkeit von mehr als 60 Kilometer in der Stunde zur Anwendung kommen soll, bestimmt die Aufsichtsbehörde.

§. 31. Beförderung von Personen mit Güterzügen.

Im Bedürfnißfalle kann mit den Güterzügen auch Personenbeförderung stattfinden; jedoch darf deshalb keine Erhöhung der für den betreffenden Zug zugelassenen größten Fahrgeschwindigkeit eintreten.

§. 32. Fahrbericht der Zugführer.

Jeder Zugführer hat einen Fahrbericht zu führen, in welchem die Abgangs- und Ankunftszeiten auf den einzelnen Anhaltepunkten und außergewöhnliche Vorkommnisse genau zu verzeichnen sind.

§. 33. Bildung der Züge.

(1) Bei Bildung eines Zuges muß sorgfältig darauf gehalten werden, daß die im §. 13 vorgeschriebene Anzahl bedienter Bremsen sich in demselben befindet und daß letztere thunlichst gleichmäßig vertheilt sind. Kommt auf einer Strecke eine Neigung von mehr als 5 ‰ (1 : 200) ununterbrochen in einer Länge von 1000 Meter oder darüber vor, oder ist die gerade Verbindungslinie zwischen denjenigen zwei Punkten des Längenschnitts, welche bei 1000 Meter Entfernung den größten Höhenunterschied zeigen, stärker als 5 ‰ (1 : 200) geneigt (§. 13 (2) b), so muß der letzte Wagen eine bediente Bremse haben; hinter demselben kann ausnahmsweise bei Güterzügen noch ein beschädigter leerer Wagen eingestellt werden, sofern derselbe zwar lauffähig ist, aber inmitten des Zuges nach Art seiner Beschädigung nicht eingestellt werden kann.

(2) Ferner sind die Wagen unter sich und der Tender mit dem nächstfolgenden Wagen in doppelter Weise gehörig zu verkuppeln (§ 12 (4 und 5)), die Zugleine, soweit dieselbe nach §. 48 (2) erforderlich ist, anzubringen, die Verbindungen der etwa vorhandenen durchgehenden Bremse (§. 12 (7)) herzustellen, die Belastung in den einzelnen Wagen thunlichst gleichmäßig zu vertheilen, die nöthigen Signale anzubringen und das Innere der zur Beförderung von Personen benutzten Wagen während der Fahrt bei Dunkelheit und in Tunneln, zu deren

Durchfahrung mehr als 2 Minuten gebraucht werden, angemessen zu erleuchten.

(3) In den Zügen, welche mit einer Geschwindigkeit von mehr als 45 Kilometer in der Stunde fahren, müssen die Fahrzeuge so fest mit einander gekuppelt sein, daß, wenn der Zug im geraden Gleise steht, die gegenüberstehenden Bufferpaare sich berühren. Bei denjenigen Personenzügen, bei welchen eine Fahrgeschwindigkeit von mehr als 60 Kilometer in der Stunde zur Anwendung kommen soll, müssen die Wagen unter sich und der Tender mit dem nächstfolgenden Wagen so fest gekuppelt sein, daß sämmtliche Zug- und Buffersedern etwas angespannt sind (§. 28).

(4) In Zügen, welche sowohl zur Güter- als auch zur Personenbeförderung bestimmt sind, dürfen Wagen, deren Ladung über zwei oder mehr Wagen reicht, und Wagen mit ungewöhnlicher Kuppelung nicht unmittelbar vor oder hinter Personenwagen gestellt werden.

(5) Bevor der Zug die Abgangsstation verläßt, ist derselbe sorgfältig zu untersuchen und darauf zu achten, daß die über die Bildung der Züge gegebenen Vorschriften gehörig befolgt sind. Diese Untersuchung ist unterwegs bei jeder Veränderung in der Zusammensetzung des Zuges und so oft der Aufenthalt es gestattet, zu wiederholen.

§. 34. Schutzwagen und Postwagen.

(1) In jedem zur Beförderung von Personen bestimmten Zuge, dessen Fahrgeschwindigkeit 45 Kilometer in der Stunde übersteigt, hat der erste Wagen des Zuges

als Schutzwagen zu dienen und darf als solcher nicht mit Reisenden besetzt werden. Bei den mit geringerer Geschwindigkeit fahrenden derartigen Zügen ist letzteres unter der Beschränkung gestattet, daß mindestens die vordere Abtheilung des betreffenden Wagens von Reisenden freigehalten wird. In beiden Fällen kann jedoch die vorübergehende Benutzung eines im Schutzwagen befindlichen Abortes während der Fahrt den Reisenden gestattet werden. Die zur Bedienung oder Begleitung des Zuges berufenen Beamten des Eisenbahn- und Postdienstes, sowie die etwa im Zuge mitfahrenden Eisenbahnbeamten, welchen die Ueberwachung des baulichen Zustandes oder des Betriebes auf der betreffenden Strecke obliegt, endlich auch die Begleiter von Viehtransporten, welche in dem Viehtransportwagen Platz nehmen, sind nicht als Reisende anzusehen.

(2) Bei Zügen, welche von einer anschließenden Nebeneisenbahn auf die Hauptbahn übergehen, kann von der Freihaltung der vorderen Abtheilung des betreffenden Wagens abgesehen werden, sofern diese Züge auf der Hauptbahn mit keiner größeren Geschwindigkeit verkehren, als für dieselben auf der Anschlußbahn zugelassen ist.

(3) Bei dienstlichen Sonderzügen kann von der Einstellung eines Schutzwagens Abstand genommen werden.

(4) Bei der dem Postwagen zu gebenden Stellung ist, soweit der Bahnbetrieb dies gestattet, auf die Bedürfnisse des Postdienstes Rücksicht zu nehmen; auch ist die Verwendung des Postwagens als Schutzwagen thunlichst zu vermeiden.

§. 35. Sonderzüge.

(1) Sonderzüge dürfen nur befördert werden, wenn die Bahn bewacht, der Zug den Bahnwärtern vorher angekündigt und der nächsten Station ordnungsmäßig gemeldet ist.

(2) Ausnahmen sind nur in den im §. 45 näher bezeichneten Fällen zulässig.

§. 36. Arbeitszüge.

(1) Arbeitszüge dürfen nur auf bestimmte Anordnung der mit der Leitung des Betriebes betrauten verantwortlichen oberen Beamten oder deren Vertreter und in fest abgegrenzten Zeiträumen auf der Bahn fahren.

(2) Die Vorsteher der beiden angrenzenden Stationen müssen von der Anwesenheit solcher Züge auf freier Strecke Kenntniß erhalten. Dies gilt auch von einzelnen Fahrzeugen, welche auf der freien Strecke durch Menschenkräfte bewegt werden; dieselben müssen einem verantwortlichen Begleiter unterstellt sein und mindestens 15 Minuten vor der zu erwartenden Ankunft eines Zuges von dem Fahrgleise desselben entfernt werden.

§. 37. Schneepflüge.

(1) Schneepflüge oder Wagen zum Brechen des Glatteises dürfen bei Zügen, welche mit einer Geschwindigkeit von mehr als 30 Kilometer in der Stunde fahren, nicht vor die Lokomotiven der Züge gestellt werden. Wo das Bedürfniß eintritt, sind diese Schneepflüge oder Wagen dem Zuge in Stations- beziehungsweise Blockabstand (§. 25 (1)) mit besonderen Lokomotiven vorauszuschicken.

(2) Fest mit der Zuglokomotive verbundene Schnee-

pflüge, welche nicht auf besonderen Rädern gehen, sind zulässig.

§. 38. Mitfahren auf der Lokomotive.

Ohne Erlaubniß der zuständigen Beamten darf außer den durch ihren Dienst dazu berechtigten Personen niemand auf der Lokomotive mitfahren.

§ 39. Stillstehende Lokomotiven und Wagen.

(1) Bei angeheizten Lokomotiven muß, solange sie stillstehen, der Regulator geschlossen, die Steuerung in Ruhe gesetzt und die Bremse angezogen sein. Die Lokomotive muß dabei stets unter Aufsicht stehen.

(2) Stehende, nicht mit einer Lokomotive verbundene Wagen sind zur Vermeidung unbeabsichtigter Bewegung mittelst Vorlagen, Bremsen oder anderer Vorrichtungen so festzustellen, daß sie nicht in Bewegung gesetzt werden können.

§. 40. Zugsignale.

(1) Jeder geschlossen fahrende Zug muß mit Signalen versehen sein, welche bei Tage den Schluß, bei Dunkelheit aber die Spitze und den Schluß desselben erkennen lassen; Gleiches gilt für einzeln fahrende Lokomotiven.

(2) Am Schlusse eines jeden im Dunkeln fahrenden Zuges muß außerdem ein nach hinten und nach vorn leuchtendes Laternensignal angebracht sein.

(3) Der Abfahrt eines jeden Zuges muß ein Achtungssignal vorhergehen.

(4) Einzelne Fahrzeuge müssen auf freier Bahn bei Dunkelheit durch Lichtsignale gekennzeichnet sein.

§. 41. Signale auf freier Strecke.

Auf der Bahn müssen die Signale gegeben werden können:

der Zug soll langsam fahren und
der Zug soll halten.

§. 42. Signale des Wagenpersonals.

Das Wagenpersonal muß ein Nothsignal an den Lokomotivführer geben können.

§. 43. Signale des Lokomotivpersonals.

Das Lokomotivpersonal muß die Signale geben können:

Achtung,
Bremsen anziehen und
Bremsen loslassen.

§. 44. Elektrische Verbindungen.

(1) Die Bahnhöfe und Haltestellen müssen zur Verständigung unter einander mit elektrischen Telegraphen ausgerüstet sein. Auch müssen sämmtliche Wärter zwischen je zwei Stationen durch elektrische Signale von dem Abgange der Züge benachrichtigt werden können.

(2) Zum Herbeirufen von Hülfslokomotiven auf elektrischem Wege müssen entweder in den Zügen oder an geeigneten Stellen der Bahn entsprechende Vorrichtungen vorhanden sein.

§. 45. Signalisirung der nicht fahrplanmäßigen Züge.

(1) Nicht fahrplanmäßige Züge oder Lokomotiven müssen in der Regel durch ein Signal an dem in der einen oder anderen Richtung zunächst vorhergehenden Zuge oder schriftlich den Bahnwärtern angekündigt werden.

(2) Kann eine solche Ankündigung nicht stattfinden, so dürfen nicht fahrplanmäßige Züge oder Lokomotiven nur abgelassen werden, wenn eine bezügliche Verständigung der beiden betreffenden Stationen stattgefunden hat und die Wärter zeitig vorher von dem Abgang derselben durch elektrische Signale benachrichtigt sind.

(3) Von den vorstehenden Bestimmungen sowie von der Vorschrift im §. 35 kann — unter persönlicher Verantwortlichkeit des Stationsvorstehers oder des sonst zuständigen Betriebsbeamten — abgesehen werden bei Hülfszügen und Hülfslokomotiven, welche aus Anlaß von Eisenbahnunfällen, Feuersbrünsten oder sonstigen außerordentlichen Ereignissen plötzlich erforderlich werden. Dieselben dürfen in solchen Fällen nur mit einer Geschwindigkeit von höchstens 30 Kilometer in der Stunde fahren.

§. 46. Signale für die Ein- und Ausfahrt der Züge.

(1) Bevor das Signal zur Ein- oder Durchfahrt für einen Zug gegeben oder ein Zug von der Station abgelassen wird, ist genau zu prüfen, ob die Gleise, welche derselbe zu durchlaufen hat, frei und die betreffenden Weichen richtig gestellt sind (§. 1 (3)).

(2) Das Einfahrtssignal für einen Zug darf nur durch den diensttuenden Stationsbeamten selbst oder im jedesmaligen Auftrage desselben durch einen anderen Beamten oder verpflichteten Arbeiter gegeben werden. Kann dieser Auftrag nicht mündlich ertheilt werden, so ist durch ge-

eignete Einrichtungen eine zuverlässige Uebermittelung desselben zu ermöglichen.

(3) Falls die von einem Zuge zu durchfahrenden Weichen von einem Stellwerk aus gestellt oder verriegelt werden, muß dem dienstthuenden Stationsbeamten durch Signale, deren Stellung mit derjenigen der Weichen in gegenseitiger Abhängigkeit steht, oder auf andere geeignete Weise die Möglichkeit gewährt sein, sich bei Ertheilung der Erlaubniß zur Ein-, Aus- oder Durchfahrt des Zuges von der richtigen Stellung jener Weichen zu überzeugen.

(4) Für die Weichen in den Hauptgleisen ist eine bestimmte Grundstellung als Regel vorzuschreiben.

§. 47. Signale an Wasserkrahnen.

Die Stellung der drehbaren Ausgußröhren muß im Dunkeln durch Signale kenntlich gemacht sein.

§. 48. Verständigung des Zugpersonals unter sich.

(1) Das Zugpersonal darf während der Fahrt nur einem, für die Ordnung und Sicherheit des Zuges vorzugsweise verantwortlichen Beamten untergeordnet und muß so vertheilt sein, daß dadurch die Uebersicht über den ganzen Zug mit Erkennung der Signale und die Verständigung des Wagenpersonals mit dem Lokomotivführer ermöglicht wird.

(2) Bei allen Zügen muß eine mit der Dampfpfeife der Lokomotive oder mit einem Wecker an der Lokomotive verbundene Zugleine oder eine andere geeignete Vorrichtung angebracht sein, welche bei Personenzügen über den

ganzen Zug und bei Güterzügen, wie bei Zügen, welche fahrplanmäßig sowohl zur Güter- als auch zur Personenbeförderung bestimmt sind, sowie bei Militärzügen mindestens bis zum wachthabenden Fahrbeamten geführt sein muß.

(3) Bei Personenzügen, die mit durchgehenden Bremsen ausgerüstet sind, welche bei einer Zugtrennung selbstthätig in Wirksamkeit treten und es außer dem Lokomotivführer auch dem wachthabenden Fahrbeamten und den Reisenden ermöglichen, den Zug zum Stehen zu bringen, darf von der Mitführung der Zugleine oder der dieselbe ersetzenden anderen Vorrichtung (Absatz (2)) Abstand genommen werden.

(4) Dasselbe gilt von Zügen, welche von einer anschließenden Nebeneisenbahn auf die Hauptbahn übergehen und daselbst mit keiner größeren Geschwindigkeit verkehren, als für dieselben auf der Anschlußbahn zugelassen ist.

§. 49. Maßregeln bei betriebstörenden Ereignissen.

Wenn in Folge eines betriebstörenden Ereignisses ein Zug auf der Bahn liegen bleiben muß, sind in der Richtung, aus welcher andere Züge sich auf dem versperrten Gleise nähern könnten, sichere Maßregeln zu treffen, durch welche solche Züge zeitig genug von dem Orte, wo der Zug liegt, in Kenntniß gesetzt werden.

§. 50. Signalordnung.

(1) Für die gemäß §§. 40 bis 49 erforderlichen Sig-

nale sind die Vorschriften der Signalordnung für die Eisenbahnen Deutschlands maßgebend.

(2) Führen mehrere Bahnlinien neben einander her, so ist den Signalen an denselben eine Stellung zu geben, welche der Lage der Bahnlinien zu einander entspricht.

§. 51. Stellung und Bedienung spitzbefahrener Weichen.

(1) Jede Weiche, gegen deren Spitze fahrplanmäßige Züge fahren, muß während des Durchgangs des Zuges entweder verriegelt oder verschlossen gehalten werden oder von einem Weichensteller bewacht sein.

(2) Den Weichenstellern an der Einfahrt in größere Stationen oder Zweigbahnen, sowie an den auf freier Bahn gelegenen Ausweichungen, ebenso den auf der Fahrt befindlichen Lokomotivführern, Heizern und Bremsern dürfen Geschäfte, durch welche die sorgfältige Wahrnehmung ihres Dienstes beeinträchtigt werden könnte, nicht aufgetragen oder gestattet werden.

§. 52. Bedienung und Führung der Lokomotiven.

(1) Jede angeheizte Lokomotive muß während ihrer Bewegung mit einem Führer und einem Heizer besetzt sein.

(2) Die Führung der Lokomotiven darf nur solchen Personen übertragen werden, welche mindestens 21 Jahre alt und unbescholtenen Rufes sind und ihre Befähigung als Lokomotivführer unter Beachtung der vom Bundesrath darüber erlassenen Vorschriften nachgewiesen haben.

(3) Die Heizer müssen mit der Handhabung der Lokomotiven mindestens soweit vertraut sein, um dieselben erforderlichenfalls still- oder zurückstellen zu können.

IV.

Bestimmungen für das Publikum.

§. 53. Allgemeine Bestimmungen.[1]

Die Eisenbahnreisenden und das sonstige Publikum müssen den allgemeinen Anordnungen[2] nachkommen, welche von der Bahnverwaltung behufs Aufrechthaltung der Ordnung innerhalb des Bahngebiets[3] und bei der Beförderung von Personen und Sachen getroffen werden, und haben den dienstlichen Anordnungen der in Uniform befindlichen oder mit einem Dienstabzeichen oder einem sonstigen Ausweis über ihre amtliche Eigenschaft versehenen Bahnpolizeibeamten[4] (§. 66) Folge zu leisten.[5]

[1] §§ 53—62 sind Polizeigesetz und können durch Privatvereinbarung nicht außer Kraft gesetzt werden. OLG. Colmar 3. 2. 88 (Eger, Entsch. VI 251). Bezüglich der Nebenbahnen vergl. Bahnordnung f. dieselben § 43 ff. RGBl. 1892 S. 776 ff.

[2] Bei Zuwiderhandlung Bestrafung nach § 62.

[3] Der Bahn gehörende Zufahrtswege sind Bahngebiet. OLG. Köln 18. 6. 90 (Eger, Entsch. VIII 36).

[4] Privatbahnbeamten sind Bahnpolizeibeamten nur dann, wenn ihre Anordnungen die Sicherung des Verkehrs oder die Aufrechterhaltung der Ordnung betrifft. RG. 24. 3. 84 (E. i. C.S. X 359).

[5] Weigerung des Aussteigens der Aufforderung der Beamten zuwider strafbar. RG. 28. 3. 92 (Eger, Entsch. X 7).

§. 54. Betreten der Bahnanlagen.

(1) Das Betreten der Bahn einschließlich der zugehörigen Böschungen, Dämme, Gräben, Brücken und sonstigen Anlagen ist ohne Erlaubnißkarte nur den Aufsichtsbehörden und deren Vertretern, den in der Ausübung ihres Dienstes befindlichen Beamten der Staatsanwaltschaften, den Forstschutz-[1] und Polizeibeamten, den zur Wahrnehmung des Zoll-, Steuer- oder Telegraphendienstes innerhalb des Bahngebiets berufenen Beamten,[2] sowie den zu Besichtigungen dienstlich entsendeten deutschen Offizieren gestattet; dabei ist jedoch die Bewegung wie der Aufenthalt zwischen den Schienen eines jeden Gleises zu vermeiden. Die bezeichneten Personen, sowie die nach §. 55 zum Betreten der dem übrigen Publikum nicht geöffneten Stations- und Diensträume berechtigten Beamten haben, sofern sie nicht durch ihre Uniform kenntlich sind, sich durch eine Bescheinigung ihrer vorgesetzten Dienstbehörde auf Erfordern auszuweisen.

(2) Das Publikum darf die Bahn nur an den zu Uebergängen bestimmten Stellen überschreiten, und zwar nur solange, als dieselben nicht durch Schranken geschlossen sind. Die mit Drehkreuzen oder anderen in gleicher Weise sichernden Verschlüssen versehenen Uebergänge (§. 4 (3)) dürfen nur überschritten werden, wenn kein Zug in Sicht ist.

(3) In allen Fällen ist jeder unnöthige Verzug zu vermeiden.

(4) Die Gewährung von Erlaubnißkarten zum Be-

treten der vorstehend bezeichneten Bahnanlagen bedarf der Genehmigung der Aufsichtsbehörde.

(5) Es ist untersagt, die Schranken oder sonstigen Einfriedigungen eigenmächtig zu öffnen, zu überschreiten oder zu übersteigen, oder etwas darauf zu legen oder zu hängen.

[1] Jedoch nicht zur Jagd. LG. Neuwied 21. 9. 91 (Eger, Entsch. IX 76).

[2] D. i. der staatlichen, abgesehen von derjenigen der Bahnbehörde.

[3] Jedoch nur bei Dienst auf dem Bahngebiete selbst, nicht zur (näheren) Erreichung des jenseits gelegenen Dienstgebäudes. Pr. OVG. 13. 4. 92 (Eger, Entsch. IX 178), OLG. München 5. 1. u. 8. 10. 86 (Eger, Entsch. VI 1 u. 284).

§. 55. Betreten der Stationen.[1]

(1) Außerhalb der bestimmungsmäßig dem Publikum für immer oder zeitweise[2] geöffneten Räume darf niemand die Station ohne Erlaubnißkarte betreten, mit Ausnahme der in Ausübung ihres Dienstes befindlichen Chefs der Militär- und Polizeibehörde, sowie der im §. 54 gedachten und der Postbeamten.

(2) Den Offizieren und in Uniform befindlichen Beamten der deutschen Festungsbehörden ist gestattet, die Stationen sowie den Bahnkörper innerhalb des Festungsbereichs bis zur äußersten Grenze der Tragweite der Geschütze zu betreten.

(3) Für das Anhalten von Wagen behufs Aufnahme oder Absetzung von Personen, sowie zur Abholung oder Zufuhr von Gütern sind nur die dafür bestimmten Stellen auf den Vorplätzen der Stationen und

auf den Plätzen an den Ladegleisen und den Güterschuppen zu benutzen.

(4) Die Ueberwachung der Ordnung auf diesen für die Fuhrwerke bestimmten Plätzen steht den Bahnpolizeibeamten zu, insofern in dieser Beziehung nicht besondere Vorschriften ein Anderes bestimmen.

[1] § 54 bezieht sich auf den Bahnkörper außerhalb der Stationen, § 55 auf die Empfangsgebäude; Zufahrtswege und -plätze, sowie den Bahnkörper innerhalb des Stationsgebietes. RG. 3. 2. 88 (Eger, Entsch. VI 248). Vergl. § 70.

[2] Empfangsgebäude und Bahnsteige sind dem Publikum nur zeitweise geöffnet, das Verweilen dortselbst trotz Verbots der zuständigen Bahnpolizeibeamten ist strafbar nach § 123 Str.GB. OLG. Rostock 25. 7. 85 (Eger, Entsch. IV 305), RG. 29. 1. 81 (Eger, Entsch. I 376), selbst bei Besitz einer Fahrkarte. OLG. Naumburg 21. 6. 88 (Eger, Entsch. VII 12).

§. 56. Hinüberschaffen von Gegenständen über die Bahn.

Das Hinüberschaffen von Pflügen und Eggen, sowie von Baumstämmen und anderen schweren Gegenständen [1] über die Bahn darf, sofern solche nicht getragen werden, nur auf Wagen oder untergelegten Schleifen erfolgen.

[1] Für Beschädigungen und Nichtbeachtung dieser Vorschrift haftet der Führer, abgesehen von der Strafe des § 62.

§. 57. Betreten der Bahn durch Vieh.

(1) Für das Betreten der Bahn [1] und der dazu gehörigen Anlagen durch Vieh bleibt derjenige verantwortlich, welchem die Aufsicht über dasselbe obliegt.

(2) Das Treiben von größeren Viehherden über die Bahnübergänge ist innerhalb 10 Minuten vor dem erwarteten Eintreffen eines Zuges nicht mehr gestattet.

[1] Selbst bei Fehlen der durch § 4 vorgeschriebenen Umzäunung der Bahn.

§. 58. Benutzung von Privatübergängen.[1]

Privatübergänge dürfen nur von den Berechtigten unter den von der Aufsichtsbehörde genehmigten Bedingungen benutzt werden (§. 5 (5)).

[1]) Die Gewährung derselben kann stets nur unter der (stillschweigenden) Bedingung des Vorbehalts des Widerrufs ertheilt werden. Dies folgt aus dem polizeilichen Charakter der Bestimmung. OLG. Colmar 3. 2. 88 (Eger, Entsch. VI 251).

[2] Nichtberechtigte fallen unter §§ 54, 55, 62.

§. 59. Geschlossene Uebergänge.

Solange die Uebergänge geschlossen sind, müssen Fuhrwerke, Reiter, Treiber von Viehherden und Führer von Lastthieren bei den aufgestellten Warnungstafeln halten. Das Gleiche gilt, sobald die Glocken an den mit Zugschranken versehenen Uebergängen ertönen. Fußgänger dürfen sich den geschlossenen Schranken nähern, dieselben aber nicht öffnen.

§ 60. Bahnbeschädigungen und Betriebsstörungen.

Jede Beschädigung[1] der Bahn und der dazu gehörigen Anlagen mit Einschluß der Telegraphen, sowie der Betriebsmittel nebst Zubehör,[2] imgleichen das Auflegen von Steinen, Holz und sonstigen Sachen auf das Planum, oder das Anbringen sonstiger Fahrthindernisse ist verboten, ebenso die Erregung falschen Alarms,[3] die Nachahmung von Signalen, die Verstellung von Ausweichevorrichtungen und überhaupt die Vornahme aller, den Betrieb störenden Handlungen.[4]

[1] Der § nur praktisch, soweit nicht §§ 243 Z. 4, 303—305, 315, 316 Str.GB. vorliegen, z. B. wenn bei § 303 der Strafantrag fehlt.

[2] Bleiplombe nicht Zubehör. Kammergericht 13. 2. 93 (Eger, Entsch. X 62).

[3] Ziehen der Nothleine ohne triftigen Grund.

[4] Belästigung des Zug- oder Stationspersonals.

§. 61. Verhalten der Reisenden beim Ein- und Aussteigen und während der Fahrt.

(1) Solange ein Zug sich in Bewegung befindet, ist das Ein- und Aussteigen und der Versuch dazu, sowie das eigenmächtige Oeffnen[1] der an den Langseiten der Wagen befindlichen Thüren verboten.[2]

(2) Es ist untersagt, Gegenstände, durch welche Personen oder Sachen beschädigt werden können, während der Fahrt[3] aus dem Wagen zu werfen.[4]

[1] Zweck ist Vermeidung der Gefahr. Der Beamte kann diesen Versuch nur soweit hindern, als er dadurch nicht den Reisenden beschädigt. Leidet letzterer durch die Gewalt des Beamten Schaden, so haftet dieser nach § 230 St.GB. RG. 17. 9. 91 (Eger, Entsch. IX 76).

[2] Bei stehenden Zügen nicht verboten.

[3] D. i. solange der Zug in Betrieb ist, also auch in Bahnhöfen.

[4] Vgl. § 366 Z. 7 St.GB.

§. 62. Bestrafung von Uebertretungen.

Wer den Bestimmungen der §§. 53 bis 61 und den nachfolgenden Bestimmungen der Verkehrsordnung[1] für die Eisenbahnen Deutschlands zuwiderhandelt, welche also lauten:

„Feuergefährliche sowie andere Gegenstände, die auf irgend eine Weise Schaden verursachen können, insbesondere geladene Gewehre, Schießpulver, leicht entzündliche Stoffe und dergleichen, sind von der Mitnahme[2] ausgeschlossen.[3]

Die Eisenbahnbediensteten sind berechtigt, sich von der Beschaffenheit der mitgenommenen Gegenstände zu überzeugen.

Jägern und im öffentlichen Dienste stehenden Personen ist die Mitführung von Handmunition gestattet."

wird mit Geldstrafe[4 5] bis zu einhundert Mark bestraft,[6] sofern nicht nach den allgemeinen Strafbestimmungen[7] eine härtere Strafe verwirkt ist.

[1] § 29.

[2] Als Handgepäck im Personenwagen; für sonstigen Transport vergl. § 367 Z. 5 Str.GB.

[3] § 62 polizeiliche Bestimmung im Sinne des § 9 d. Ges. v. 9. Juni 1884 (Sprengstoffgesetz). RG. 15. 5. 93 (Eger, Entsch. X 185), 11. 6. 91 (Eger, Entsch. IX 370).

[4] Strafbestimmung unterstützt durch § 366 Z. 10 St.GB. OLG. Colmar 3. 2. 88 (Eger, Entsch. IV 248).

[5] Da nur Uebertretung vorliegt, sind Versuch und Theilnahme straflos (§§ 43, 49 Str.GB.).

[6] Besonderes Strafverfahren besteht nicht. Soweit die Bestrafung ausschließlich auf § 62 gestützt ist, kann Umwandlung in Haftstrafe nicht eintreten und die Geldstrafe nur durch Civilprozeß beigetrieben werden.

[7] Vergl. §§ 113, 123, 303—305, 315, 316, 317, 366 Z. 8 und 9 Str.GB. — Gleiche Bestimmung für Nebenbahnen a. a. O. § 44.

§. 63. Befugnisse der Bahnpolizeibeamten.

(1) Die Bahnpolizeibeamten[1] (§. 66) sind befugt, einen Jeden vorläufig festzunehmen,[2] der auf der Ueber=

tretung der im §. 62 gedachten Bestimmungen betroffen oder unmittelbar nach der Uebertretung verfolgt wird und sich über seine Person nicht auszuweisen vermag. Derselbe ist mit der Festnahme zu verschonen, wenn er eine angemessene Sicherheit bestellt. Die Sicherheit darf den Höchstbetrag der angedrohten Strafe nicht übersteigen.

(2) Enthält die strafbare Handlung ein Verbrechen oder Vergehen, so kann sich der Schuldige durch eine Sicherheitsbestellung der vorläufigen Festnahme nicht entziehen.

[1] Nach § 127 St.PO. steht dieses Recht Jedermann zu.

[2] Vergl. Anm. 1 zu § 61; bezüglich Nebenbahnen a. a. O. § 47.

§. 64. Verfahren im Falle einer Festnahme.[1]

(1) Der Festgenommene ist unverzüglich,[2] sofern er nicht wieder in Freiheit gesetzt wird, dem Amtsrichter oder der Polizeibehörde desjenigen Bezirks, in welchem die Festnahme erfolgt, vorzuführen.

(2) Erfolgt die Ablieferung des Festgenommenen nicht durch Bahnpolizeibeamte, so hat der die Ablieferung anordnende Beamte eine mit seinem Namen und seiner Dienststellung bezeichnete Festnehmungskarte mitzugeben, auf welcher der Grund der Festnahme anzugeben ist.

[1] Diese umfaßt auch alle Sachen, welche der Festgenommene bei sich hatte. RG. 20. 3. 83. (Entsch. i. Str.S. VIII 289).

[2] Vergl. § 128 St.PO., 168 GVG.

§. 65. Aushang von Vorschriften. Beschwerdebuch.

Ein Abdruck der §§. 53 bis 65 dieser Vorschriften

und der §§. 13, 15, 18, 20, 21 und §. 29 (5) der Verkehrsordnung für die Eisenbahnen Deutschlands ist in jedem Warteraum auszuhängen.[1] Bei jedem Stationsvorstande ist ein dem Publikum zugängliches Beschwerdebuch aufzulegen.

[1] Uebernommen aus dem Betriebsreglement, das nicht im RGBl. veröffentlicht war, es mußte daher Bekanntgebung stattfinden; jetzt rechtlich bedeutungslos.

V.

Bahnpolizeibeamte.

§. 66. Benennung.

(1) Zur Ausübung der Bahnpolizei sind zunächst berufen diejenigen Personen,[1] welche mit den Verrichtungen betraut sind der:

1. Betriebsdirektoren und Oberingenieure,
2. Betriebsinspektoren und Bauinspektoren,
3. Baumeister und Ingenieure,
4. Bahnkontrolöre und Betriebskontrolöre,
5. Stationsvorsteher, Stationsaufseher und Stationsassistenten,
6. Rangirmeister,
7. Bahnmeister,
8. Haltestellenaufseher und Weichensteller,
9. Haltepunktwärter und Bahnwärter,
10. Zugführer,
11. Packmeister,

12. Schaffner,
13. Wagenwärter und Bremser,
14. Stationsdiener,
15. Nachtwächter.

(2) Die Bahnpolizeibeamten[2] müssen bei Ausübung[3] ihres Dienstes die vorgeschriebene Dienstuniform oder das festgestellte Dienstabzeichen tragen oder mit einem sonstigen Ausweis über ihre amtliche Eigenschaft versehen sein.

[1] Erfordernisse siehe § 68.

[2] Die Untersuchung eines Bahnunfalles durch die Vorgesetzten enthält nicht ohne weiteres die Ausübung der Bahnpolizei. RG. 30. 4. 88 (Entsch. i. Str.S. XVII 423).

[3] Wesentlich die Dienststellung, nicht der Titel, Z. 9 umfaßt auch Streckenwärter. RG. 20. 10. 91 (Eger, Entsch. IX 93).

§. 67. Dienstanweisung.

Allen im §. 66 genannten Bahnpolizeibeamten, welche in der zur Sicherung des Betriebes erforderlichen Anzahl angestellt werden müssen, sind von der Eisenbahnverwaltung über ihre Dienstverrichtungen und ihr gegenseitiges Dienstverhältniß schriftliche oder gedruckte Anweisungen zu ertheilen.

§. 68. Befähigung.

(1) Alle zur Ausübung der Bahnpolizei berufenen Beamten[1] müssen mindestens 21 Jahre alt und unbescholtenen Rufes sein, lesen und schreiben können, und die sonst zu ihrem besonderen Dienste erforderlichen Eigenschaften besitzen. Diese müssen bezüglich der im §. 66 Nr. 5 bis 15 aufgeführten Beamten den vom Bundesrath

erlassenen Bestimmungen[2] über die Befähigung von Eisenbahnbetriebsbeamten entsprechen.

(2) Die Bahnpolizeibeamten werden von der zuständigen Behörde vereidigt. Sie treten alsdann in Beziehung auf die ihnen übertragenen Dienstverrichtungen dem Publikum gegenüber in die Rechte der öffentlichen Polizeibeamten.

(3) Auf die Offiziere und Mannschaften der militärischen Formationen für Eisenbahnzwecke finden obige Vorschriften über das Alter und die Vereidigung keine Anwendung.

[1] Sie sind Beamte im Sinne des § 359 St.GB. soweit sie: 1) im Reichs- oder Staatseisenbahndienste stehen, 2) Privateisenbahnbeamte sind und sich in Ausübung der Bahnpolizei befinden. Pr. OT. 4. 12. 73 (Oppenhoff, Rechtsprechung des Obertribunals XIV 775), z. B. bei Aussetzung eines Reisenden ohne Fahrkarte oder mit falscher Fahrkarte. RG. 24. 3. 84 (Entsch. i. Str.S. X 325); jedoch nicht bei einfacher Kontrole der Fahrkarten. Unwesentlich ist, ob die betr. bahnpolizeiliche Handlung in der gedruckten Dienstanweisung vorgesehen ist oder nicht. RG. 10. 11. 87. (Entsch. i. Str.S. XVI 300).

[2] Vom 5. Juli 1892 RGBl. S. 723 ff.

§. 69. Pflichten gegen das Publikum. Personalakten.

(1) Die Bahnpolizeibeamten haben dem Publikum gegenüber ein besonnenes, anständiges und rücksichtsvolles Benehmen zu beobachten und sich insbesondere jedes herrischen und unfreundlichen Auftretens zu enthalten.

(2) Unziemlichkeiten sind von den Vorgesetzten nöthigenfalls durch angemessene Strafen zu ahnden.

(3) Diejenigen Bahnpolizeibeamten, welche sich als zur Ausübung ihres Dienstes ungeeignet[1] zeigen, müssen sofort von der Wahrnehmung polizeilicher Verrichtungen entfernt werden.

(4) Die Bahnverwaltung ist verbunden, über jeden Bahnpolizeibeamten Personalakten anzulegen und fortzuführen.

[1] Vergl. §§ 319, 320 St.GB.

§. 70. Bezirk der Amtsthätigkeit.

Die Amtsthätigkeit der Bahnpolizeibeamten erstreckt sich ohne Rücksicht auf den ihnen angewiesenen Wohnsitz auf die ganze Bahn,[1] die dazu gehörigen Anlagen[2] und soweit, als solches zur Handhabung der für den Eisenbahnbetrieb geltenden Polizeiverordnungen erforderlich ist.[3]

[1] Umfaßt: 1) Planum (§ 54), 2) Stationen (§§ 55, 74).

[2] Nur die dem eigentlichen Betriebe dienenden, zusammenhängenden, nicht die getrennt liegenden Werkstätten und Wohnungen. Pr. OVG. 28. 9. 92 (Eger, Entsch. IX 350).

[3] Amtsbefugnisse begrenzt: 1) örtlich: auf das ganze Bahngebiet, auch anderer deutscher Bahnen; 2) sachlich: durch den Zweck der Bahnpolizei: Erhaltung von Betrieb und Ordnung und 3) durch den Umfang der Amtsgewalt des betr. Beamten. Zum Bahngebiet gehört auch die Bahnhofsrestauration. Pr. O.T. 17. 1. 77 (Oppenhoff a. a. O. XVIII 39). — Bezügl. Nebenbahnen: § 51 a. a. O.

§. 71. Gegenseitige Unterstützung der verschiedenen Polizeibeamten.

Die sonstigen Polizeibeamten sind verpflichtet, die Bahnpolizeibeamten auf deren Ersuchen in der Handhabung der Bahnpolizei zu unterstützen. Ebenso sind die

Bahnpolizeibeamten verbunden, den übrigen Polizeibeamten bei der Ausübung ihres Amts innerhalb des im vorhergehenden Paragraphen bezeichneten Gebiets Beistand zu leisten, soweit es die den Bahnbeamten obliegenden besonderen Pflichten zulassen.

VI.

Aufsichtsbehörden.

§. 72.

Welche Behörden in jedem Bundesstaate unter der Bezeichnung Landes-Aufsichtsbehörde[1] und Aufsichtsbehörden im Sinne dieser Vorschriften zu verstehen sind, wird von der Centralbehörde des Bundesstaates bestimmt und dem Reichs-Eisenbahn-Amt mitgetheilt. Für die Reichs-Eisenbahnen in Elsaß-Lothringen erfolgt diese Festsetzung und Mittheilung durch die zuständige oberste Reichsbehörde.[2]

[1] Durch Erlaß des Preuß. Min. der öffentlichen Arbeiten vom 29. Sept. 1892 (Eis.Verordn.Bl. S. 289) ist als „Landesaufsichtsbehörde" der Minister der öffentlichen Arbeiten, als „Aufsichtsbehörde" die Eisenbahnaufsichtsbehörde, also bei den Staatsbahnen die betr. Direktion, bei den anderen Eisenbahnen das königl. Eisenbahnkommissariat in Berlin bezeichnet.

[2] Reichsamt für die Verwaltung der Reichseisenbahnen. (Erlaß vom 27. Mai 1878, RGBl. 1879 S. 193.)

VII.

Uebergangs- und Ausnahmebestimmungen.

§ 73.

(1) Sofern auf einer Bahn einzelne in diesen Vorschriften vorgesehene Einrichtungen noch nicht bestehen, auch ihre Herstellung ohne besondere Schwierigkeiten bis zu dem im §. 74 bestimmten Zeitpunkt nicht zu bewirken ist, können für deren Ausführung von der betreffenden Landes-Aufsichtsbehörde mit Zustimmung des Reichs-Eisenbahn-Amts angemessene Fristen bewilligt werden.

(2) Befristungen, welche bereits auf Grund der bisher gültigen Vorschriften bewilligt sind, werden hiervon nicht berührt.

(3) Für die an den Grenzen Deutschlands gelegenen Strecken, welche von ausländischen Bahnverwaltungen betrieben werden, können Ausnahmen bezüglich dieser Vorschriften von der betreffenden Landes-Aufsichtsbehörde unter Zustimmung des Reichs-Eisenbahn-Amts bewilligt werden.

(4) Das Reichs-Eisenbahn-Amt ist ferner ermächtigt, für gewisse Züge und Zuggattungen[1] einer Hauptbahn auf Antrag der zuständigen Landes-Aufsichtsbehörde erleichternde Abweichungen von einzelnen Bestimmungen dieser Vorschriften zuzulassen.

[1] Z. B. Omnibuszüge, Vorortszüge.

VIII.

Schlußbestimmungen.

§ 74.

(1) Diese Betriebsordnung tritt mit dem 1. Januar 1893 in Kraft und findet Anwendung auf allen dem öffentlichen Verkehr dienenden Eisenbahnen Deutschlands mit Ausnahme derjenigen, für welche nach der Entschließung der zuständigen Landes-Aufsichtsbehörde mit Zustimmung des Reichs-Eisenbahn-Amts die Bahnordnung für die Nebeneisenbahnen Deutschlands maßgebend ist.

(2) Dieselbe wird durch das Reichs-Gesetzblatt veröffentlicht.

(3) Die von den Bundesregierungen oder Eisenbahnverwaltungen erlassenen Ausführungsbestimmungen sind dem Reichs-Eisenbahn-Amt mitzutheilen.

(4) In der Betriebsordnung sind

a) unter der Bezeichnung Station folgende Unterarten zu unterscheiden:

1. Bahnhöfe als Stationen mit bedeutenderem Verkehr,
2. Haltestellen als Stationen mit geringerem Verkehr, welche mit mindestens einer Weiche für den öffentlichen Verkehr versehen sind,
3. Haltepunkte als Stationen, welche mit Weichen für den öffentlichen Verkehr nicht versehen sind;

b) als Hauptgleise der Bahnhöfe und Haltestellen diejenigen Gleise anzusehen, welche von geschlossenen Zügen im regelmäßigen Betriebe befahren werden.

[1] Vergl. Anmerk. 1 zur Betr.Ordn.
[2] Vom 5. Juli 1892, RGBl. S. 764 ff.

Berlin, den 5. Juli 1892.

Der Reichskanzler.
Graf von Caprivi.

---

3. Bekanntmachung, betreffend die Verkehrs-Ordnung für die Eisenbahnen Deutschlands.

Vom 15. November 1892.

(RGBl. S. 923).

Gemäß dem vom Bundesrath in der Sitzung vom 15. November 1892 auf Grund des Artikels 45 der Reichsverfassung gefaßten Beschlusse tritt mit dem 1. Januar 1893 an die Stelle des Betriebs-Reglements für die Eisenbahnen Deutschlands vom 11. Mai 1874 die nachstehende

Verkehrs-Ordnung

für die

Eisenbahnen Deutschlands.

I.

Eingangs-Bestimmungen.

(1) Die Bestimmungen dieser Verkehrs-Ordnung[1] finden Anwendung auf den Verkehr sämmtlicher Eisenbahnen Deutschlands. Auf den internationalen Verkehr[2] dieser Bahnen findet die Verkehrs-Ordnung nur insoweit Anwendung, als derselbe nicht durch besondere Bestimmungen geregelt ist.

(2) Bestimmungen der Eisenbahnverwaltungen, welche die Verkehrs-Ordnung ergänzen, sind mit Genehmigung der Landesaufsichtsbehörde zulässig. Abweichende Bestimmungen können für Bahnen untergeordneter Bedeutung, wie auch dort, wo dies durch die Eigenart der Betriebsverhältnisse bedingt erscheint, von der Landesaufsichtsbehörde mit Zustimmung des Reichs-Eisenbahn-Amts bewilligt werden.

(3) Alle ergänzenden und abweichenden Bestimmungen bedürfen zu ihrer Gültigkeit der Aufnahme in die veröffentlichten Tarife. Die Genehmigung muß aus der Veröffentlichung zu ersehen sein.

[1] In gleicher Weise wie die Betriebsordnung erlassen mit derselben rechtlichen Wirksamkeit. Vergl. Anm. 1 z. Betr.Ordn. Die Bestimmungen enthalten eine Ergänzung zum HGB., Widersprüche gegen letzteres sind rechtlich belanglos, da sie nur einen Verwaltungsbefehl darstellen, der materielles Recht nicht begründen kann. RG. 7. 11. 91 (Eger, Entsch. VIII 332), 6. 3. 86 (Eger IV 424).

[2] Vergl. Internationales Uebereinkommen über den Eisenbahnfrachtverkehr (siehe unten).

II.

Allgemeine Bestimmungen.

§. 1. Pflichten der Eisenbahnbediensteten.

(1) Die Bediensteten der Eisenbahnen haben im Verkehr mit dem Publikum ein entschiedenes, aber höfliches Benehmen[1] einzuhalten und sich innerhalb der Grenzen ihrer Dienstpflichten gefällig zu bezeigen.

(2) Die Annahme[2] von Vergütungen oder Geschenken für dienstliche Verrichtungen ist ihnen untersagt.

(3) Den Bediensteten ist das Rauchen während des dienstlichen Verkehrs mit dem Publikum verboten.

[1] Vergl. § 69. Betr.Ordn.

[2] Sofern sie Beamte sind, kommen §§ 331—333 Str.GB. in Betracht. Die Beamteneigenschaft ergiebt sich aus dem Anstellungsvertrage.

§. 2. Anordnungen der Bediensteten.

Den dienstlichen Anordnungen der in Uniform befindlichen oder mit Dienstabzeichen oder mit einer Legitimation versehenen Bediensteten ist das Publikum Folge zu leisten verpflichtet.

§. 3. Entscheidung der Streitigkeiten.

Streitigkeiten zwischen dem Publikum und den Bediensteten entscheidet auf den Stationen der Stationsvorsteher, während der Fahrt der Zugführer.

§. 4. Beschwerdeführung.

(1) Beschwerden können bei den Dienstvorgesetzten mündlich oder schriftlich angebracht, auch in das auf jeder Station befindliche Beschwerdebuch eingetragen werden.

(2) Die Verwaltung hat baldmöglichst auf alle Beschwerden zu antworten, welche unter Angabe des Namens und des Wohnortes des Beschwerdeführenden erhoben werden. Beschwerden über einen Bediensteten müssen dessen thunlichst genaue Bezeichnung nach dem Namen oder der Nummer oder einem Uniform-Merkmale enthalten.

§. 5. Betreten der Bahnhöfe und der Bahn.

Das Betreten der Bahnhöfe und der Bahn außerhalb der bestimmungsmäßig dem Publikum für immer oder zeitweilig geöffneten Räume ist jedermann, mit Ausnahme der dazu nach den bahnpolizeilichen Vorschriften befugten Personen,[1] untersagt.

[1] Aufzählung im §§ 53, 54 Betr.Ordn.

§. 6. Verpflichtung zum Transporte.

(1) Die Beförderung von Personen, Thieren und Sachen kann nicht verweigert werden, sofern

1. den geltenden Beförderungsbedingungen[1] und den sonstigen allgemeinen Anordnungen[2] der Eisenbahn entsprochen wird,
2. die Beförderung mit den regelmäßigen Transportmitteln möglich[3] ist,
3. nicht Umstände, welche als höhere Gewalt zu betrachten sind, die Beförderung verhindern.

(2) Gegenstände, deren Ein- und Ausladen besondere Vorrichtungen nöthig macht, ist die Eisenbahn nur auf und nach solchen Stationen anzunehmen verpflichtet, wo derartige Vorrichtungen bestehen.

[1] Vergl. Art. 422—432 HGB.
[2] Vergl. § 20, 21.
[3] Vergl. unten §§ 44, 46, 50.

§. 7. Transportpreise. Tarife.

(1) Die Berechnung der Transportpreise erfolgt nach Maßgabe der zu Recht bestehenden, gehörig veröffentlichten Tarife.

(2) Tariferhöhungen oder sonstige Erschwerungen der Beförderungsbedingungen treten nicht vor Ablauf von 6 Wochen nach ihrer Veröffentlichung in Kraft,[1] sofern nicht der Tarif nur für eine bestimmte Zeit in Geltung gesetzt war.

(3) Jede Preisermäßigung oder sonstige Begünstigung gegenüber den veröffentlichten Tarifen ist verboten und nichtig.

(4) Begünstigungen bei Transporten für milde und für öffentliche Zwecke sowie solche im dienstlichen Interesse der Eisenbahnen sind mit Genehmigung der Landesaufsichtsbehörde zulässig.[2]

[1] Unzulässig, soweit sie gegen Art. 395—397, 400, 401, 408, 422 bis 432 HGB. verstoßen.
[2] Vergl. Art. 46 RV.

§. 8. Zahlungsmittel.

Außer den gesetzlichen Zahlungsmitteln ist, wo das Bedürfniß vorhanden, auch das auf den ausländischen Nachbarbahnen gesetzlichen Kurs besitzende Gold- und Silbergeld — jedoch mit Ausschluß der Scheidemünze — zu dem von der Verwaltung festzusetzenden und bei der betreffenden Abfertigungsstelle durch Anschlag zu veröffentlichenden Kurse anzunehmen, insoweit nicht der Annahme ein gesetzliches Verbot entgegensteht.

§. 9. Haftung der Eisenbahn für ihre Leute. Die Eisenbahn haftet für ihre Leute und für andere Personen,[1][2] deren sie sich bei Ausführung des von ihr übernommenen Transportes bedient.

[1] Jedoch nur, soweit diese ein Verschulden trifft.

[2] Auch für die Bahnspediteure. Vergl. unten § 68 (3). RG. 7. 3. 85 (Entsch. in C.S. XIII 35).

III.

Beförderung von Personen.

§. 10. Fahrpläne. Sonderfahrten. Abfahrtszeit.

(1) Die regelmäßige Personenbeförderung findet nach Maßgabe der Fahrpläne statt, welche vor dem Inkrafttreten öffentlich bekannt zu machen und rechtzeitig auf den Stationen auszuhängen sind. Aus denselben müssen die Wagenklassen, mit welchen die einzelnen Züge fahren, zu ersehen sein. Die Fahrpläne der eigenen Bahn, welche zum Aushang auf den Stationen des eigenen Bahngebiets bestimmt sind, sind auf hellgelbem, diejenigen, welche zum Aushang auf anderen Bahnen bestimmt sind, auf weißem Papier zu drucken. Außer Kraft getretene Fahrpläne sind sofort zu entfernen.

(2) Sonderfahrten werden nach dem Ermessen der Verwaltung gewährt.

(3) Für den Abgang der Züge sind die Stationsuhren maßgebend.

§. 11. Fahrpreise. Ermäßigung für Kinder.

(1) Die Fahrpreise werden durch die Tarife bestimmt (§. 7). Auf jeder Station ist an geeigneter Stelle ein Tarif-Auszug auszuhängen oder auszulegen, aus dem die Fahrpreise nach solchen Stationen, für welche direkte Fahrkarten verkauft werden, ersichtlich sind.

(2) Kinder bis zum vollendeten vierten Lebensjahre, für welche ein besonderer Platz nicht beansprucht wird, sind frei zu befördern. Kinder vom vollendeten vierten bis zum vollendeten zehnten Lebensjahre sowie jüngere Kinder, falls für letztere ein Platz beansprucht wird, werden zu ermäßigten Fahrpreisen befördert. Finden Zweifel über das Alter der Kinder statt, so entscheidet einstweilen der dienstlich anwesende höchste Beamte.

§. 12. Inhalt der Fahrkarten.[1]

Die Fahrkarte muß die Strecke, für welche sie Geltung hat, die Gattung des Zuges, die Wagenklasse sowie den Fahrpreis, sofern derselbe nicht Valutaschwankungen unterliegt, enthalten.

[1] Fahrkarte Legitimationszeichen, nicht Inhaberpapier.

§. 13. Lösung der Fahrkarten.

(1) Der Verkauf der Fahrkarten kann auf Stationen mit geringerem Verkehr nur innerhalb der letzten halben Stunde, auf Stationen mit größerem Verkehr innerhalb einer Stunde vor Abgang desjenigen Zuges, mit welchem der Reisende befördert sein will, verlangt werden. Liegt

jedoch zwischen zwei nach derselben Richtung abgehenden Zügen eine kürzere Zwischenzeit, so kann die Ausgabe der Fahrkarten für den später abgehenden Zug frühestens eine halbe Stunde vor dessen Abfahrtszeit gefordert werden. Fünf Minuten vor Abgang des Zuges erlischt der Anspruch auf Verabfolgung einer Fahrkarte.

(2) Es kann verlangt werden, daß das zu entrichtende Fahrgeld abgezählt bereitgehalten wird.

(3) Auf der Abgangsstation ist bis spätestens 30 Minuten vor Abgang des betreffenden Zuges die Bestellung ganzer Wagenabtheilungen gegen Bezahlung höchstens so vieler Fahrkarten der betreffenden Klasse, als die Wagenabtheilung Plätze enthält, zulässig. Der Bestellung ist unter Ausfertigung eines Scheins stattzugeben, soweit die Zugsbelastung es erlaubt. Auf Zwischenstationen können ganze Abtheilungen nur dann beansprucht werden, wenn solche unbesetzt in dem ankommenden Zuge vorhanden sind. In die Abtheilung dürfen nicht mehr Personen aufgenommen werden, als Fahrkarten bezahlt sind. Bestellte Abtheilungen müssen als solche mittelst einer Aufschrift erkennbar gemacht werden.

[1] Nicht auch das Recht auf Mitfahrt, jedoch Strafe im § 21.

§. 14. Zurücknahme und Umtausch gelöster Fahrkarten.

(1) Die Fahrkarten geben Anspruch auf Plätze in der entsprechenden Wagenklasse, soweit solche vorhanden sind. Wenn einem Reisenden ein seiner Fahrkarte entsprechender Platz nicht angewiesen werden kann, ihm auch nicht ein Platz in einer höheren Klasse zeitweilig eingeräumt wird,

so steht ihm frei, die Fahrkarte gegen eine solche der niedrigeren Klasse, in welcher noch Plätze vorhanden sind, unter Erstattung des Preisunterschiedes umzuwechseln, oder die Fahrt zu unterlassen und das bezahlte Fahrgeld zurückzuverlangen.

(2) Ein Umtausch gelöster Fahrkarten gegen solche höherer oder niedrigerer Klassen oder nach einer anderen Station ist den Reisenden auf der Abgangsstation bis 5 Minuten vor Abfahrt des Zuges, soweit noch Plätze vorhanden sind, unter Ausgleich des Preisunterschiedes gestattet, sofern die Fahrkarte noch nicht entwerthet ist.

(3) Für Theilstrecken kann ein Uebergehen auf Plätze einer höheren Klasse gegen Entrichtung eines im Tarife festzusetzenden Preiszuschlages sowohl auf der Abgangsstation, als auf Zwischenstationen erfolgen.

§. 15. Warteräume.

Die Warteräume sind spätestens eine Stunde vor Abgang eines jeden Zuges zu öffnen. Dem auf einer Uebergangsstation mit durchgehender Fahrkarte ankommenden Reisenden ist gestattet, sich in dem Warteraum derjenigen Bahn, auf welcher er die Reise fortsetzt, bis zum Abgange des von ihm zu benutzenden nächsten Zuges aufzuhalten, in der Zeit von 11 Uhr Abends bis 6 Uhr Morgens jedoch nur, soweit der Warteraum während dieser Zeit ohnedies geöffnet sein muß.

§. 16. Ein- und Aussteigen.

(1) Die Aufforderung zum Einsteigen in die Wagen erfolgt durch Abrufen oder Abläuten in den Warteräumen

oder durch ein aus zwei Schlägen der Stationsglocke bestehendes Signal.

(2) Solange der Zug sich in Bewegung befindet, ist das Ein- und Aussteigen, der Versuch oder die Hülfeleistung dazu sowie das eigenmächtige Oeffnen der Wagenthüren verboten.

(3) Gleise[1] dürfen vom Publikum nur an den hierfür bestimmten Stellen betreten oder überschritten werden. Bei dem Verlassen der Station ist der dazu bestimmte Ausgang zu benutzen.

[1] Vergl. § 5.

§. 17. Anweisung der Plätze. Frauen-Abtheilungen.

(1) Einzelne bestimmte Plätze werden nicht verkauft. Eine Ausnahme ist nur für bestimmte Züge mit besonderen Einrichtungen und für besonders ausgestattete Wagen zulässig. Beim Einsteigen ist es dem Reisenden gestattet, für sich und mitreisende Angehörige je einen Platz zu belegen.

(2) Die Bediensteten sind berechtigt und auf Verlangen der Reisenden verpflichtet, denselben ihre Plätze anzuweisen.

(3) Die mit durchgehenden Fahrkarten ankommenden Reisenden haben den Vorzug vor neu hinzutretenden.

(4) Allein reisende Frauen sollen auf Verlangen möglichst nur mit Frauen zusammen in eine Abtheilung gesetzt werden. In jedem Zuge muß mindestens je eine Frauen-Abtheilung für die Reisenden der zweiten und der dritten Wagenklasse vorhanden sein, sofern in dem Zuge

wenigstens 3 Abtheilungen der betreffenden Wagenklasse sich befinden. Auch in Zügen, in welchen sich Wagen mit geschlossenen Abtheilungen nicht befinden, ist thunlichst eine besondere Abtheilung für Frauen einzurichten.

§. 18. Tabackrauchen in den Wagen.

(1) In der ersten Wagenklasse darf nur mit Zustimmung aller in derselben Abtheilung mitreisenden Personen geraucht werden. Die Eisenbahn kann jedoch Abtheilungen erster Klasse für Raucher und für Nichtraucher einstellen, welche als solche zu bezeichnen sind.

(2) In den übrigen Wagenklassen ist das Rauchen gestattet. In jedem Personenzuge müssen jedoch Abtheilungen zweiter und, vorausgesetzt daß die Beschaffenheit der Wagen es gestattet, auch dritter Klasse für Nichtraucher vorhanden sein.

(3) In den Nichtraucher- und in den Frauen-Abtheilungen ist das Rauchen selbst mit Zustimmung der Mitreisenden nicht gestattet. Auch dürfen solche Abtheilungen nicht mit brennenden Cigarren oder Pfeifen betreten werden.

(4) Brennende Tabackspfeifen müssen mit Deckeln versehen sein.

§. 19. Versäumung der Abfahrt.

(1) Nachdem das vorgeschriebene Abfahrtszeichen durch die Dampfpfeife der Lokomotive oder die Mundpfeife des Zugführers gegeben ist, wird niemand mehr zur Mitreise zugelassen.

(2) Dem Reisenden, welcher die Abfahrtszeit versäumt,

steht ein Anspruch weder auf Rückerstattung des Fahrgeldes, noch auf irgend eine andere Entschädigung zu.

(3) Lautet die Fahrkarte auf einen bestimmten Zug, so kann sich der Reisende auch eines anderen, am nämlichen oder am folgenden Tage nach der Bestimmungsstation abgehenden Zuges bedienen, sofern er seine Fahrkarte ohne Verzug dem Stationsvorsteher vorlegt und mit einem Vermerk über die Gültigkeit versehen läßt. Der gleiche Vermerk ist erforderlich, wenn die Fahrkarte auf einen bestimmten Tag lautet und der Reisende erst am folgenden Tage die Fahrt antreten will. Bei Benutzung eines höher tarifirten Zuges ist die Fahrkarte gegen Entrichtung des Preisunterschiedes umzutauschen. Bei Benutzung eines niedriger tarifirten Zuges ist der Preisunterschied zu erstatten.

(4) Eine Verlängerung der für Rückfahrten, Rundreisen und dergleichen festgesetzten Frist wird hierdurch nicht herbeigeführt.

§. 20. Ausschluß von der Fahrt.

(1) Personen, welche wegen einer sichtlichen Krankheit oder aus anderen Gründen die Mitreisenden voraussichtlich belästigen würden, sind von der Mitfahrt auszuschließen,[1] wenn nicht für sie eine besondere Abtheilung bezahlt wird und bereitgestellt werden kann. Wird die Mitfahrt nicht gestattet, so ist das etwa bezahlte Fahrgeld einschließlich der Gepäckfracht zurückzugeben. Wird erst unterwegs wahrgenommen, daß ein Reisender zu den vorbezeichneten Personen gehört, so erfolgt der Ausschluß auf der nächsten Station. Das Fahrgeld sowie die Ge-

päckfracht sind für die nicht durchfahrene Strecke zu ersetzen.

(2) Wer die vorgeschriebene Ordnung nicht beobachtet, sich den Anordnungen der Bediensteten nicht fügt oder den Anstand[2] verletzt, wird ohne Anspruch auf den Ersatz des bezahlten Fahrgeldes von der Mitfahrt ausgeschlossen. Namentlich dürfen trunkene Personen zur Mitfahrt und zum Aufenthalt in den Warteräumen nicht zugelassen werden und sind, falls die Zulassung dennoch stattgefunden hat, auszuweisen.[3]

(3) Erfolgt die Ausweisung unterwegs oder werden die betreffenden Personen zurückgewiesen, nachdem sie ihr Gepäck bereits zur Abfertigung übergeben haben, so haben sie keinen Anspruch darauf, daß ihnen dasselbe anderswo, als auf der Station, wohin es abgefertigt worden, wieder verabfolgt wird.

[1] Vergl. § 6.

[2] Vergl. § 183 St.GB., Warteräume, Bahnsteige und Wagenabtheile sind öffentliche Orte im Sinne dieses §.

[3] Bei Weigerung: §§ 123, 360 Z. 11 (?) St.GB.

§. 21. Kontrole der Fahrkarten.

(1) Die Fahrkarte ist auf Verlangen bei dem Eintritt in den Warteraum, beim Betreten des Bahnsteiges (Perron), beim Einsteigen in den Wagen, sowie auch jederzeit während der Fahrt vorzuzeigen.

(2) Der Reisende,[1] welcher ohne gültige Fahrkarte betroffen wird, hat für die ganze von ihm zurückgelegte Strecke und, wenn die Zugangsstation nicht sofort unzweifelhaft nachgewiesen wird, für die ganze vom Zuge zurückgelegte Strecke das Doppelte des gewöhnlichen Fahr=

preises, mindestens aber den Betrag von 6 Mark zu entrichten.[2] Der letztere Betrag ist auch für den Fall zu bezahlen, daß der Zug sich noch nicht in Bewegung gesetzt hat. Derjenige Reisende jedoch, welcher unaufgefordert dem Schaffner oder Zugführer meldet, daß er wegen Verspätung keine Fahrkarte habe lösen können, hat nur den gewöhnlichen Fahrpreis mit einem Zuschlage von 1 Mark, keinesfalls jedoch mehr als den doppelten Fahrpreis zu zahlen. In allen Fällen ist dem Reisenden eine Zuschlagskarte oder sonstige Bescheinigung zu verabfolgen.

(3) Wer die sofortige Zahlung verweigert, kann ausgesetzt[3] werden.

[1] Auch der auf dem Trittbrett, Bremsersitz oder sonstwie unrechtmäßig mitfahrende. RG. (Entsch. i. C.S. XXIV 318).

[2] Diese Bestimmung bezweckt Regelung der Höhe der Ordnungsstrafe, stellt nicht die Benutzung der Bahn gegen Nachzahlung frei. RG. 20. 6. 81 (Entsch. in Str.S. IV 295). Vergl. § 13.

[3] Aussetzung ist Ausübung der Bahnpolizei, die Fahrkartenkontrole nicht. Verhinderung der Aussetzung durch Bestechung des Schaffners ist nach § 331—333 St.GB. strafbar. RG. 24. 3. 84 (Entsch. i. Str.S. X 325).

§. 22. Verhalten während der Fahrt.

(1) Während der Fahrt darf sich niemand seitwärts aus dem Wagen beugen oder gegen die Thür anlehnen. Auch ist der Aufenthalt auf den etwa an den Wagen befindlichen Plattformen nicht gestattet.

(2) Die Fenster dürfen nur mit Zustimmung aller in derselben Abtheilung mitreisenden Personen auf beiden Seiten des Wagens gleichzeitig geöffnet sein. Im Uebrigen entscheidet, soweit die Reisenden sich über das Oeffnen

und Schließen der Fenster nicht verständigen, der Schaffner.

(3) Es ist untersagt, Gegenstände, durch welche Personen oder Sachen beschädigt werden können, aus dem Wagen zu werfen.[1]

[1] Vergl. § 61 Betr.Ordn.

§. 23. Beschädigung der Wagen.

Der durch Beschädigung[1] oder Verunreinigung der Wagen oder ihrer Ausrüstung verursachte Schaden ist zu ersetzen.[2] Die Eisenbahn ist berechtigt, sofortige Zahlung oder Sicherstellung zu verlangen. Die Entschädigung erfolgt, soweit hierfür ein Tarif[3] besteht, nach Maßgabe desselben. Der Tarif ist auf Verlangen vorzuzeigen.

[1] Vergl. § 60 Betr.Ordn.

[2] Voraussetzung ist ein Verschulden.

[3] Bei Zahlungsweigerung Klageweg, der Tarif für das richterliche Ermessen nicht bindend.

§. 24. Verfahren auf Zwischenstationen. Anhalten auf freier Bahn.

(1) Bei Ankunft auf einer Station ist der Name derselben, die Dauer des Aufenthalts sowie der etwa stattfindende Wagenwechsel auszurufen. Sobald der Zug stillsteht, haben die Bahnbediensteten nach der zum Aussteigen bestimmten Seite die Thüren derjenigen Wagen zu öffnen, in welchen Reisende mit Fahrkarten für diese Station sich befinden. Die Thüren der übrigen Wagen werden nur auf Verlangen geöffnet.

(2) Wer auf den Zwischenstationen seinen Platz verläßt, ohne ihn zu belegen, geht seines Anspruchs auf diesen Platz verlustig.

(3) Wird ausnahmsweise außerhalb einer Station längere Zeit angehalten, so ist den Reisenden das Aussteigen nur mit ausdrücklicher Bewilligung des Zugführers gestattet. Die Reisenden müssen sich dann sofort von dem Bahngleise entfernen, auch auf das erste mit der Dampfpfeife oder auf andere Weise gegebene Zeichen ihre Plätze wieder einnehmen.

(4) Das Zeichen zur Weiterfahrt wird durch ein dreimaliges Ertönen der Dampfpfeife gegeben. Wer beim dritten Ertönen der Dampfpfeife noch nicht wieder eingestiegen ist, geht des Anspruchs auf die Mitreise verlustig.

§. 25. Freiwillige Unterbrechung der Fahrt.

(1) Den Reisenden ist, unbeschadet etwaiger weitergehender, von der Eisenbahn bewilligter Vergünstigungen, gestattet, die Fahrt einmal, bei Rückfahrkarten auf dem Hin- und Rückwege je einmal zu unterbrechen, um mit einem am nämlichen oder am nächstfolgenden Tage nach der Bestimmungsstation abgehenden Zuge weiter zu reisen. Solche Reisende haben auf der Zwischenstation sofort nach dem Verlassen des Zuges dem Stationsvorsteher ihre Fahrkarte vorzulegen und dieselbe mit dem Vermerke der Gültigkeit versehen zu lassen. Falls der Zug, welchen sie zur Weiterfahrt benutzen wollen, höher tarifirt ist, als derjenige, für welchen sie eine Fahrkarte gelöst haben, so ist eine den Preisunterschied mindestens deckende Zuschlagskarte zu lösen.

(2) Eine Verlängerung der für Rückfahrten, Rundreisen und dergleichen festgesetzten Frist wird durch die

Unterbrechung der Fahrt nicht herbeigeführt. Mit Genehmigung der Aufsichtsbehörde kann die Unterbrechung der Fahrt von besonderen, in die Tarife aufzunehmenden Bedingungen abhängig gemacht oder für gewisse Fahrkarten ganz ausgeschlossen werden.

§. 26. Verspätung der Züge. Betriebsstörungen.

(1) Verspätete Abfahrt oder Ankunft der Züge begründet keinen Anspruch gegen die Eisenbahn.

(2) Wird in Folge einer Zugverspätung der Anschluß an einen anderen Zug versäumt, so ist dem mit durchgehender Fahrkarte versehenen Reisenden, sofern er mit dem nächsten zurückführenden Zuge ununterbrochen zur Abgangsstation zurückgekehrt ist, der bezahlte Preis für die Hin- und Rückreise in der auf der Hinreise benutzten Wagenklasse zu erstatten.

(3) Dieser Anspruch ist bei Vermeidung des Verlustes vom Reisenden unter Vorlegung seiner Fahrkarte sogleich nach Ankunft des verspäteten Zuges dem Stationsvorsteher, sowie nach Rückkehr zur Abgangsstation dem Vorsteher der letzteren anzumelden. Ueber diese Meldungen haben beide Stationsvorsteher Bescheinigung zu ertheilen.

(4) Bei gänzlichem oder theilweisem Ausfall einer Fahrt sind die Reisenden berechtigt, entweder das Fahrgeld für die nicht durchfahrene Strecke zurückzufordern oder die Beförderung mit dem nächsten, auf der gleichen oder auf einer um nicht mehr als ein Viertheil weiteren Strecke derselben Bahnen nach dem Bestimmungsorte

führenden Zuge ohne Preiszuschlag zu verlangen, sofern dies ohne Ueberlastung des Zuges und nach den Betriebseinrichtungen möglich ist und der Zug auf der betreffenden Unterwegsstation fahrplanmäßig hält.

(5) Wenn Naturereignisse oder andere Umstände die Fahrt auf einer Strecke der Bahn verhindern, so muß für die Weiterbeförderung bis zur fahrbaren Strecke mittelst anderer Fahrgelegenheiten thunlichst gesorgt werden. Die hierdurch entstandenen Kosten sind der Eisenbahn, abzüglich des Fahrgeldes für die nicht durchfahrene Eisenbahnstrecke, zu erstatten.

(6) Betriebsstörungen und Zugverspätungen sind durch Anschlag an einer dem Publikum leicht zugänglichen Stelle in deutlich erkennbarer Weise sofort bekannt zu machen.

§. 27. Mitnahme von Hunden.

(1) Hunde und andere Thiere dürfen in den Personenwagen nicht mitgeführt werden.

(2) Ausgenommen sind kleine Hunde, welche auf dem Schooße getragen werden, sofern gegen deren Mitnahme von den Mitreisenden derselben Abtheilung Einspruch nicht erhoben wird. Die Mitnahme von größeren Hunden, insbesondere Jagdhunden, in die dritte Wagenklasse darf ausnahmsweise gestattet werden, wenn die Beförderung der Hunde mit den begleitenden Personen in abgesonderten Abtheilungen erfolgt. Die Verpflichtung zur Zahlung der tarifmäßigen Gebühr für Beförderung von Hunden wird hierdurch nicht berührt.

(3) Die Beförderung anderer von Reisenden mitge-

nommener Hunde erfolgt in abgesonderten Behältnissen. Soweit solche in den Personenzügen nicht vorhanden oder bereits besetzt sind, kann die Mitnahme nicht verlangt werden. Bei Aufgabe des Hundes muß ein Beförderungsschein (Hundekarte) gelöst werden. Gegen Rückgabe dieses Scheins wird der Hund nach beendeter Fahrt verabfolgt. Die Eisenbahn ist nicht verpflichtet, Hunde, welche nach Ankunft auf der Bestimmungsstation nicht sofort abgeholt werden, zu verwahren.

(4) Wegen sonstiger Beförderung von Hunden siehe §. 30 Absatz 3 und §§. 44 ff.

§. 28. Mitnahme von Handgepäck in die Personenwagen.

(1) Kleine, leicht tragbare Gegenstände können, sofern sie die Mitreisenden nicht durch ihren Geruch oder auf andere Weise belästigen und nicht Zoll-, Steuer- oder Polizeivorschriften[1] entgegenstehen, in den Personenwagen mitgeführt werden. Für solche in den Wagen mitgenommene Gegenstände werden Gepäckscheine nicht ausgegeben; sie sind von den Reisenden selbst zu beaufsichtigen.[2]

(2) Unter denselben Voraussetzungen ist Reisenden vierter Klasse auch die Mitführung von Handwerkszeug, Tornistern, Tragelasten in Körben, Säcken und Kiepen sowie von ähnlichen Gegenständen, welche Fußgänger mit sich führen, gestattet.

(3) Bei Meinungsverschiedenheiten entscheidet der Stationsvorsteher.

[1] Vergl. § 62 Betr.Ordn.

[2] Haftpflicht der Bahn beschränkt durch § 84 Abs. 5 und durch Art. 425 Z. 1 HGB.

§. 29. Von der Mitnahme[1] ausgeschlossene Gegenstände.

(1) Feuergefährliche sowie andere Gegenstände, die auf irgend eine Weise Schaden verursachen können, insbesondere geladene Gewehre, Schießpulver, leicht entzündliche Stoffe und dergleichen, sind von der Mitnahme ausgeschlossen.

(2) Die Eisenbahnbediensteten sind berechtigt, sich von der Beschaffenheit der mitgenommenen Gegenstände zu überzeugen.

(3) Der Zuwiderhandelnde haftet für allen aus der Uebertretung des obigen Verbotes entstehenden Schaden und verfällt außerdem in die durch die bahnpolizeilichen Vorschriften[2] bestimmte Strafe.

(4) Jägern und im öffentlichen Dienste stehenden Personen ist die Mitführung von Handmunition gestattet.

(5) Der Lauf eines mitgeführten Gewehres muß nach oben gerichtet sein.

[1] Als Handgepäck gemäß § 28; als Reisegepäck ausgeschlossen; vergl. § 30 Abs. 4.

[2] Vergl. § 62 Betr.Ordn.; § 29 eine Polizeivorschrift im Sinne des § 9 des Sprengstoffgesetzes vom 9. Juni 1884, RG. 15. 5. 93 (Eger, Entsch. X 185).

IV.

Beförderung von Reisegepäck.

§. 30. Begriff des Reisegepäcks.

(1) Als Reisegepäck[1] kann in der Regel nur das, was der Reisende zu seiner Reise bedarf, namentlich Koffer, Mantel- und Reisesäcke, Hutschachteln, kleine Kisten und dergleichen aufgegeben werden.

(2) Doch können auch größere kaufmännisch verpackte Kisten, Tonnen, sowie Fahrzeuge und andere nicht zum Reisebedarf zu rechnende Gegenstände, sofern sie zur Beförderung mit Personenzügen geeignet sind, ausnahmsweise als Reisegepäck zugelassen werden. Wegen der Fahrzeuge vergleiche auch §. 6 Absatz 2.

(3) Ebenso können kleine Thiere[2] in Käfigen, Kisten, Säcken und dergleichen zur Beförderung als Reisegepäck angenommen werden.

(4) Gegenstände, welche von der Beförderung als Frachtgut,[3] sowie solche, welche nach §. 29 von der Mitnahme in die Personenwagen ausgeschlossen sind, dürfen, bei Vermeidung der im §. 53 Absatz 8 festgesetzten Folgen, auch als Reisegepäck nicht aufgegeben werden.

(5) Ob und unter welchen Bedingungen die im §. 50 B 2 bezeichneten Gegenstände zur Beförderung als Reisegepäck angenommen werden, bestimmen die besonderen Vorschriften der Eisenbahnen.[4]

[1] Reisegepäck im Art. 425 HGB. umfaßte Hand- und Reisegepäck im Sinne der VO.

[2] Vergl. jedoch § 27 Abs. 3 und Art. 424 Z. 5 HGB.

[3] Vergl. § 50.
[4] Vergl. Anlage B zur VO.: RGBl. 1892 S. 969 ff.

§. 31. Art der Verpackung. Entfernung älterer Beförderungszeichen.

Reisegepäck, welches nicht sicher und dauerhaft verpackt[1] ist, kann zurückgewiesen werden. Auf den Gepäckstücken dürfen ältere Eisenbahn-, Post- und andere Beförderungszeichen sich nicht befinden. Wird in Folge der Nichtbeachtung dieser Vorschrift das Gepäck verschleppt, so haftet die Eisenbahn nicht für den daraus erwachsenen Schaden.

[1] Vergl. Art. 422 Z. 1 und 424 Z. 2 HGB.

§. 32. Auflieferung des Gepäcks. Gepäckscheine.

(1) Die Abfertigung des Reisegepäcks erfolgt innerhalb der im §. 13 Absatz 1 für den Verkauf der Fahrkarten festgesetzten Zeit.[1]

(2) Die Abfertigung von Gepäck, welches nicht spätestens 15 Minuten vor Abgang des Zuges bei der Gepäck-Abfertigungsstelle aufgeliefert ist, kann nicht beansprucht werden. Fahrzeuge, welche zur Beförderung als Reisegepäck zugelassen werden (§. 30 Absatz 2), müssen 2 Stunden vor Abgang des Zuges angemeldet und spätestens eine Stunde vorher zur Abfertigung aufgeliefert werden; auf Zwischenstationen kann auf eine Beförderung derselben mit dem vom Absender gewünschten Zuge nur dann gerechnet werden, wenn sie 24 Stunden vorher angemeldet worden sind.

(3) Bei Abfertigung des Gepäcks ist dem Reisenden ein Gepäckschein auszuhändigen.

(4) Die Gepäckfracht ist bei der Abfertigung zu entrichten.[2]

(5) Wird in dringenden Fällen Gepäck ausnahmsweise unter Vorbehalt späterer Abfertigung unabgefertigt zur Beförderung zugelassen,[3] so wird es bis zum Zeitpunkt der Abfertigung als zum Transporte aufgegeben nicht angesehen.

(6) Dasselbe gilt für die Annahme von Reisegepäck auf Haltestellen ohne Gepäckabfertigung.

[1] Siehe Art. 422 Abs. 2 HGB.

[2] Bei Nichtzahlung Retentionsrecht der Eisenbahn nach Art. 409 HGB.

[3] Besondere Haftpflicht der Bahn tritt erst mit Abfertigung ein, bis dahin haftet die Bahn nur als Verwahrer.

§. 33. Auslieferung des Gepäcks.

(1) Das Gepäck wird nur gegen Rückgabe des Gepäckscheins[1] ausgeliefert. Die Eisenbahn ist nicht verpflichtet, die Berechtigung des Inhabers zu prüfen.

(2) Der Inhaber des Gepäckscheins ist berechtigt, am Bestimmungsorte die sofortige Auslieferung des Gepäcks an der Ausgabestelle zu verlangen, sobald nach Ankunft des Zuges, zu welchem das Gepäck aufgegeben wurde, die zur ordnungsmäßigen Ausladung und Ausgabe sowie zur etwaigen zoll- oder steueramtlichen Abfertigung erforderliche Zeit abgelaufen ist.

(3) Werden Gepäckstücke innerhalb 24 Stunden, Fahrzeuge innerhalb 2 Stunden nach Ankunft des Zuges nicht

abgeholt, so ist das tarifmäßige Lagergeld oder Standgeld zu entrichten. Kommt das Fahrzeug nach 6 Uhr Abends an, so wird die Abholungsfrist vom nächsten Morgen 6 Uhr ab gerechnet.

(4) Wird der Gepäckschein nicht beigebracht, so ist die Eisenbahn zur Auslieferung des Gepäcks nur nach vollständigem Nachweise der Empfangsberechtigung gegen Ausstellung eines Reverses und nach Umständen gegen Sicherheit verpflichtet.

(5) In der Regel ist das Gepäck nur auf der Station auszuliefern, wohin es abgefertigt ist. Das Gepäck kann jedoch auf Verlangen des Reisenden, sofern Zeit und Umstände sowie Zoll- und Steuervorschriften es gestatten, auch auf einer vorliegenden Station zurückgegeben werden. In einem solchen Falle hat der Reisende bei der Auslieferung des Gepäcks den Gepäckschein zurückzugeben und die Fahrkarte vorzuzeigen.

(6) Fahrzeuge, welche unterwegs in einen anderen Zug übergehen müssen, brauchen erst mit dem nächstfolgenden Personenzuge am Bestimmungsorte einzutreffen.

[1] Gepäckschein ist Legitimationsschein, nicht Inhaberpapier.

§. 34. Haftung der Eisenbahn für Reisegepäck.

(1) Für das zur Beförderung übernommene Reisegepäck haftet die Eisenbahn nach den für die Beförderung von Gütern (Abschnitt VIII) geltenden Bestimmungen,[1] soweit solche auf die Beförderung von Reisegepäck anwendbar sind und sich aus den Bestimmungen des gegenwärtigen Abschnitts nicht Abweichungen ergeben.

(2) Die etwaige Deklaration des Interesses an der Lieferung[2] ist spätestens eine halbe Stunde vor Abgang des Zuges, mit welchem die Beförderung geschehen soll, an der Gepäck-Abfertigungsstelle unter Zahlung des tarifmäßigen Frachtzuschlages (§. 84 Absatz 3) abzugeben; sie hat nur dann rechtliche Wirkung,[3] wenn sie von der Abfertigungsstelle im Gepäckschein vermerkt ist.

(3) Die Eisenbahn ist von jeder Haftung für den Verlust von Reisegepäck[4] frei, wenn es nicht innerhalb 8 Tagen nach Ankunft des Zuges (§. 33) auf der Bestimmungsstation abgefordert wird.

(4) Der Reisende, welchem das Gepäck nicht ausgeliefert wird, kann verlangen, daß ihm auf dem Gepäckschein Tag und Stunde der geschehenen Abforderung bescheinigt werde.

(5) Für den Verlust und die Beschädigung von Reisegepäck, welches nicht zur Beförderung aufgegeben worden ist (§§. 28 und 32), sowie von Gegenständen, welche in den Fahrzeugen belassen sind (§. 30), wird nur gehaftet, wenn ein Verschulden der Eisenbahn oder ihrer Leute nachgewiesen ist.

[1] Und nach Art. 425 HGB.

[2] Vergl. Art. 397 ff., 427 HGB.

[3] Diese Bestimmung gegenüber Art. 397 HGB. rechtlich bedeutungslos; die Bahn kann Haftung für Verschulden ihrer Leute nicht ausschließen. Art. 400 HGB. § 9 oben.

[4] Vergl. Art. 425 Z. 2 HGB.

§. 35. In Verlust gerathene Gepäckstücke.

(1) Fehlende Gepäckstücke werden nach Ablauf von

3 Tagen nach Ankunft des Zuges, zu welchem sie aufgegeben sind, als in Verlust gerathen betrachtet.

(2) Falls das Gepäckstück später gefunden wird, ist hiervon der Reisende, sofern sein Aufenthalt sich ermitteln läßt, auch wenn er bereits Entschädigung erhalten hat, zu benachrichtigen. Derselbe kann innerhalb 30 Tagen nach Empfang der Nachricht verlangen, daß ihm das Gepäckstück gegen Rückerstattung des erhaltenen Schadensersatzes, und zwar nach seiner Wahl entweder kostenfrei am Bestimmungsorte oder kosten- und frachtfrei am Aufgabeorte, verabfolgt wird.

§. 36. Haftung der Eisenbahn für verspätete Ankunft des Reisegepäcks.

Die Haftung der Eisenbahn für Versäumung der Lieferzeit (§. 33) richtet sich nach folgenden Bestimmungen[1]:

1. Der durch diese Versäumung nachweislich entstandene Schaden wird vergütet:
   a) bei stattgehabter Deklaration des Interesses an der Lieferung: bis zur Höhe des deklarierten Betrages;
   b) in Ermangelung einer solchen Deklaration für je angefangene 24 Stunden der Versäumung: mit höchstens 20 Pfennig für jedes Kilogramm des ausgebliebenen Gepäcks, bei Fahrzeugen (§. 30) mit höchstens 30 Mark für jedes ausgebliebene Fahrzeug.
2. Die Eisenbahn ist von der Haftung für den Schaden, welcher durch Versäumung der Lieferzeit

entstanden ist, befreit, sofern sie beweist, daß die Verspätung von einem Ereigniß herrührt, welches sie weder herbeigeführt hat, noch abzuwenden vermochte.

[1] Vergl. Art. 427 Z. 2 und Abs. 2 HGB.

§. 37. Gepäckträger.[1] Aufbewahrung des Gepäcks.

(1) Sofern von der Eisenbahn auf einer Station Gepäckträger zugelassen werden, müssen dieselben durch Dienstabzeichen erkennbar und mit einer gedruckten Dienstanweisung nebst Gebührentarif versehen sein. Sie haben auf Verlangen den Tarif vorzuzeigen, auch eine mit ihrer Nummer versehene Marke zu verabfolgen. Der Tarif ist auch an einem geeigneten Orte der Abfertigungsstelle und der Ausgabestelle auszuhängen.

(2) Falls sich die Reisenden solcher Gepäckträger für den von der Eisenbahn nicht übernommenen Transport des Gepäcks nach und von den Abfertigungsstellen bedienen, so geschieht dies ohne Verantwortlichkeit der Verwaltung.

(3) Auf größeren Stationen müssen Einrichtungen bestehen, welche es dem Reisenden ermöglichen, sein Gepäck ohne Verantwortlichkeit der Verwaltung gegen eine festgesetzte Gebühr zur vorübergehenden Aufbewahrung zu übergeben.

[1] Nicht Dienstleute im Sinne des § 37 GO. RG. 23.10.93 (Eger, Entsch. X 334).

§. 38. Zurückgelassene Gegenstände.

(1) Alle im örtlichen Bezirk der Eisenbahn oder in

den Wagen zurückgelassenen, an die Verwaltung abgelieferten Gegenstände sind mindestens 3 Monate aufzubewahren.

(2) Gegenstände, welche dem Verderben ausgesetzt sind, sind bestmöglich zu verkaufen, sobald deren Verderben zu befürchten ist.

(3) Nach Ablauf der dreimonatlichen Frist wird mit den Gegenständen und dem Erlöse nach Maßgabe der gesetzlichen oder sonstigen Vorschriften verfahren.

V.
Beförderung von Expreßgut.

§. 39. Begriff des Expreßgutes.

Die Eisenbahnen können in den Tarifen bestimmen, daß der Transport von Gütern, welche sich zur Beförderung in Packwagen eignen, auch wenn sie nicht als Reisegepäck (§. 30) zur Aufgabe gelangen, auf Gepäckschein oder auf besonderen Beförderungsschein zulässig ist (Expreßgut).

§. 40. Aufgabe und Auslieferung des Expreßgutes.

(1) Bei Abfertigung des Expreßgutes mit Gepäckschein ist solcher in der Regel dem Absender auszuhändigen. In diesem Falle erfolgt die Auslieferung des Gutes am Bestimmungsorte gegen Rückgabe des Gepäckscheins. Jedoch kann auf Verlangen des Absenders der Gepäckschein auch der Sendung beigegeben werden, wenn diese mit der vollen Adresse des Empfängers versehen ist.

In diesem Falle erfolgt die Auslieferung nach den besonderen Vorschriften jeder Verwaltung.

(2) Bei Abfertigung des Expreßgutes mit Beförderungsschein muß dieser die Sendung stets begleiten und das Gut mit der vollen Adresse des Empfängers versehen sein. Die Auslieferung erfolgt am Bestimmungsorte nach den in den Tarifen enthaltenen Vorschriften.

§ 41. Anwendbarkeit der Bestimmungen für Reisegepäck.

Im Uebrigen finden auf die Beförderung von Expreßgut die Bestimmungen des Abschnitts IV sinngemäße Anwendung, soweit nicht durch die Tarife die Anwendung des Abschnitts VIII vorgesehen ist.

VI.

Beförderung von Leichen.

§. 42. Beförderungs-Bedingungen.

(1) Der Transport einer Leiche muß, wenn er von der Ausgangsstation des Zuges erfolgen soll, wenigstens 6 Stunden, wenn er von einer Zwischenstation ausgehen soll, wenigstens 12 Stunden vorher angemeldet werden.

(2) Die Leiche muß in einem hinlänglich widerstandsfähigen Metallsarge luftdicht eingeschlossen und letzterer von einer hölzernen Umhüllung dergestalt umgeben sein. daß jede Verschiebung des Sarges innerhalb der Umhüllung verhindert wird.

(3) Die Leiche muß von einer Person begleitet sein, welche eine Fahrkarte zu lösen und denselben Zug zu benutzen hat, in dem die Leiche befördert wird.

(4) Bei der Aufgabe muß der vorschriftsmäßige, nach anliegendem Formular[1] ausgefertigte Leichenpaß beigebracht werden, welchen die Eisenbahn übernimmt und bei Ablieferung der Leiche zurückstellt. Die Behörden, welche zur Ausstellung von Leichenpässen befugt sind werden besonders bekannt gemacht. Der von der zuständigen Behörde ausgefertigte Leichenpaß hat für den ganzen darin bezeichneten Transportweg Geltung. Die tarifmäßigen Transportgebühren müssen bei der Aufgabe entrichtet werden. Bei Leichentransporten, welche aus ausländischen Staaten kommen, mit welchen eine Vereinbarung wegen wechselseitiger Anerkennung der Leichenpässe abgeschlossen ist, genügt die Beibringung eines der Vereinbarung entsprechenden Leichenpasses der nach dieser Vereinbarung zuständigen ausländischen Behörde.

(5) Die Beförderung der Leiche hat in einem besonderen, bedeckt gebauten Güterwagen zu erfolgen. Mehrere Leichen, welche gleichzeitig von dem nämlichen Abgangsorte nach dem nämlichen Bestimmungsorte aufgegeben werden, können in einem und demselben Güterwagen verladen werden. Wird die Leiche in einem ringsumschlossenen Leichenwagen befördert, so darf zum Eisenbahntransporte ein offener Güterwagen benutzt werden.

(6) Die Leiche darf auf der Fahrt nicht ohne Noth umgeladen werden. Die Beförderung muß möglichst schnell

und ununterbrochen bewirkt werden. Läßt sich ein längerer Aufenthalt auf einer Station nicht vermeiden, so ist der Güterwagen mit der Leiche thunlichst auf ein abseits im Freien gelegenes Gleise zu schieben.

(7) Wer unter falscher Deklaration Leichen zur Beförderung bringt, hat außer der Nachzahlung der verkürzten Fracht vom Abgangs- bis zum Bestimmungsorte einen Frachtzuschlag im vierfachen Betrage der Fracht zu entrichten.

(8) Bei dem Transporte von Leichen, welche von Polizeibehörden, Krankenhäusern, Strafanstalten u. s. w. an öffentliche höhere Lehranstalten übersandt werden, bedarf es einer Begleitung nicht. Auch genügt es, wenn solche Leichen in dicht verschlossenen Kisten aufgegeben werden. Die Beförderung kann in einem offenen Güterwagen erfolgen. Es ist zulässig, in den Wagen solche Güter mitzuverladen, welche von fester Beschaffenheit (Holz, Metall und dergleichen) oder doch von festen Umhüllungen (Kisten, Fässern und dergleichen) dicht umschlossen sind. Bei der Verladung ist mit besonderer Vorsicht zu verfahren, damit jede Beschädigung der Leichenkiste vermieden wird. Von der Zusammenladung sind ausgeschlossen: Nahrungs- oder Genußmittel, einschließlich der Rohstoffe, aus welchen Nahrungs- oder Genußmittel hergestellt werden, sowie die in der Anlage B[2] zu §. 50 der Verkehrs-Ordnung unter Nr. I, II, XXXVI, XXXVIa, XXXVIb, XXXVII, XXXIX, XLI, XLIII und XLIV aufgeführten Gegenstände. Ob von

der Beibringung eines Leichenpasses abgesehen werden kann, richtet sich nach den von den Landesregierungen dieserhalb ergehenden Bestimmungen.

(9) Auf die Regelung der Beförderung von Leichen nach dem Bestattungsplatz des Sterbeortes finden die vorstehenden Bestimmungen nicht Anwendung.

[1] Siehe RGBl. 1892 S. 968.

[2] Siehe ebenda S. 969.

§. 43. Art der Abfertigung und der Auslieferung.

(1) Die Abfertigung der Leichen erfolgt nach der Vorschrift des Tarifes auf Grund von Beförderungsscheinen, welche die Eisenbahn auszufertigen und dem Absender auszuhändigen hat, oder auf Grund von Frachtbriefen (§. 51).

(2) Die Auslieferung von Leichen, welche mit Personenzügen befördert werden, kann in der für Gepäck bestimmten Frist (§. 33 Absatz 2) verlangt werden. Die Auslieferung der Leichen erfolgt, sofern die Beförderung auf Beförderungsschein stattgefunden hat, gegen Rückgabe des letzteren.

(3) Innerhalb 6 Stunden nach Ankunft des Zuges auf der Bestimmungsstation muß die Leiche abgeholt werden, widrigenfalls sie nach der Verfügung der Ortsobrigkeit beigesetzt wird. Kommt die Leiche nach 6 Uhr Abends an, so wird die Abholungsfrist vom nächsten Morgen 6 Uhr ab gerechnet. Bei Ueberschreitung der Abholungsfrist ist die Eisenbahn berechtigt, Wagenstandgeld zu erheben.

VII.

Beförderung von lebenden Thieren.

§. 44. Besondere Beförderungsbedingungen.

(1) Lebende Thiere[1] werden nur unter der im §. 6 Absatz 2 aufgeführten Voraussetzung zur Beförderung angenommen.

(2) Die Beförderung kranker Thiere kann abgelehnt werden. Inwiefern der Transport von Thieren wegen der Gefahr einer Verschleppung von Seuchen ausgeschlossen ist, richtet sich nach den bestehenden gesundheitspolizeilichen Vorschriften.[2]

(3) Zum Transporte wilder Thiere ist die Eisenbahn nur bei Beachtung der von ihr im Interesse der Sicherheit vorzuschreibenden Bedingungen verpflichtet.

(4) Bei der Beförderung lebender Thiere ist die Eisenbahnverwaltung Begleitung zu fordern berechtigt. Die Begleiter haben, sofern nicht der Stationsvorsteher Ausnahmen zuläßt, ihren Platz in den betreffenden Viehwagen zu nehmen und das Vieh während des Transportes zu beaufsichtigen.[3] Bei kleinen Thieren, insbesondere Geflügel, bedarf es der Begleitung nicht, wenn sie in tragbaren, gehörig verschlossenen Käfigen aufgegeben werden. Die Käfige müssen luftig und geräumig sein.

(5) Der Absender muß das Einladen der Thiere in die Wagen sowie deren sichere Befestigung selbst besorgen

und die erforderlichen Befestigungsmittel beschaffen. Das Ausladen liegt dem Empfänger ob.

(6) Vorausbezahlung des Transportpreises kann gefordert werden.

[1] Vergl. bezüglich Hunde § 27, kleinerer Thiere § 30.

[2] Gesetz vom 25. Febr. 1876 über Viehbeförderung auf Eisenbahnen (siehe unten), Bekanntm. dazu vom 13. Juli 1879; Viehseuchengesetz vom 23. Juni 1880.

[3] Haftpflicht der Bahn: Art. 424 HGB. und § 77 unten.

§. 45. Art der Abfertigung.

Die Abfertigung der Thiere erfolgt — abgesehen von den Bestimmungen der §§. 27 und 30 Absatz 3 — nach der Vorschrift des Tarifes auf Grund von Beförderungsscheinen, welche von der Eisenbahn auszufertigen und dem Absender auszuhändigen sind, oder auf Grund von Frachtbriefen (§. 51).

§. 46. An- und Abnahme.

(1) Die Eisenbahn hat bekannt zu machen, mit welchen Zügen die Beförderung von Thieren erfolgt. Die Annahme einzelner Stücke zur Beförderung hängt davon ab, ob geeigneter Raum vorhanden ist.

(2) Die Eisenbahn kann durch den Tarif festsetzen, daß die Annahme von lebenden Thieren mit Ausnahme von Hunden an Sonn- und Festtagen ausgeschlossen oder auf bestimmte Stunden beschränkt wird.

(3) Die Thiere müssen rechtzeitig, einzelne Stücke mindestens eine Stunde vor Abgang des Zuges, auf den Bahnhof gebracht werden. Bei der Ankunft an dem Bestimmungsorte werden die Thiere gegen Rückgabe des

Beförderungsscheins oder nach Aushändigung des Frachtbriefes an den Empfänger gegen dessen Bescheinigung ausgeliefert. Das Ausladen und Abtreiben muß spätestens zwei Stunden nach der Bereitstellung und dem Ablauf der zur etwaigen zoll- oder steueramtlichen Abfertigung erforderlichen Zeit erfolgen. Nach Ablauf dieser Frist ist die Eisenbahn berechtigt, die Thiere auf Gefahr und Kosten des Absenders in Verpflegung zu geben oder, falls sie deren ferneren Aufenthalt im Wagen oder auf dem Bahnhofe gestattet, ein im Tarife festzusetzendes Standgeld zu erheben.

§. 47. Lieferfrist für Thiere.

(1) Die Lieferfrist setzt sich aus Expeditions- und Transportfrist zusammen und darf nicht mehr betragen als:

1. an Expeditionsfrist . . . . 1 Tag,
2. an Transportfrist für je auch nur angefangene 300 Kilometer . . . . . . 1 Tag.

(2) Sie beginnt mit der auf die Abstempelung des Frachtbriefes oder Aushändigung des Beförderungsscheins folgenden Mitternacht und ist gewahrt, wenn innerhalb derselben das Vieh auf der Bestimmungsstation zur Abnahme bereitgestellt ist.

(3) Der Lauf der Lieferfristen ruht außer den Fällen des §. 63 Absatz 6 auch für die Dauer des Aufenthalts des Viehes auf den Tränkestationen sowie für die Dauer der ärztlichen Viehbeschauung.

(4) Die Auslieferung von Pferden und Hunden, welche mit Personenzügen befördert werden, kann in der

im §. 38 Absatz 2 und 6 bestimmten Frist verlangt werden.

§. 48. Anwendbarkeit der Bestimmungen für Güter.

(1) Im Uebrigen finden auf die Beförderung von Thieren die Bestimmungen des Abschnitts VIII sinngemäße Anwendung.

(2) Die Deklaration des Interesses an der Lieferung hat bei den auf Beförderungsschein abgefertigten Thieren nur dann eine rechtliche Wirkung, wenn sie von der Abfertigungsstelle der Abgangsstation im Beförderungsschein vermerkt ist.

VIII.

Beförderung von Gütern.

§. 49. Direkte Beförderung.

Die Eisenbahn ist verpflichtet, Güter zur Beförderung von und nach allen für den Güterverkehr eingerichteten Stationen anzunehmen, ohne daß es für den Uebergang von einer Bahn auf die andere einer Vermittelungsadresse[1] bedarf.

[1] Dadurch ist nur bestimmt, daß es, falls der Uebergang bewilligt wird, einer besonderen Vermittelungsadresse nicht bedarf; § 49 kann Art. 422 HGB. nicht ändern. OLG. Breslau 11. 3. 87 (Eger, Entsch. V 259), RG. 2. 7. 87 (Eger, Entsch. V 377).

§. 50. Von der Beförderung ausgeschlossene oder nur bedingungsweise zugelassene Gegenstände.

A. Von der Beförderung sind ausgeschlossen:

1. diejenigen Gegenstände, welche dem Postzwange unterworfen sind;[1]
2. diejenigen Gegenstände, welche wegen ihres Umfangs, ihres Gewichts oder ihrer sonstigen Beschaffenheit nach der Anlage und dem Betriebe auch nur einer der Bahnen, welche an der Ausführung des Transportes theilzunehmen haben, sich zur Beförderung nicht eignen;
3. diejenigen Gegenstände, deren Beförderung aus Gründen der öffentlichen Ordnung verboten ist;[2]
4. alle der Selbstentzündung oder Explosion unterworfenen Gegenstände, soweit nicht die Bestimmungen in Anlage B Anwendung finden, insbesondere:
   a) Nitroglycerin (Sprengöl) als solches, abtropfbare Gemische von Nitroglycerin mit an sich explosiven Stoffen (wegen Würfelpulver sowie Sprenggelatine- und Gelatinedynamit-Patronen vergleiche Anlage B Nr. XXXVI Ziffer 5 und 6);
   b) nicht abtropfbare Gemische von Nitroglycerin mit pulverförmigen, an sich nicht explosiven Stoffen (Dynamit und ähnliche

Präparate) in loser Masse (wegen Dynamitpatronen vergleiche Anlage B Nr. XXXVI Ziffer 6);

c) pikrinsaure Salze, sowie explosive Gemische, die pikrinsaure oder chlorsaure Salze enthalten (wegen Streichhölzer und Wachspulver vergleiche Anlage B Nr. III und XXXVI b);

d) Knallquecksilber, Knallsilber und Knallgold, sowie die damit dargestellten Präparate (wegen Zündhütchen, Zündungen, Knallbonbons und Knallerbsen vergleiche Anlage B Nr. II, XXXVI a, XLI, XLIV);

e) solche Präparate, welche Phosphor in Substanz beigemischt enthalten (wegen der Streichhölzer sowie der Zündbänder und Zündblättchen — amorces — vergleiche Anlage B Nr. III und XLIII);

f) geladene Schußwaffen.[3 4]

B.[5] Bedingungsweise werden zur Beförderung zugelassen:

1. Die in Anlage B verzeichneten Gegenstände. Für deren Annahme und Beförderung sind die daselbst getroffenen näheren Bestimmungen maßgebend.

2. Gold- und Silberbarren, Platina, Geld, geldwerthe Münzen und Papiere, Dokumente, Edelsteine, echte Perlen, Pretiosen und andere

Kostbarkeiten, ferner Kunstgegenstände, wie Gemälde, Gegenstände aus Erzguß, Antiquitäten.

Unter welchen Bedingungen diese Gegenstände zur Beförderung angenommen werden, bestimmen die besonderen Vorschriften jeder Eisenbahn.

Als geldwerthe Papiere sind nicht anzusehen:

gestempelte Postkarten, Postanweisungs-Formulare, Briefumschläge und Streifbänder, Postfreimarken, Stempelbogen und Stempelmarken, sowie ähnliche amtliche Werthzeichen.

3. Diejenigen Gegenstände, deren Verladung oder Beförderung nach der Anlage und dem Betriebe einer der betheiligten Bahnen außergewöhnliche Schwierigkeit verursacht.

Die Beförderung solcher Gegenstände kann von jedesmal zu vereinbarenden besonderen Bedingungen abhängig gemacht werden.

4. Lokomotiven, Tender und Dampfwagen, sofern sie auf eigenen Rädern laufen.

Dieselben müssen sich in lauffähigem Zustande befinden und von einem sachverständigen Beauftragten des Absenders begleitet sein.

[1] Vergl. Postgesetz vom 28. Okt. 1871.

[2] Vergl. Sprengstoffgesetz, Jagdgesetze, Viehseuchengesetze, Zollgesetze.

[3] Siehe § 29.

[4] Hat die Bahn den Transport dieser Gegenstände trotzdem übernommen, so tritt die Haftpflicht in gleicher Weise wie bei andern Gütern ein. RG. 23. 10. 86 (Eger, Entsch. V 177). Für unrichtige Deklaration durch seine Leute haftet der Versender. RG. 3. 7. 80 (Eger, Entsch. I 244).

[5] Nichtbeachtung der besonderen Bedingungen hebt die besondere Haftpflicht der Bahn auf. Art. 395 Abs. 2 HGB. RG. 7. 3. 85 (Entsch. i. C.S. XIII 37).

§. 51. Inhalt des Frachtbriefes.

(1) Jede Sendung muß von einem Frachtbriefe[1] begleitet sein, welcher folgende Angaben enthält:[2]

a) Ort und Tag der Ausstellung.

b) Die Bezeichnung der Versandstation.

c) Die Bezeichnung der Bestimmungsstation und der Bestimmungsbahn, den Namen und den Wohnort des Empfängers sowie die etwaige Angabe, daß das Gut bahnlagernd gestellt ist. Bei Versendung von Gütern nach Orten, welche an einer Eisenbahn nicht gelegen oder nach Eisenbahnstationen, welche für den Güterverkehr nicht eingerichtet sind, ist vom Absender die Eisenbahnstation zu bezeichnen, bis zu welcher das Gut befördert werden soll; der Empfänger hat den Weitertransport zu besorgen, sofern nicht für diesen von der Eisenbahn Einrichtungen getroffen sind (§. 68 Absatz 3).

d) Die Bezeichnung der Sendung nach ihrem Inhalte, die Angabe des Gewichts oder statt dessen eine den besonderen Vorschriften der Versandbahn entsprechende Angabe; ferner bei Stückgut die Anzahl, Art der Verpackung, Zeichen und Nummer der Frachtstücke. Die Eisenbahn ist jedoch berechtigt, die letzteren Angaben auch bei Gütern in Wagenladungen zu verlangen, sofern die diese bildenden Frachtstücke derartige Bezeichnungen zulassen (§. 58 Absatz 4). Die in Anlage B aufgeführten Gegenstände sind unter der daselbst gebrauchten Bezeichnung in den Frachtbrief aufzunehmen.

e) Das Verlangen des Absenders, Ausnahmetarife unter den im §. 81 für zulässig erklärten Bedingungen zur Anwendung zu bringen.

f) Die Angabe des etwa deklarirten Interesses an der Lieferung (§§. 84 ff.).

g) Die Angabe, ob das Gut in Eilfracht oder in gewöhnlicher Fracht zu befördern ist (§. 56).

h) Das genaue Verzeichniß der für die zoll- oder steueramtliche Behandlung oder die polizeiliche Prüfung nöthigen Begleitpapiere (§. 59).

i) Den Frankaturvermerk im Falle der Vorausbezahlung der Fracht oder der Hinterlegung eines Frankaturvorschusses (§. 61).

k) Die auf dem Gute haftenden Nachnahmen, und zwar sowohl die erst nach Eingang auszuzahlenden, als auch die von der Eisenbahn geleisteten Baarvorschüsse (§. 62).

l) Bei Sendungen, welche einer zoll- oder steueramtlichen Abfertigung unterliegen, die zu berührende Abfertigungsstelle, falls der Absender eine solche zu bezeichnen wünscht. Die Eisenbahn hat eine derartige Vorschrift zu befolgen.[3]

Im Uebrigen bleibt die Wahl des Transportweges ausschließlich dem Ermessen der Eisenbahn überlassen; letztere ist jedoch verpflichtet, das Gut auf demjenigen Wege zu befördern, welcher nach den veröffentlichten Tarifen den billigsten Frachtsatz und die günstigsten Transportbedingungen darbietet.

m) Die Unterschrift des Absenders mit seinem Namen oder seiner Firma sowie Angabe seiner Wohnung. Die Unterschrift kann durch eine gedruckte oder gestempelte Zeichnung ersetzt werden.

n) Den etwaigen Antrag auf Ausstellung eines Frachtbrief-Duplikats oder eines Aufnahmescheins (§. 54).

(2) Die Aufnahme weiterer Erklärungen in den Frachtbrief, die Ausstellung anderer Urkunden anstatt des Frachtbriefes sowie die Beifügung anderer Schriftstücke zum Frachtbriefe ist unzulässig, sofern dieselben nicht durch die Verkehrs-Ordnung für statthaft erklärt sind.

[1] Frachtbrief ist Legitimations-, nicht Inhaberpapier.

[2] Vergl. Art. 391 HGB.

[3] Die Bahn haftet für den durch Nichtbeachtung der Zollvorschrift verursachten Schaden. RG. 22. 11. 79 (Eger, Entsch. I 2).

[4] Ausstellung desselben ist Beweis für Empfang der Waaren durch die Bahn. Haftbarkeit der Bahn bei Verwendung desselben vor Empfang. RG. 7. 2. 90 (Eger, Entsch. VII 353).

§. 52. Form des Frachbriefes.

(1) Zur Ausstellung des Frachtbriefes sind Formulare nach Maßgabe der Anlage C und D[1] zu verwenden, welche auf allen Stationen zu den im Tarife festzusetzenden Preisen käuflich zu haben sind. Dieselben müssen für gewöhnliche Fracht auf weißes Papier, für Eilfracht gleichfalls auf weißes Papier, jedoch mit einem auf der Vorder- und Rückseite oben und unten am Rande anzubringenden karminrothen Streifen, gedruckt sein. Für die Frachtbriefe ist Schreibpapier zu verwenden, welches die von dem Reichs-Eisenbahn-Amt festzusetzende Beschaffenheit besitzt.

(2) Es können jedoch durch die Landesaufsichtsbehörde mit Zustimmung des Reichs-Eisenbahn-Amts für regelmäßig wiederkehrende Transporte zwischen bestimmten Orten, sowie für Sendungen, welche zur Weiterbeförderung über See bestimmt sind, Abweichungen von den Vorschriften des ersten Absatzes zugelassen werden.

(3) Die Frachtbriefe müssen zur Beurkundung ihrer Uebereinstimmung mit den desfallsigen Vorschriften den Kontrolstempel einer inländischen Eisenbahn tragen. Die Stempelung erfolgt bei den nicht für Rechnung der Eisenbahn gedruckten Frachtbriefen gegen eine im Tarife festzusetzende Gebühr und kann verweigert werden, sofern nicht gleichzeitig mindestens 100 Frachtbriefe vorgelegt werden.

(4) Sofern der auf dem Frachtbriefformular für die Beschreibung der Güter vorgesehene Raum sich als unzureichend erweist, hat dieselbe auf der Rückseite der für

die Adresse bestimmten Hälfte des Formulars nach Maßgabe der Spalten des Frachtbriefes zu erfolgen. Reicht auch dieser Raum nicht aus, so sind dem Frachtbriefe besondere, die Beschreibung enthaltende und vom Absender zu unterzeichnende Blätter im Formate des Frachtbriefes fest anzuheften, auf welche in diesem besonders hinzuweisen ist. In den erwähnten Fällen ist in den vorgedruckten Spalten des Frachtbriefes das Gesammtgewicht der Sendung unter Angabe der für die Tarifirung maßgebenden Bezeichnung der Transportgegenstände, nöthigenfalls unter Scheidung derselben nach den Tarifklassen, anzugeben. Den beigegebenen Blättern ist der Abfertigungsstempel der Versandstation aufzudrücken.

(5) Es ist gestattet, auf die Rückseite der für die Adresse bestimmten Hälfte des Frachtbriefes die Firma des Ausstellers aufzudrucken. Ebendaselbst können auch die nachstehenden nachrichtlichen Vermerke für den Empfänger: „von Sendung des N. N.“ — „zur Verfügung des N. N.“ — „zur Weiterbeförderung an N. N.“ und „versichert bei N. N.“ mit dem ausdrücklichen Zusatze: „ohne Verbindlichkeit für die Eisenbahn“ angebracht werden. An gleicher Stelle sind die den Bestimmungen der internationalen Reblaus-Konvention entsprechende Erklärung und amtliche Bescheinigung aufzunehmen.

(6) Die stark umrahmten Theile des Formulars sind durch die Eisenbahn, die übrigen durch den Absender auszufüllen. Bei Aufgabe von Gütern, welche der Absender zu verladen hat, sind von diesem auch die Nummer

und die Eigenthumsmerkmale des Wagens an der vorgeschriebenen Stelle einzutragen.

(7) Mehrere Gegenstände dürfen nur dann in einen und denselben Frachtbrief aufgenommen werden, wenn das Zusammenladen derselben nach ihrer Beschaffenheit ohne Nachtheil erfolgen kann und Zoll-, Steuer- oder Polizeivorschriften nicht entgegenstehen. Den laut §. 50 B bedingungsweise zur Beförderung zugelassenen Gegenständen sind besondere, andere Gegenstände nicht umfassende Frachtbriefe beizugeben. Werden bedingungsweise zur Beförderung zugelassene Gegenstände, für welche das Zusammenladen nach Anlage B Nr. XXXV gestattet ist, mit anderen Gütern zusammen zur Beförderung in Wagenladungen aufgegeben, so bedarf es der Beigabe eines besonderen Frachtbriefes für diese Gegenstände nicht. Für derartige Wagenladungen genügt ein Frachtbrief, in welchem jedoch die nur bedingungsweise zugelassenen Güter als solche durch Hinzufügung des Wortes „(bedingungsweise)" ausdrücklich bezeichnet werden müssen. Den vom Absender aufzuladenden oder vom Empfänger abzuladenden Gütern sind besondere, andere Gegenstände nicht umfassende Frachtbriefe beizugeben.

(8) Die Versandstation kann verlangen, daß für jeden Wagen ein besonderer Frachtbrief beigegeben wird.

[1] Vergl. RGBl. 1892.

§. 53. Haftung für Angaben im Frachtbriefe. Bahnseitige Ermittelungen. Frachtzuschläge.

(1) Der Absender haftet für die Richtigkeit der in den

Frachtbrief aufgenommenen Angaben und Erklärungen und trägt alle Folgen, welche aus unrichtigen, ungenauen oder ungenügenden Erklärungen entspringen.

(2) Die Eisenbahn ist jederzeit berechtigt, die Uebereinstimmung des Inhalts der Sendungen mit den Angaben des Frachtbriefes zu prüfen und das Ergebniß festzustellen. Der Berechtigte ist einzuladen, bei der Prüfung zugegen zu sein, vorbehaltlich des Falles, wenn die letztere auf Grund polizeilicher Maßregeln,[1] die der Staat im Interesse der Sicherheit oder der öffentlichen Ordnung zu ergreifen berechtigt ist, stattfindet. Erscheint der Berechtigte nicht, so sind zwei Zeugen herbeizuziehen.

(3) Zur Ermittelung des Gewichts und der Stückzahl einer Sendung ist die Eisenbahn jederzeit berechtigt. Die Eisenbahn ist verpflichtet, das Gewicht der Stückgüter bei der Aufgabe festzustellen. Ausdrücklichen Anträgen des Absenders auf Feststellung der Stückzahl oder des Gewichts der Wagenladungsgüter ist die Eisenbahn gegen eine im Tarife festzusetzende Gebühr stattzugeben verpflichtet, sofern die Güter vermöge ihrer Beschaffenheit eine derartige Feststellung ohne erheblichen Aufenthalt gestatten und die vorhandenen Wägevorrichtungen ausreichen.

(4) Dem Absender steht frei, bei der Ermittelung des Gewichts und der Stückzahl zugegen zu sein. Verlangt der Absender, nachdem die Feststellung seitens der Eisenbahn bereits erfolgt ist, vor der Verladung der Güter eine nochmalige Ermittelung der Stückzahl oder des Ge-

wichts in seiner Gegenwart, so ist die Eisenbahn berechtigt, auch dafür die tarifmäßige Gebühr zu erheben.

(5) Die Feststellung des Gewichts wird von der Versandstation durch den Wägestempel auf dem Frachtbriefe bescheinigt.

(6) Wenn nach den besonderen Vorschriften der einzelnen Eisenbahnen Güter von den Absendern selbst zu verladen sind, so dürfen die Wagen nur bis zu dem an denselben vermerkten Ladegewichte oder, sofern eine stärkere Belastung nach den besonderen Bestimmungen der Eisenbahn zulässig und nebst dem Ladegewichte auch die Tragfähigkeit an dem Wagen angeschrieben ist, bis zu dieser Tragfähigkeit beladen werden.

(7) Bei unrichtiger Angabe des Inhalts einer Sendung sowie im Falle der Ueberlastung eines dem Absender zur Selbstverladung gestellten Wagens, sofern er die Verwiegung nicht verlangt hat, ist — abgesehen von der Nachzahlung des etwaigen Frachtunterschiedes und dem Ersatze des entstandenen Schadens sowie den durch strafgesetzliche oder polizeiliche Bestimmungen vorgesehenen Strafen — ein Frachtzuschlag[3] an die am Transporte betheiligten Eisenbahnen zu zahlen,[3][4] dessen Höhe wie folgt festgesetzt wird:

(8) Wenn die im §. 50 A Ziffer 4 und in der Anlage B aufgeführten Gegenstände unter unrichtiger oder ungenauer Deklaration zur Beförderung aufgegeben oder die in Anlage B gegebenen Sicherheitsvorschriften bei der Aufgabe außer Acht gelassen werden, so beträgt der

Frachtzuschlag 12 Mark für jedes Brutto-Kilogramm des ganzen Versandstückes.

(9) In allen anderen Fällen ist für unrichtige Angabe des Inhalts einer Sendung ein Frachtzuschlag zu zahlen, dessen Höhe durch die Tarife festgesetzt wird.

(10) Falls die Ueberlastung eines vom Absender beladenen Wagens sein Ladegewicht um mehr als 5 Prozent übersteigt, so beträgt der Gesammtfrachtzuschlag das Zehnfache des Frachtunterschiedes.

[1] §§ 103, 104 St.PO., § 126 Vereinszollges.

[2] Keine polizeiliche Strafe, daher neben § 263 St.GB. RG. 11. 2. 87 (Entsch. i. C.S. XV 267).

[3] Konventionalstrafe, daher unabhängig von einem Verschulden. RG. 29. 1. 87; haftbar der Versender. RG. 6. 7. 83 (Eger, Entsch. III 87), Beschl. des Bundesraths: Pr. Eis.Verw.Bl. 1880 S. 314 ff.

[4] Auch wenn der Thatbestand erst nach Wiederauffindung des in Verlust gerathenen Gutes und nach Zahlung der Verlustentschädigung entdeckt wird. RG. 6. 7. 83 (Entsch. i. C.S. X 201). Vergl. § 90.

§. 54. Abschluß des Frachtvertrages.

(1) Der Frachtvertrag ist abgeschlossen, sobald das Gut mit dem Frachtbriefe von der Versandstation zur Beförderung angenommen[1] ist. Als Zeichen der Annahme wird dem Frachtbriefe der Tagesstempel der Abfertigungsstelle aufgedrückt.

(2) Die Abstempelung hat ohne Verzug nach vollständiger Auflieferung des in demselben Frachtbriefe verzeichneten Gutes und auf Verlangen des Absenders in dessen Gegenwart zu erfolgen.

(3) Der mit dem Stempel versehene Frachtbrief dient als Beweis über den Frachtvertrag.

(4) Jedoch machen bezüglich derjenigen Güter, deren Aufladen nach den Tarifen oder nach besonderer Vereinbarung von dem Absender besorgt wird, die Angaben des Frachtbriefes über das Gewicht und die Anzahl der Stücke gegen die Eisenbahn keinen Beweis, sofern nicht die Nachwägung oder Nachzählung seitens der Eisenbahn erfolgt und dies auf dem Frachtbriefe beurkundet ist.

(5) Die Eisenbahn ist verpflichtet, auf Verlangen des Absenders den Empfang des Frachtgutes, unter Angabe des Tages der Annahme zur Beförderung, auf einem ihr mit dem Frachtbriefe vorzulegenden, als solches zu bezeichnenden Duplikat[2] des Frachtbriefes zu bescheinigen. Der Antrag auf Ertheilung des Duplikats ist vom Absender auf dem Frachtbriefe zu vermerken. Die Eisenbahn hat durch Aufdrückung eines Stempels zu bestätigen, daß dem Antrage entsprochen ist.

(6) Das Duplikat hat nicht die Bedeutung des Original-Frachtbriefes und ebensowenig diejenige eines Konnossements (Ladescheins).

(7) Bei solchen Gütern, welche nicht in ganzen Wagenladungen aufgegeben werden, kann an Stelle des Duplikats ein als solcher zu bezeichnender Aufnahmeschein ausgestellt werden, welcher dieselbe rechtliche Bedeutung wie das Duplikat hat.

(8) Auf Wunsch des Absenders kann der Empfang des Gutes auch in anderer Form, insbesondere mittelst Eintrags in ein Quittungsbuch u. s. w. bescheinigt werden. Eine derartige Bescheinigung hat nicht die Bedeu-

tung eines Frachtbrief-Duplikats oder eines Aufnahmescheins.

[1] Vertrag abgeschlossen mit Annahme; Abstempelung Beweismittel. RG. 9. 7. 80 (Entsch. i. C.S. II 57).

[2] Vergl. § 51 Abs. 1m. nebst Anm.

§. 55. Vorläufige Einlagerung des Gutes.

(1) Die Eisenbahn ist nur verpflichtet, die Güter zum Transporte anzunehmen, soweit die Beförderung derselben sofort erfolgen kann.

(2) Die Eisenbahn ist jedoch verpflichtet, die ihr zugeführten Güter,[1] deren Beförderung nicht sofort erfolgen kann, soweit die Räumlichkeiten es gestatten, gegen Empfangsbescheinigung mit dem Vorbehalt in einstweilige Verwahrung zu nehmen, daß die Annahme zur Beförderung und die Aufdrückung des Abfertigungsstempels auf den Frachtbrief (§. 54 Absatz 1) erst dann erfolgt,[2] wenn die Beförderung möglich ist. Der Absender hat im Frachtbriefe sein Einverständniß mit diesem Verfahren zu erklären. In diesem Falle haftet die Eisenbahn bis zum Abschluß des Frachtvertrages als Verwahrer.

(3) Mit Genehmigung der Aufsichtsbehörde ist die Eisenbahn berechtigt, im Falle sie Wagenladungsgüter, deren sofortige Beförderung nicht möglich ist, gleichwohl zum Transporte annimmt, mit dem Absender zu vereinbaren, daß für die Sendung die Lieferfrist von dem Tage an zu rechnen ist, an welchem die Absendung thatsächlich erfolgt. Der Absender hat sein Einverständniß auf dem Frachtbriefe zu erklären und auf dem Frachtbrief-Duplikat zu wiederholen. Die Eisenbahn ist verpflichtet, den

Zeitpunkt der Absendung auf dem Frachtbriefe durch Aufdrückung eines besonderen Stempels ersichtlich zu machen und diesen Zeitpunkt dem Absender ohne Verzug mitzutheilen.

[1] Vergl. § 6 und Art. 422 HGB.

[2] Vergl. § 56 Abs. 4.

§. 56. Auflieferung und Beförderung des Gutes.

(1) Das Gut muß in den von der Eisenbahn festzusetzenden Dienststunden aufgeliefert und, falls die Verladung tarifmäßig dem Absender obliegt, innerhalb derselben verladen werden. Bei einer nach und nach stattfindenden Auflieferung der mit demselben Frachtbriefe aufgegebenen Sendung ist, sofern die Auflieferung durch den Absender über 24 Stunden verzögert wird, die Eisenbahn berechtigt, ein im Tarife festzusetzendes Lagergeld zu erheben. Dasselbe gilt in dem Falle, wenn Güter mit unvollständigem oder unrichtigem Frachtbriefe aufgeliefert sind und die Berichtigung nicht binnen 24 Stunden nach der Beanstandung erfolgt. Wegen der Anfuhr der Güter durch Rollfuhrunternehmer der Eisenbahn siehe §. 68.

(2) Die Beförderung erfolgt, je nach der Bestimmung im Frachtbriefe, in Eilfracht oder in gewöhnlicher Fracht.

(3) An Sonn- und Festtagen[1] wird gewöhnliches Frachtgut nicht angenommen und am Bestimmungsorte dem Empfänger nicht verabfolgt. Eilgut wird auch an Sonn- und Festtagen, aber nur in den ein- für allemal bestimmten, durch Aushang an den Abfertigungsstellen,

sowie in einem Lokalblatte bekannt zu machenden Tageszeiten angenommen und ausgeliefert.

(4) Die Beförderung der Güter findet in der Reihenfolge statt, in welcher sie zum Transporte angenommen worden sind, sofern die Eisenbahn nicht zwingende Gründe des Eisenbahnbetriebes oder das öffentliche Interesse[2] für eine Ausnahme geltend machen kann. Jede Zuwiderhandlung gegen diese Bestimmung begründet den Anspruch auf Ersatz des dadurch entstandenen Schadens.

(5) Die Eisenbahnen sind verpflichtet, Einrichtungen zu treffen, durch welche die Reihenfolge der Güterabfertigung festgestellt werden kann.

(6) Die Bereitstellung der Wagen für solche Güter, deren Verladung der Absender selbst besorgt, muß für einen bestimmten Tag nachgesucht und die Auflieferung und Verladung in der von der Eisenbahn zu bestimmenden Frist vollendet werden. Diese Frist ist durch Anschlag an den Abfertigungsstellen sowie in einem Lokalblatte bekannt zu machen.

(7) Erfolgt die Auflieferung und Verladung nicht innerhalb dieser Frist, so hat der Absender nach deren Ablauf das im Tarife festzusetzende Wagenstandgeld zu bezahlen. Bei Bestellung des Wagens ist auf Verlangen der Eisenbahn eine den Betrag einer Tagesversäumniß deckende Kaution zu erlegen. Auch ist die Eisenbahn berechtigt, den Wagen auf Kosten des Bestellers zu entladen und das Gut auf dessen Gefahr und Kosten auf Lager zu nehmen. Wenn die Eisenbahn fest zugesagte Wagen nicht rechtzeitig stellt, so hat sie dem Besteller

eine dem Wagenstandgeld entsprechende[3] Entschädigung zu zahlen.

[1] Festtage und Arbeitszeiten an diesen wie den Sonntagen werden durch die Bahn in den Grenzen der Landesgesetze bestimmt. RG. 19. 1. 88 (Entsch. i. Str.S. XVII 56); OLG. Braunschweig 7. 4. 91 (Eger, Entsch. VIII 322).

[2] *Vergl. § 29 Betr.Ordn.; § 6 und Art. 422 HGB.*

[3] Rechtlich wirkungslos, soweit es dem bürgerlichen Recht betr. Schadensersatzpflicht widerstreitet.

§. 57. Beförderung in gedeckten oder in offenen Wagen.

(1) Der Absender ist, sofern nicht eine Bestimmung der Verkehrs-Ordnung, oder Zoll-, Steuer- und polizeiliche Vorschriften oder zwingende Gründe des Betriebes entgegenstehen, berechtigt, durch schriftlichen Vermerk auf dem Frachtbriefe zu verlangen:

1. daß bei denjenigen Gütern, welche nach dem Tarife in offen gebauten Wagen befördert werden, die Beförderung in gedeckt gebauten Wagen erfolge,
2. daß bei denjenigen Gütern, welche nach dem Tarife in gedeckt gebauten Wagen befördert werden, die Beförderung in offen gebauten Wagen stattfinde.[1]

(2) Im ersteren Falle kann die Eisenbahn einen im Tarife festzusetzenden Zuschlag zur Fracht erheben.

(3) Der Tarif bestimmt, ob und unter welchen Bedingungen auf den im Frachtbriefe zu stellenden Antrag

des Absenders Decken für offen gebaute Wagen miethweise überlassen werden.

[1] Beschränkung der Haftpflicht: § 77 und Art. 424 HGB.

§. 58. Verpackung und Bezeichnung des Gutes.

(1) Soweit die Natur des Frachtgutes zum Schutze gegen Verlust oder Beschädigung auf dem Transporte eine Verpackung nöthig macht, liegt die gehörige Besorgung derselben dem Absender ob.

(2) Ist der Absender dieser Verpflichtung nicht nachgekommen, so ist die Eisenbahn, falls sie nicht die Annahme des Gutes verweigert, berechtigt zu verlangen, daß der Absender auf dem Frachtbriefe das Fehlen oder die Mängel der Verpackung unter spezieller Bezeichnung anerkennt und der Versandstation hierüber außerdem eine besondere Erklärung nach Maßgabe des vorgeschriebenen Formulars (Anlage E)[1] ausstellt. Solche Formulare sind von der Abfertigungsstelle bereit zu halten.

(3) Für derartig bescheinigte sowie für solche Mängel der Verpackung, welche äußerlich nicht erkennbar sind, hat der Absender zu haften und jeden daraus entstehenden Schaden zu tragen beziehungsweise der Bahnverwaltung zu ersetzen. Ist die Ausstellung der gedachten Erklärung nicht erfolgt, so haftet der Absender für äußerlich erkennbare Mängel der Verpackung nur, wenn ihm ein arglistiges Verfahren zur Last fällt.

(4) Die Stückgüter sind in haltbarer, deutlicher und Verwechselungen ausschließender Weise, genau überein-

stimmend mit den Angaben im Frachtbriefe, äußerlich zu bezeichnen (signiren).

(5) Die Eisenbahn ist berechtigt zu verlangen, daß Stückgüter vom Absender mit der Bezeichnung der Bestimmungsstation in dauerhafter Weise versehen werden, sofern deren Beschaffenheit dies ohne besondere Schwierigkeit gestattet.

[1] Siehe RGBl. 1892 S. 1013.

§. 59. Zoll-, Steuer-, Polizei- und statistische Vorschriften.

(1) Der Absender ist verpflichtet, dem Frachtbriefe diejenigen Begleitpapiere beizugeben, welche zur Erfüllung der etwa bestehenden Zoll-, Steuer- oder Polizeivorschriften vor der Ablieferung an den Empfänger erforderlich sind. Er haftet der Eisenbahn, sofern derselben nicht ein Verschulden zur Last fällt, für alle Folgen, welche aus dem Mangel, der Unzulänglichkeit oder Unrichtigkeit dieser Papiere entstehen.[1]

(2) Der Eisenbahn liegt eine Prüfung der Richtigkeit und Vollständigkeit derselben nicht ob.

(3) Die Zoll-, Steuer- und Polizeivorschriften werden, solange das Gut sich auf dem Wege befindet, von der Eisenbahn erfüllt.[2] Sie kann diese Aufgabe unter ihrer eigenen Verantwortlichkeit einem Spediteur übertragen oder gegen eine im Tarife festzusetzende Gebühr selbst übernehmen. In beiden Fällen hat sie die Verpflichtungen eines Spediteurs.

(4) Falls der Absender eine Art der Abfertigung beantragt hat, welche im gegebenen Falle nicht zulässig ist,

so hat die Eisenbahn diejenige Abfertigung zu veranlassen, welche sie für das Interesse des Absenders am vortheilhaftesten erachtet.[3] Der Absender ist hiervon zu benachrichtigen.

(5) Der Verfügungsberechtigte kann der Zollbehandlung entweder selbst oder durch einen im Frachtbriefe bezeichneten Bevollmächtigten beiwohnen, um die nöthigen Aufklärungen über die Tarifirung des Gutes zu ertheilen und seine Bemerkungen beizufügen. Diese Befugniß begründet nicht das Recht, das Gut in Besitz zu nehmen oder die Zollbehandlung selbst vorzunehmen.

(6) Bei der Ankunft des Gutes am Bestimmungsorte steht dem Empfänger das Recht zu, die zoll- und steueramtliche Behandlung zu besorgen, falls nicht im Frachtbriefe etwas anderes festgesetzt ist.

(7) Bezüglich der Güter, welche über die Grenzen des deutschen Zollgebiets ein-, aus- oder durchgeführt werden, sind die reichsgesetzlichen Bestimmungen,[4] betreffend die Statistik des Waarenverkehrs, und die dazu erlassenen Ausführungsvorschriften zu beachten. Die Beschaffung der nach diesem Gesetze erforderlichen Anmeldescheine in Betreff der Ein-, Aus- und Durchfuhr liegt dem Absender beziehungsweise Empfänger ob. Sofern solche eisenbahnseitig bewirkt wird, kommen dafür die im Tarife festzusetzenden Gebühren zur Erhebung. Anmeldescheine, welche mit dem Stempel des Kaiserlichen Statistischen Amts nicht versehen sind, unterliegen behufs Feststellung ihrer Uebereinstimmung mit dem vorgeschriebenen For-

mular der zuvorigen Abstempelung seitens der Eisenbahn gegen die im Tarife festzusetzende Gebühr.

[1] Art. 393 HGB.

[2] §§ 63. 64 Vereinszollges.

[3] Die Bahn ist verpflichtet, an der im Frachtbriefe bezeichneten Zollstelle das Gut verzollen zu lassen. Sie haftet für den durch Nichtbeachtung dieser Vorschrift entstandenen Schaden. RG. 22. 10. 79 (Eger, Entsch. I 2).

[4] Ges. v. 20. 7. 79; Bekanntm. v. 20. 11. 79; Bundesrathsbeschlüsse v. 8. 5. 82, 24. 4. 83; Bekanntm. v. 1. 4 und 4. 12. 84, 9. 7. 85.

§. 60. Berechnung der Fracht.

(1) Die Grundsätze für die Frachtberechnung sind im Tarife (§. 7) anzugeben.

(2) Außer den im Tarife angegebenen Frachtsätzen und Vergütungen für besondere im Tarife vorgesehene Leistungen dürfen nur baare Auslagen erhoben werden, insbesondere Aus-, Ein- und Durchgangsabgaben, nicht in den Tarif aufgenommene Kosten für Ueberführung und Auslagen für Ausbesserungen an den Gütern, welche in Folge ihrer äußeren oder inneren Beschaffenheit zu ihrer Erhaltung nothwendig werden. Diese Auslagen sind gehörig festzustellen und in dem Frachtbriefe ersichtlich zu machen, welchem die Beweisstücke beizugeben sind.

(3) Wenn die Eisenbahn die Güter von der Behausung des Absenders abholen oder aus Schiffen löschen läßt, oder an die Behausung des Empfängers oder an einen anderen Ort, z. B. nach Packhöfen, Lagerhäusern, Revisionsschuppen, in Schiffe u. s. w. bringen läßt, so sind die durch die Tarife oder durch Aushang an den Abfertigungsstellen bekannt zu machenden Gebühren

hierfür zu entrichten. Der Rollfuhrmann hat seinen Gebührentarif bei sich zu tragen und auf Verlangen vorzuzeigen.

§. 61. Zahlung der Fracht.

1) Werden die Frachtgelder nicht bei der Aufgabe des Gutes zur Beförderung berichtigt, so gelten sie als auf den Empfänger angewiesen.

(2) Bei Gütern, welche nach dem Ermessen der annehmenden Bahn schnellem Verderben unterliegen oder wegen ihres geringen Werthes die Fracht nicht sicher decken, kann die Vorausbezahlung der Frachtgelder gefordert werden.

(3) Wenn im Falle der Frankirung der Betrag der Gesammtfracht beim Versand nicht genau bestimmt werden kann, so kann die Versandbahn die Hinterlegung des ungefähren Frachtbetrages fordern.

(4) Wurde der Tarif[1] unrichtig angewendet oder sind Rechnungsfehler[2] bei der Festsetzung der Fracht und der Gebühren vorgekommen, so ist das zu wenig Geforderte nachzuzahlen,[3 4] das zu viel Erhobene zu erstatten und zu diesem Zweck dem Berechtigten thunlichst bald Nachricht zu geben. Ein derartiger Anspruch kann nur binnen Jahresfrist vom Tage der Zahlung an geltend gemacht werden. Die Bestimmung des §. 90 Absatz 1 findet keine Anwendung.

[1] Irrthümer bei der Veröffentlichung des Tarifs können von der Bahn nicht geltend gemacht werden. RG. 11. 3. 82 (Entsch. i. C.S. VI 101).

[2] Selbst durch die zuständigen Beamten. RG. 6. 3. 81 (Entsch. i. C.S. IV 74); LG. Leipzig 16. 6. 87 (Eger, Entsch. VI 52).

[3] Auch wenn der Empfänger durch die Nachzahlung unverschuldet geschädigt wird. OLG. Hamburg 16. 3. 91 (Eger, Entsch. IX 196).

[4] Jedoch nur dann, wenn die Bestimmungen, auf Grund deren die Nachzahlung gefordert wird, im Frachtbrief angeführt sind. RG. 10. 11. 80 (Eger, Entsch. I 304).

§. 62. Nachnahme.

(1) Dem Absender ist gestattet, das Gut bis zur Höhe des Werthes desselben mit Nachnahme zu belasten. Bei denjenigen Gütern, für welche die Eisenbahn Vorausbezahlung der Fracht zu verlangen berechtigt ist (§. 61 Absatz 2), kann die Belastung mit Nachnahme verweigert werden.

(2) Für die aufgegebene Nachnahme wird die tarifmäßige Provision berechnet. Die Berechnung von Provision ist auch für baare Auslagen der Eisenbahn gestattet. Provisionsfrei sind die von den Eisenbahnen nachgenommenen Frachtgelder, die tarifmäßigen Nebengebühren, als: Frachtbrief-, Wäge-, Signir-, Lade-, Krahngelder, Zollabfertigungsgebühren u. s. w., ferner die statistische[1] Gebühr des Waarenverkehrs sowie Portoauslagen und die Rollgelder der von der Bahnverwaltung bestellten Fuhrunternehmer.

(3) Als Bescheinigung über die Auflegung von Nachnahmen dient der abgestempelte Frachtbrief, das Frachtbrief-Duplikat oder die anderweit gestattete Bescheinigung[2] über Aufgabe von Gütern. Auf Verlangen werden außerdem besondere Nachnahmescheine, und zwar gebührenfrei ertheilt.

(4) Die Eisenbahn ist verpflichtet, sobald der Betrag der Nachnahme von dem Empfänger bezahlt ist, den Ab-

sender hiervon zu benachrichtigen und demselben die Nachnahme auszuzahlen. Dies findet auch Anwendung auf Auslagen, welche vor der Aufgabe für das Frachtgut gemacht worden sind. Ist im Tarife die Auszahlung der Nachnahme vom Ablauf einer bestimmten Frist abhängig gemacht, so entfällt die Nothwendigkeit einer besonderen Benachrichtigung.

(5) Ist das Gut ohne Einziehung der Nachnahme abgeliefert worden, so haftet die Eisenbahn für den Schaden bis zum Betrage der Nachnahme und hat denselben dem Absender sofort zu ersetzen, vorbehaltlich ihres Rückgriffs gegen den Empfänger.

(6) Baarvorschüsse können zugelassen werden, wenn dieselben nach dem Ermessen des abfertigenden Beamten durch den Werth des Gutes sicher gedeckt sind.

[1] Siehe Anm. 4 zu § 59.
[2] Aufnahmeschein siehe § 54 Abs. 7.

§. 63. Lieferfrist.

(1) Die Lieferfristen[1] sind durch die Tarife zu veröffentlichen und dürfen die nachstehenden Maximalfristen nicht überschreiten:

a. für Eilgüter:

1. Expeditionsfrist . . . . 1 Tag,
2. Transportfrist
   für je auch nur angefangene 300 Kilometer . . . . 1 Tag;

b. für Frachtgüter:

1. Expeditionsfrist . . . . 2 Tage,

2. Transportfrist
bei einer Entfernung bis zu 100 Kilometer . . . . 1 Tag,
bei größeren Entfernungen für je auch nur angefangene weitere 200 Kilometer . . . . 1 Tag.

(2) Wenn der Transport aus dem Bereiche einer Eisenbahnverwaltung in den Bereich einer anderen anschließenden Verwaltung übergeht, so berechnen sich die Transportfristen aus der Gesammtentfernung zwischen der Aufgabe- und Bestimmungsstation, während die Expeditionsfristen ohne Rücksicht auf die Zahl der durch den Transport berührten Verwaltungsgebiete nur einmal zur Berechnung kommen.

(3) Den Eisenbahnverwaltungen ist gestattet, mit Genehmigung der Aufsichtsbehörde Zuschlagsfristen für folgende Fälle festzusetzen:

1. Für solche Güter, deren Beförderung von und nach abseits von der Bahn gelegenen Orten (Güternebenstellen) die Eisenbahn übernommen hat.
2. Für außergewöhnliche Verkehrsverhältnisse, wobei es zulässig ist, die Zuschlagsfristen ausnahmsweise vorbehaltlich der Genehmigung der Aufsichtsbehörde festzusetzen.
3. Für den Uebergang auf Bahnen mit anderer Spurweite.

Die Zuschlagsfristen sind gehörig zu veröffentlichen. Aus der Bekanntmachung muß zu ersehen sein, ob und durch welche Behörde die Genehmigung ertheilt, oder ob eine solche vorbehalten ist. Im letzteren Falle muß die nachträglich erfolgte Genehmigung innerhalb 8 Tagen durch eine besondere Bekanntmachung veröffentlicht werden. Die Festsetzung von Zuschlagsfristen ist wirkungslos, wenn die nachträgliche Genehmigung von der Aufsichtsbehörde versagt, oder die ertheilte Genehmigung nicht rechtzeitig veröffentlicht wird.

(4) Die Lieferfrist beginnt, abgesehen von dem Falle des §. 55 Absatz 3, mit der auf die Annahme des Gutes nebst Frachtbrief (§. 54 Absatz 1) folgenden Mitternacht und ist gewahrt, wenn innerhalb derselben das Gut dem Empfänger oder derjenigen Person, an welche die Ablieferung gültig geschehen kann, an die Behausung oder an das Geschäftslokal zugeführt ist oder, falls eine solche Zuführung nicht zugesagt oder ausdrücklich verbeten ist (§. 68 Absatz 5), wenn innerhalb der gedachten Frist schriftliche Nachricht von der erfolgten Ankunft für den Empfänger zur Post gegeben oder solche ihm auf andere Weise wirklich zugestellt ist.

(5) Für Güter, welche bahnlagernd gestellt sind, sowie für solche Güter, deren Empfänger sich die Benachrichtigung schriftlich verbeten haben, ist die Lieferzeit gewahrt, wenn das Gut innerhalb derselben auf der Bestimmungsstation zur Abnahme bereitgestellt ist.

(6) Der Lauf der Lieferfristen ruht für die Dauer der zoll- oder steueramtlichen oder polizeilichen Abfertigung sowie für die Dauer einer ohne Verschulden der Eisenbahn eingetretenen Betriebsstörung, durch welche der An-

tritt oder die Fortsetzung des Bahntransportes zeitweilig verhindert wird.

(7) Ist der auf die Auflieferung des Gutes zur Beförderung folgende Tag ein Sonntag oder Festtag, so beginnt bei gewöhnlichem Frachtgute die Lieferfrist 24 Stunden später.

(8) Falls der letzte Tag der Lieferfrist ein Sonntag oder Festtag ist, so läuft bei gewöhnlichem Frachtgute die Lieferfrist erst an dem darauf folgenden Werktage ab.

[1] Art. 397—399 HGB.

§. 64. Verfügungsrecht[1] des Absenders.

(1) Der Absender allein hat das Recht, die Verfügung zu treffen, daß das Gut auf der Versandstation zurückgegeben, unterwegs angehalten oder an einen anderen[2] als den im Frachtbriefe bezeichneten Empfänger am Bestimmungsorte oder auf einer Zwischenstation abgeliefert werde.

(2) Dieses Recht steht indeß im Falle der Ausstellung eines Frachtbrief-Duplikats oder eines Aufnahmescheins (§. 54 Absatz 5 und 7) dem Absender nur dann zu, wenn er das Duplikat oder den Aufnahmeschein vorweist. Hat in diesem Falle die Eisenbahn die Anweisungen des Absenders befolgt, ohne die Vorzeigung zu verlangen, so ist sie für den daraus entstehenden Schaden dem Empfänger, welchem der Absender die Urkunde übergeben hat, haftbar.

(3) Derartige Verfügungen des Absenders ist die Eisenbahn zu beachten nur verpflichtet, wenn sie ihr durch Vermittelung der Versandstation zugekommen sind.

(4) Das Verfügungsrecht des Absenders erlischt, auch wenn er das Frachtbrief-Duplikat oder den Aufnahmeschein besitzt, sobald nach Ankunft des Gutes am Bestimmungsorte der Frachtbrief dem Empfänger übergeben oder die von dem letzteren nach Maßgabe des §. 66 erhobene Klage der Eisenbahn zugestellt worden ist. Ist dies geschehen, so hat die Eisenbahn nur die Anweisungen des bezeichneten Empfängers zu beachten, widrigenfalls sie demselben für das Gut haftbar wird.

(5) Die Eisenbahn darf die Ausführung der im Absatz 1 vorgesehenen Anweisungen nur dann verweigern oder verzögern, oder solche Anweisungen in veränderter Weise ausführen, wenn durch die Befolgung derselben der regelmäßige Transportverkehr gestört würde.

(6) Die im ersten Absatz dieses Paragraphen vorgesehenen Verfügungen müssen mittelst schriftlicher und vom Absender unterzeichneter Erklärung nach dem Formular Anlage F [3] erfolgen. Die Erklärung ist im Falle der Ausstellung eines Frachtbrief-Duplikats oder eines Aufnahmescheins auf der betreffenden Urkunde zu wiederholen, welche gleichzeitig der Eisenbahn vorzulegen und von dieser dem Absender zurückzugeben ist.

(7) Jede in anderer Form gegebene Verfügung des Absenders ist nichtig.

(8) Die Eisenbahn kann den Ersatz der Kosten verlangen, welche durch die Ausführung der im Absatz 1 vorgesehenen Verfügungen entstanden sind, insoweit diese Verfügungen nicht durch ihr eigenes Verschulden veran-

laßt worden sind. Diese Kosten (Reugeld) sind im Tarife ein- für allemal festzusetzen.

(9) Anweisungen des Absenders wegen nachträglicher Auflage, Erhöhung, Minderung oder Zurückziehung der Nachnahme sowie wegen nachträglicher Frankirung können nach dem Ermessen der Eisenbahn unter der Bedingung zugelassen werden, daß die Verfügung auf dem etwa ausgestellten Frachtbrief-Duplikat (Aufnahmeschein) vermerkt wird.

[1] Art. 402 HGB.

[2] Bahn ersatzpflichtig, wenn sie entgegen nachträglicher Anordnung des Absenders das Gut dem ursprünglichen Empfänger ausliefert. OLG. München 20. 4. 89 (Eger, Entsch. VII 284).

[3] RGBl. 1892 S. 1014.

§. 65. Transporthindernisse.

(1) Wird der Antritt oder die Fortsetzung des Eisenbahntransportes durch höhere Gewalt[1] oder Zufall verhindert, so hat — abgesehen von dem Falle des Absatzes 3 dieses Paragraphen — die Eisenbahn den Absender um anderweitige Verfügung über das Gut anzugehen.

(2) Der Absender kann vom Vertrage zurücktreten,[2] muß aber die Eisenbahn, sofern derselben kein Verschulden zur Last fällt, für die Kosten der Vorbereitung des Transportes, die Kosten der Wiederausladung und die Ansprüche in Beziehung auf den etwa bereits zurückgelegten Transportweg durch Zahlung der in den Tarifen festzusetzenden Gebühren entschädigen.

(3) Wenn die Fortsetzung des Transportes auf einem anderen Wege stattfinden kann, so ist, unbeschadet der

aus Rücksichten des allgemeinen Verkehrs ergehenden Anordnungen der Aufsichtsbehörde, der Eisenbahn die Entscheidung überlassen, ob es dem Interesse des Absenders entspricht, das Gut auf einem anderen Wege dem Bestimmungsorte zuzuführen oder es anzuhalten und den Absender um anderweitige Anweisung anzugehen.

(4) Ist ein Frachtbrief-Duplikat oder Aufnahmeschein ausgestellt worden und befindet sich der Absender nicht im Besitze der ausgestellten Urkunde, so dürfen die in diesem Paragraphen vorgesehenen Verfügungen weder die Person des Empfängers, noch den Bestimmungsort abändern.

[1] Thatfrage. Voraussetzung Unabwendbarkeit auch bei Anwendung der nach Lage des Falles gebotenen Sorgfalt.

[2] Art. 394 HGB.

§. 66.[1] Ablieferung des Gutes.

(1) Die Eisenbahn ist verpflichtet, am Bestimmungsorte dem bezeichneten Empfänger gegen Bezahlung der im Frachtbriefe ersichtlich gemachten Beträge und gegen Bescheinigung des Empfangs (§. 68 Absatz 7) den Frachtbrief und das Gut auszuhändigen.

(2) Der Empfänger ist nach Ankunft des Gutes am Bestimmungsorte berechtigt, die durch den Frachtvertrag begründeten Rechte gegen Erfüllung der sich daraus ergebenden Verpflichtungen im eigenen Namen gegen die Eisenbahn geltend zu machen, sei es, daß er hierbei im eigenen oder im fremden Interesse handle. Er ist insbesondere berechtigt, von der Eisenbahn die Uebergabe des Frachtbriefes und die Auslieferung des Gutes zu ver-

langen.[2] Dieses Recht erlischt, wenn der Absender der Eisenbahn eine nach Maßgabe des §. 64 zulässige entgegenstehende Verfügung ertheilt hat.

(3) Als Ort der Ablieferung gilt die vom Absender bezeichnete Bestimmungsstation.

[1] Art. 403—405 HGB.

[2] Bei Nachnahme nur gegen Zahlung derselben, § 62, ebenso bei Frachtforderungen anderer Bahnen.

§. 67. Annahme des Gutes durch den Empfänger.

Durch Annahme[1] des Gutes und des Frachtbriefes wird der Empfänger verpflichtet, der Eisenbahn die im Frachtbriefe ersichtlich gemachten Beträge[2] zu bezahlen.[3] Vergleiche jedoch §. 61 Absatz 4.

[1] Art. 406 HGB.

[2] Unbeschadet der Irrthümer, Anm. 2—4 zu § 61.

[3] Retentionsrecht der Bahn bis zur Bezahlung. Art. 408 HGB.

§. 68. Verfahren bei Ablieferung des Gutes.

(1) Das Gut ist nach Maßgabe der Bestimmung der Eisenbahnen entweder dem Empfänger an seine Behausung zuzuführen oder es ist ihm über die Ankunft schriftlich Nachricht zu geben. Diese Benachrichtigung ist dem Empfänger auf seine Kosten spätestens nach Ankunft und Bereitstellung des Gutes durch Boten, die Post oder sonstige Gelegenheit mit der Aufforderung zuzusenden, das Gut innerhalb der im Tarife bestimmten und in der Benachrichtigung zu bezeichnenden Frist abzunehmen. Die Benachrichtigung unterbleibt, wenn der Empfänger sich

dieselbe verbeten hat, sowie bei bahnlagernd gestellten Gütern. Für die Ausfertigung der Benachrichtigung darf eine Gebühr nicht berechnet werden.

(2) Die Benachrichtigung über die Ankunft von Eilgut muß, sofern außergewöhnliche Verhältnisse nicht eine längere Frist unvermeidlich machen, binnen 2 Stunden, die Zuführung in die Behausung des Empfängers binnen 6 Stunden nach Ankunft erfolgen. Diese Fristen ruhen an Sonn- und Festtagen[1] von 12 Uhr Mittags, an Werktagen von 6 Uhr Abends bis zum Anfang der Dienststunden des folgenden Tages. Die Festsetzungen über die Lieferfrist (§. 63) werden hierdurch nicht berührt.

(3) Die Eisenbahn kann, wo sie es für angemessen erachtet, Rollfuhrunternehmer zum An- und Abfahren der Güter innerhalb des Stationsortes oder von und nach seitwärts gelegenen Ortschaften bestellen, auch an letzteren Güternebenstellen einrichten. Die Rollfuhrunternehmer gelten als Leute der Eisenbahn im Sinne des §. 9 des Verkehrs-Ordnung.[2] Vergleiche §. 60 Absatz 3.

(4) Sind für Güter, deren Bestimmungsort nicht an der Eisenbahn gelegen oder eine nicht für den Güterverkehr eingerichtete Station ist, seitens der Verwaltung Einrichtungen zum Weitertransporte nicht getroffen, so hat die Eisenbahn, wenn nicht wegen sofortiger Weiterbeförderung vom Absender oder Empfänger Verfügung getroffen ist, entweder den Empfänger nach Maßgabe der vorstehenden Bestimmungen zu benachrichtigen oder die Güter mittelst eines Spediteurs oder einer anderen Ge-

legenheit nach dem Bestimmungsorte auf Gefahr und Kosten des Absenders weiter befördern zu lassen.

(5) Diejenigen Empfänger, welche ihre Güter selbst abholen oder sich anderer als der von der Eisenbahn bestellten Fuhrunternehmer bedienen wollen, haben dies der Güter-Abfertigungsstelle rechtzeitig vorher, jedenfalls noch vor Ankunft des Gutes auf Erfordern der Abfertigungsstelle unter glaubhafter Bescheinigung ihrer Unterschrift, schriftlich anzuzeigen. Die Befugniß der Empfänger, ihre Güter selbst abzuholen oder durch andere als von der Eisenbahn bestellte Fuhrunternehmer abholen zu lassen, kann von der Eisenbahn im allgemeinen Verkehrsinteresse mit Genehmigung der Aufsichtsbehörde beschränkt oder aufgehoben werden.

(6) Ausgeschlossen von der Selbstabholung sind diejenigen Güter, welche nach zoll- oder steueramtlichen Vorschriften oder aus anderen Gründen nach Packhöfen oder Niederlagen der Zoll- oder Steuerverwaltung gefahren werden müssen.

(7) Die Auslieferung des Gutes erfolgt gegen Zahlung der etwa darauf haftenden Fracht- und sonstigen Beträge und gegen Ausstellung der Empfangsbescheinigung. Letztere hat sich auf die einfache Anerkennung des Empfangs zu beschränken; weitere Erklärungen, namentlich über tadellosen oder rechtzeitigen Empfang, dürfen nicht gefordert werden. Güter, welche nicht durch die Eisenbahn zuzuführen sind, werden dem Empfänger auf Vorzeigung des seitens der Eisenbahn quittirten Frachtbriefes zur Verfügung gestellt, und zwar die vom Empfänger

auszuladenden auf den Entladeplätzen, die übrigen Güter in den Abfertigungsräumen (auf den Güterböden).

(8) Der Empfänger ist berechtigt, bei der Auslieferung[3] von Gütern deren Nachwägung in seiner Gegenwart auf dem Bahnhofe zu verlangen. Diesem Verlangen muß die Eisenbahn bei Stückgütern stets, bei Wagenladungsgütern insoweit, als die vorhandenen Wägevorrichtungen dazu ausreichen, nachkommen. Gestatten die Wägevorrichtungen der Eisenbahn eine Verwiegung von Wagenladungsgütern auf dem Bahnhofe nicht, so bleibt dem Empfänger überlassen, die Verwiegung da, wo derartige Wägevorrichtungen am nächsten zur Verfügung stehen, in Gegenwart eines von der Eisenbahn zu bestellenden Bevollmächtigten vornehmen zu lassen. Ergiebt die Nachwägung kein von der Eisenbahn zu vertretendes Mindergewicht, so hat der Empfänger die durch die Verwiegung entstandenen Kosten oder die tarifmäßigen Gebühren sowie die Entschädigung für den etwa bestellten Bevollmächtigten zu tragen. Dagegen hat die Eisenbahn, falls ein von ihr zu vertretendes und nicht bereits anerkanntes Mindergewicht festgestellt wird, dem Empfänger die ihm durch die Nachwägung verursachten Kosten zu erstatten.

[1] Vergl. Anm. 1 zu § 56.
[2] Art. 400 HGB.
[3] Vergl. §§ 61 Abs. 4, 66.

§. 69. Fristen für die Abnahme der nicht zugerollten Güter.

(1) Die tarifmäßig durch die Eisenbahn auszuladenden Güter sind binnen der im Tarife festzustellenden

lagerzinsfreien Zeit, welche nicht weniger als 24 Stunden nach Absendung beziehungsweise Empfang (vergleiche §. 68 Absatz 1 in Verbindung mit §. 63 Absatz 4) der Benachrichtigung betragen darf, während der vorgeschriebenen Geschäftsstunden abzunehmen.

(2) Die Fristen, binnen welcher die von dem Empfänger abzuladenden Güter durch denselben auszuladen und abzuholen sind, werden durch die besonderen Vorschriften jeder Verwaltung festgesetzt und sind, sofern sie für deren ganzes Gebiet gleichmäßig erlassen werden, durch den Tarif, andernfalls auf jeder Station durch Aushang an den Abfertigungsstellen sowie durch Bekanntmachung in einem Lokalblatte zur öffentlichen Kenntniß zu bringen. Erfolgt die Benachrichtigung über die Ankunft des Gutes durch die Post, so beginnen diese Fristen frühestens 3 Stunden nach der Aufgabe des Benachrichtigungsschreibens zur Post.

(3) Für bahnlagernd gestellte sowie für solche Güter, deren Empfänger sich die Benachrichtigung schriftlich verbeten haben, beginnt der Lauf der im Absatz 1 und 2 erwähnten Fristen mit Ankunft des Gutes.

(4) Sonn- und Festtage werden nicht mitgerechnet. Der Lauf der Entladefristen (Absatz 2) ruht für die Dauer der zoll- oder steueramtlichen Abfertigung, sofern diese nicht durch den Absender oder den Empfänger verzögert wird. Seitens der letzteren ist die Dauer der Abfertigung nachzuweisen.

(5) Wer das Gut nicht innerhalb der in diesem Paragraphen erwähnten Fristen abnimmt, hat ein in den

Tarifen festzusetzendes Lagergeld oder Wagenstandgeld zu bezahlen. Auch ist die Eisenbahn berechtigt, die Ausladung der tarifmäßig vom Empfänger auszuladenden Güter auf dessen Gefahr und Kosten zu besorgen.

(6) Dagegen ist die Eisenbahn zum Ersatze der nachgewiesenen Kosten der zwar rechtzeitig, aber vergeblich versuchten Abholung eines Gutes in dem Falle verpflichtet, wenn das Gut auf Benachrichtigung des Empfängers von der Ankunft nicht spätestens innerhalb 1 Stunde nach dem Eintreffen des Abholers zur Entladung oder Abgabe bereitgestellt ist.

(7) Wenn der geregelte Verkehr durch große Güteranhäufungen gefährdet wird, so ist die Eisenbahn zur Erhöhung der Lagergelder und der Wagenstandgelder und, wenn diese Maßregel nicht ausreichen sollte, auch zur Verkürzung der Ladefristen und zur Beschränkung der lagerzinsfreien Zeit für die Dauer der Anhäufung der Güter, und zwar alles dieses unter Beachtung der für die Festsetzung von Zuschlagslieferfristen im §. 63 Absatz 3 Ziffer 2 gegebenen Vorschriften berechtigt.[1]

[1] Nach Einhaltung der Frist des § 7.

§. 70. Ablieferungshindernisse.

(1) Bei Ablieferungshindernissen hat die Empfangsstation den Absender durch Vermittelung der Versandstation von der Ursache des Hindernisses unverzüglich in Kenntniß zu setzen. Sie darf in keinem Falle ohne ausdrückliches Einverständniß des Absenders das Gut zurücksenden. Dies gilt insbesondere von Gütern, deren An=

oder Abnahme verweigert[1] oder nicht rechtzeitig bewirkt wird oder deren Abgabe sonst nicht möglich ist.

(2) Derartige Güter hat die Eisenbahn auf Gefahr und Kosten des Absenders auf Lager zu nehmen und für dieselben die Sorgfalt eines ordentlichen Kaufmanns anzuwenden. Sie ist jedoch nach ihrem Ermessen auch berechtigt, solche Güter unter Nachnahme der darauf haftenden Kosten und Auslagen einem öffentlichen Lagerhause oder einem Spediteur für Rechnung und Gefahr dessen, den es angeht, auf Lager zu übergeben, wovon der Absender sofort zu benachrichtigen ist.

(3) Die Eisenbahn ist ferner befugt:

a) Güter der im ersten Absatz erwähnten Art, wenn sie dem schnellen Verderben ausgesetzt sind, oder wenn sie nach den örtlichen Verhältnissen weder eingelagert noch einem Spediteur übergeben werden können, sofort,

b) Güter, welche weder vom Empfänger abgenommen noch vom Absender zurückgenommen werden, frühestens 4 Wochen nach Ablauf der lagerzinsfreien Zeit, falls aber deren Werth durch längere Lagerung oder durch die daraus entstehenden Kosten unverhältnißmäßig vermindert würde, auch schon früher,

ohne weitere Förmlichkeit bestmöglich zu verkaufen. Von dem bevorstehenden Verkaufe ist der Absender womöglich zu benachrichtigen, auch ist ihm der Erlös nach Abzug der Kosten zur Verfügung zu stellen.

[1] Bei Empfangsverzug des Adressaten haftet die Bahn nur noch wie der Verwahrer für Vorsätzlichkeit und grobe Fahrlässigkeit. Art. 395 HGB. OLG. Dresden 4. 4. 88 (Eger, Entsch. VI 377).

§. 71. Feststellung von Verlust und Beschädigung des Gutes seitens der Eisenbahn.

(1) In allen Verlust-, Minderungs- und Beschädigungsfällen haben die Eisenbahnverwaltungen sofort eine eingehende Untersuchung vorzunehmen,[1] das Ergebniß schriftlich festzustellen und dasselbe den Betheiligten auf ihr Verlangen mitzutheilen.

(2) Wird insbesondere eine Minderung oder Beschädigung des Gutes von der Eisenbahn entdeckt oder vermuthet oder seitens des Verfügungsberechtigten behauptet, so hat die Eisenbahn den Zustand des Gutes, den Betrag des Schadens und, soweit dies möglich, die Ursache und den Zeitpunkt der Minderung oder Beschädigung ohne Verzug protokollarisch festzustellen. Eine protokollarische Feststellung hat auch im Falle des Verlustes stattzufinden.

(3) Zur Feststellung in Minderungs- und Beschädigungsfällen sind unbetheiligte Zeugen oder, soweit dies die Umstände des Falles erfordern, Sachverständige, auch womöglich der Verfügungsberechtigte beizuziehen.

[1] Keine bahnpolizeiliche Handlung, Protokolle keine öffentliche Urkunden. (§ 267 St.G.B.)

§. 72. Gerichtliche Feststellung von Ablieferungshindernissen, Verlust und Beschädigung.

Jedem Betheiligten steht das Recht zu, unbeschadet des in den §§. 70 und 71 vorgesehenen Verfahrens, auch die gerichtliche Feststellung in Gemäßheit der Bestimmungen des Handelsgesetzbuchs[1] zu beantragen.

[1] Art. 407.

§. 73. Aktivlegitimation. Reklamationen.

(1) Zur Geltendmachung der aus dem Eisenbahnfrachtvertrage gegenüber der Eisenbahn entspringenden Rechte ist nur derjenige befugt, welchem das Verfügungsrecht[1]) über das Frachtgut zusteht.

(2) Vermag der Absender das Duplikat des Frachtbriefes, den Aufnahmeschein[2]) oder eine Bescheinigung der Versandstation, daß eine solche Urkunde nicht ausgestellt ist, nicht beizubringen, so kann er seinen Anspruch nur mit Zustimmung des Empfängers geltend machen.

(3) Außergerichtliche Ansprüche (Reklamationen) sind mit einer Bescheinigung über den Werth des Gutes und, wenn dem Empfänger der Frachtbrief übergeben ist, mit diesem anzubringen. Die Eisenbahnen haben derartige Ansprüche mit thunlichster Beschleunigung zu untersuchen und, sofern nicht eine gütliche Verständigung erfolgt, mittelst schriftlichen Bescheides zu erledigen.

[1] Absender bezw. Empfänger § 64 bezw. § 66.

[2] § 54.

§ 74. Haftung mehrerer[1] Eisenbahnen.

(1) Diejenige Bahn, welche das Gut mit dem

Frachtbriefe zur Beförderung angenommen hat, haftet für die Ausführung[2] des Transportes auch auf den folgenden Bahnen der Beförderungsstrecke bis zur Ablieferung.

(2) Jede nachfolgende Bahn tritt dadurch, daß sie das Gut mit dem ursprünglichen Frachtbriefe übernimmt, nach Maßgabe des letzteren in den Frachtvertrag ein[3] und übernimmt die selbständige Verpflichtung, den Transport nach Inhalt des Frachtbriefes auszuführen.

(3) Die Ansprüche aus dem Frachtvertrage können jedoch — unbeschadet des Rückgriffs der Bahnen gegen einander — im Wege der Klage nur gegen die erste Bahn oder gegen diejenige, welche das Gut zuletzt mit dem Frachtbriefe übernommen hat, oder gegen diejenige Bahn gerichtet werden, auf deren Betriebsstrecke der Schaden sich ereignet hat. Unter den bezeichneten Bahnen steht dem Kläger die Wahl zu.

(4) Das Wahlrecht erlischt mit Erhebung der Klage.

[1] Vergl. Bemerkungen zu Art. 429 HGB.

[2] Rückgriffsrecht auch wegen des durch unterlassene Verzollung entstandenen Schadens. RG. 22. 10. 79 (Entsch. i. C.S. I 1).

[3] Gilt nur für Bahnen unter sich, nicht für den Verkehr mit anderen Transportanstalten; sonst gilt Art. 401 HGB., beim internationalen Verkehr Art. 47—50 des Internationalen Uebereinkommens (siehe unten).

§ 75. Haftung für Verlust und Beschädigung im Allgemeinen.

(1) Die Eisenbahn haftet nach Maßgabe der in den folgenden Paragraphen[1] enthaltenen näheren Bestimmungen für den Schaden, welcher durch Verlust,[2] Minderung

oder Beschädigung des Gutes seit der Annahme zur Beförderung bis zur Ablieferung[3] entstanden ist, sofern sie nicht zu beweisen vermag, daß der Schaden durch ein Verschulden des Verfügungsberechtigten oder eine nicht von der Eisenbahn verschuldete Anweisung desselben, durch die natürliche Beschaffenheit des Gutes (namentlich durch inneren Verderb, Schwinden, gewöhnliche Leckage) oder durch höhere Gewalt herbeigeführt worden ist.

(2) Der Ablieferung[4] an den Empfänger steht die Ablieferung an Zoll- und Revisionsschuppen nach Ankunft des Gutes auf der Bestimmungsstation sowie die nach Maßgabe der Verkehrs-Ordnung stattfindende Ablieferung des Gutes an Lagerhäuser oder an einen Spediteur gleich.

[1] Vergl. Art. 395, 426 HGB.

[2] Verlust gleich Unmöglichkeit der Ablieferung an den Empfänger am Bestimmungsorte; Verlust auch bei Ablieferung an den unrichtigen Empfänger. L.G. Leipzig 11. 11. 91 (Eger, Entsch. IX 98).

[3] Bei frachtfrei bedungener Rücksendung geliehener Decken liegt ein Frachtvertrag nicht vor, in diesem Falle wird nur dann für Beschädigung gehaftet, wenn die Pflichten des Verwahrers verletzt sind. L.G. Leipzig ebenda.

[4] Zollbehörde wird damit Verwahrer für den Empfänger. OLG. Dresden 14. 7. 90 (Eger, Entsch. VIII 43).

§ 76. Beschränkung der Haftung bezüglich des Bestimmungsortes.

(1) Ist auf dem Frachtbriefe als Ort der Ablieferung ein nicht an der Eisenbahn liegender Ort bezeichnet, so besteht die Haftpflicht der Eisenbahn als Frachtführer nur bis zur letzten Eisenbahnstation.[1] In Bezug auf

die Weiterbeförderung treten die Verpflichtungen des Speditcurs ein.

(2) Für Sendungen nach solchen seitwärts gelegenen Orten jedoch, nach welchen die Eisenbahn Einrichtungen für die Weiterbeförderung getroffen hat (§. 68 Absatz 3), erstreckt sich die Haftpflicht der Eisenbahn als Frachtführer auf den ganzen Transport.

(3) Ist von dem Absender auf dem Frachtbriefe bestimmt, daß das Gut an einem an der Eisenbahn liegenden Orte abgegeben werden oder liegen bleiben soll,[2] so gilt, ungeachtet im Frachtbriefe ein anderweiter Bestimmungsort angegeben ist, der Transport als nur bis zu jenem ersteren, an der Bahn liegenden Orte übernommen, und die Eisenbahn ist nur bis zur Ablieferung an diesem Orte verantwortlich.

[1] Art. 430 HGB.
[2] Art. 431 HGB.

§. 77. Beschränkung der Haftung bei besonderen Gefahren.[1]

(1) Die Eisenbahn haftet nicht:

1. In Ansehung der Güter, welche nach der Bestimmung des Tarifes oder nach Vereinbarung mit dem Absender in offen[2] gebauten Wagen transportirt werden,

   für den Schaden,[3] welcher aus der mit dieser Transportart[4] verbundenen Gefahr entstanden ist.[5]

Unter dieser Gefahr ist auffallender Gewichtsabgang oder Verlust ganzer Stücke nicht zu verstehen.

2. In Ansehung der Güter, welche, obgleich ihre Natur eine Verpackung zum Schutze gegen Verlust, Minderung oder Beschädigung auf dem Transporte erfordert, nach Erklärung des Absenders auf dem Frachtbriefe (§. 58) unverpackt oder mit mangelhafter Verpackung aufgegeben sind,

   für den Schaden, welcher aus der mit dem Mangel oder mit der mangelhaften Beschaffenheit[6] der Verpackung verbundenen Gefahr entstanden ist.

3. In Ansehung derjenigen Güter, deren Auf- und Abladen nach Bestimmung des Tarifes oder nach besonderer Vereinbarung mit dem Absender, von diesem beziehungsweise dem Empfänger besorgt wird,

   für den Schaden, welcher aus der mit dem Auf- und Abladen oder mit mangelhafter Verladung verbundenen Gefahr entstanden ist.

4. In Ansehung der Güter, welche vermöge ihrer eigenthümlichen natürlichen Beschaffenheit der besonderen Gefahr ausgesetzt sind, Verlust,[7] Minderung oder Beschädigung, namentlich Bruch, Rost, inneren Verderb, außergewöhn-

liche Leckage, Austrocknung und Verstreuung zu erleiden,

für den Schaden, welcher aus dieser Gefahr[8] entstanden ist.

5. In Ansehung lebender Thiere,[9]

für den Schaden, welcher aus der mit der Beförderung dieser Thiere für dieselben verbundenen besonderen Gefahr entstanden ist.

6. In Ansehung derjenigen Güter, einschließlich der Thiere, welchen nach der Bestimmung der Verkehrs-Ordnung, des Tarifes oder nach besonderer Vereinbarung mit dem Absender ein Begleiter beizugeben ist,

für den Schaden, welcher aus der Gefahr entstanden ist, deren Abwendung durch die Begleitung bezweckt wird.

(2) Wenn ein eingetretener Schaden nach den Umständen des Falles aus einer der in diesem Paragraphen bezeichneten Gefahren entstehen konnte, so wird bis zum Nachweise[10] des Gegentheils[11][12] vermuthet, daß der Schaden aus der betreffenden Gefahr wirklich entstanden ist.

(3) Eine Befreiung von der Haftpflicht kann auf Grund dieses Paragraphen nicht geltend gemacht werden, wenn nachgewiesen wird, daß der Schaden durch Verschulden der Eisenbahn oder ihrer Leute entstanden ist.

[1] Art. 424 HGB.

[2] Offener Wagen wird nicht dadurch ein „bedeckter", daß Decken darüber gezogen werden. RG. 11. 1. 84 (Entsch. i. C.S. X 105).

[3] Keine Veränderung der Haftpflicht, wenn die Bahn statt der erlaubten offenen, gedeckte Wagen verwendet. RG. 18. 11. 79 (Entsch. i. C.S. I 15).

[4] Die Bahn haftet bei offenen Wagen jedoch dann für den durch die Funken der Lokomotive verursachten Brandschaden, wenn ein Verschulden ihrer Leute insofern vorliegt, als sie den betr. Wagen zu nahe der Lokomotive in den Zug eingestellt haben.

[5] Das ausnahmsweise Verlangen eines gedeckten Wagens ist zur Rechtswirksamkeit in den Frachtbrief aufzunehmen. RG. 18. 11. 79 (Entsch. i. C.S. I 15).

[6] Hat die Bahn im Frachtvertrage die Stellung der Wagendecken übernommen, so haftet sie für den durch die mangelhafte Beschaffenheit derselben entstandenen Schaden. RG. 18. 4. 91 (Eger, Entsch. VIII 324).

[7] Hierzu gehört nicht Mindergewicht (Fehlen von 3 Säcken). RG. 5. 12. 79 (Eger, Entsch. I 39).

[8] Die vorausgesetzte „besondere" Gefahr ist nicht gleichbedeutend mit „besonders großer", sondern mit der aus der eigenthümlichen natürlichen Beschaffenheit im Allgemeinen sich ergebenden. Oesterreich. Oberster Gerichtshof 19. 1. 87 (Eger, Entsch. VI 12); solche liegt nicht vor bei bloßer leichter Möglichkeit des Verlustes, erforderlich ist leichte Selbstverletzbarkeit. (Selbstentzündung von Flachs.) RG. 13. 2. 86 (Eger, Entsch. V 136).

[9] §§ 44—46, 30 Abs. 3, 27.

[10] Beweis zulässig, daß der Schaden auch bei anderer Transportart entstanden wäre. RG. 18. 1. 84 (Entsch. i. C.S. X 105).

[11] Schwefeläthergefäße in Brand gerathen, Ursache nicht erwiesen, daher Klage abgewiesen. Kammergericht 22. 10. 86 (Eger, V 177).

[12] Der Gegenbeweis liegt dem Absender bezw. Empfänger ob und ist auf einen andern als den im Gesetze angeführten selbstständigen Entstehungsgrund des Schadens zu stützen. Naturereignisse, wie z. B. strenge Kälte, begründen nicht ohne Weiteres den Einwand der höheren Gewalt. OLG. Braunschweig 22. 5. 85 (Eger, Entsch. IV 282).

§. 78. Beschränkung der Haftung bei Gewichtsverlusten.

(1) In Ansehung derjenigen Güter, welche nach ihrer natürlichen Beschaffenheit[1] bei dem Transporte regelmäßig einen Verlust an Gewicht erleiden, ist die Haftpflicht der Eisenbahn für Gewichtsverluste bis zu nachstehenden Normalsätzen ausgeschlossen.

(2) Der Normalsatz beträgt 2 Prozent bei flüssigen und feuchten, sowie bei nachstehenden trockenen Gütern:

geraspelte und gemahlene Farbhölzer,
Rinden,
Wurzeln,
Süßholz,
geschnittener Taback,
Fettwaaren,
Seifen und harte Oele,
frische Früchte,
frische Tabacksblätter,
Schafwolle,
Häute,
Felle,
Leder,
getrocknetes und gebackenes Obst,
Thierflechsen,
Hörner und Klauen,
Knochen (ganz und gemahlen),
getrocknete Fische,
Hopfen,
frische Kitte.

(3) Bei allen übrigen trockenen Gütern der im Absatz 1 bezeichneten Art beträgt der Normalsatz 1 Prozent.

(4) Der Normalsatz wird, im Falle mehrere Stücke auf einen und denselben Frachtbrief befördert worden sind, für jedes Stück besonders berechnet, wenn das Gewicht der einzelnen Stücke im Frachtbriefe verzeichnet oder sonst erweislich ist.

(5) Diese Beschränkung der Haftpflicht tritt nicht ein, insoweit nachgewiesen wird, daß der Verlust nach den Umständen des Falles nicht in Folge der natürlichen Beschaffenheit des Gutes entstanden ist, oder daß der angenommene Prozentsatz dieser Beschaffenheit oder den sonstigen Umständen des Falles nicht entspricht.

(6) Bei gänzlichem Verlust des Gutes findet ein Abzug für Gewichtsverlust nicht statt.

[1] Vergl. Art. 426 HGB.

§ 79. Vermuthung für den Verlust des Gutes.

Der zur Klage Berechtigte kann das Gut ohne weiteren Nachweis als in Verlust gerathen betrachten,[1] wenn sich dessen Ablieferung um mehr als 30 Tage nach Ablauf der Lieferfrist (§. 63) verzögert.

[1] Und braucht das Gut nicht mehr anzunehmen. OLG. Hamburg 17. 5. 86 (Eger, Entsch. V 35).

§ 80. Höhe des Schadensersatzes bei Verlust[1] des Gutes.

Wenn auf Grund der vorhergehenden Bestimmungen von der Eisenbahn für gänzlichen oder theilweisen Verlust des Gutes Ersatz geleistet werden muß, so ist der gemeine Handelswerth, in dessen Ermangelung der gemeine Werth zu ersetzen, welchen Gut derselben Art und Beschaffenheit am Orte der Ablieferung zu der Zeit hatte, zu welcher das Gut abzuliefern war. Davon kommt in Abzug, was in Folge des Verlustes an Fracht, Zöllen und sonstigen Kosten erspart ist.

[1] Art. 396 HGB.

§ 81. Höhe des Schadensersatzes bei ermäßigten[1] Ausnahmetarifen.

Es ist den Eisenbahnen gestattet, besondere Bedingungen (Ausnahmetarife) mit Festsetzung eines im Falle des Verlustes, der Minderung oder Beschädigung zu ersetzenden Maximalbetrages zu veröffentlichen, sofern diese Ausnahmetarife eine Preisermäßigung für den ganzen Transport gegenüber den gewöhnlichen Tarifen jeder Eisenbahn enthalten und der gleiche Maximalbetrag auf die ganze Transportstrecke Anwendung findet.

[1] Vergl. § 7.

§ 82. Wiederauffinden des Gutes.

(1) Der Entschädigungsberechtigte kann, wenn er die Entschädigung für das in Verlust gerathene Gut in Empfang nimmt, in der Quittung den Vorbehalt machen, daß er, für den Fall, als das Gut binnen 4 Monaten nach Ablauf der Lieferfrist wieder aufgefunden wird, hiervon seitens der Eisenbahnverwaltung sofort benachrichtigt werde. Ueber den Vorbehalt ist eine Bescheinigung zu ertheilen.

(2) In diesem Falle kann der Entschädigungsberechtigte innerhalb 30 Tagen nach erhaltener Nachricht ver-

langen, daß ihm das Gut nach seiner Wahl an dem Versand- oder an dem im Frachtbriefe angegebenen Bestimmungsorte kostenfrei gegen Rückerstattung der ihm bezahlten Entschädigung ausgeliefert werde.

(3) Wenn der im ersten Absatz erwähnte Vorbehalt nicht gemacht worden ist, oder wenn der Entschädigungsberechtigte in der im zweiten Absatz bezeichneten dreißigtägigen Frist das dort vorgesehene Begehren nicht gestellt hat, oder endlich, wenn das Gut erst nach 4 Monaten nach Ablauf der Lieferfrist wieder aufgefunden wird, so kann die Eisenbahn über das wieder aufgefundene Gut frei verfügen.

[1] Festsetzung nach freiem Ermessen des Richters; von dem Rechte des Art. 427 HGB. ist nur noch im Falle des § 81 Gebrauch gemacht.

§. 83. Höhe des Schadensersatzes bei Beschädigung des Gutes.

Im Falle der Beschädigung hat die Eisenbahn den ganzen Betrag des Minderwerthes des Gutes zu bezahlen. Im Falle die Beförderung nach einem Ausnahmetarife im Sinne des §. 81 stattgefunden hat, wird der zu bezahlende Schadensbetrag verhältnißmäßig herabgemindert.

§. 84. Deklaration des Interesses an der Lieferung.

(1) Der Absender kann das Interesse an der Lieferung mit den in den folgenden §§. 85 und 87 vorgesehenen Rechtswirkungen deklariren. In diesem Falle ist ein im Tarife festzusetzender Frachtzuschlag zu entrichten.

(2) Die Summe, zu welcher das Interesse an der Lieferung deklarirt wird, muß im Frachtbriefe an der dafür vorgesehenen Stelle mit Buchstaben eingetragen werden.

(3) Der Frachtzuschlag für die Deklaration des Interesses an der Lieferung darf 5 vom Tausend der deklarirten Summe für je angefangene 200 Kilometer nicht übersteigen.

(4) Der geringste zur Erhebung kommende Frachtzuschlag beträgt 40 Pfennig.

(5) Ueberschießende Beträge werden auf 10 Pfennig abgerundet.

§. 85. Höhe des Schadensersatzes für Verlust oder Beschädigung bei Deklaration des Interesses an der Lieferung.

Hat eine Deklaration[1] des Interesses an der Lieferung stattgefunden, so kann der Berechtigte im Falle des Verlustes, der Minderung oder der Beschädigung, außer der durch die §§. 80 und 83 festgesetzten Entschädigung, noch einen weiteren Schadensersatz bis zur Höhe des in der Deklaration festgesetzten Betrages beanspruchen. Das Vorhandensein und die Höhe dieses weiteren Schadens hat der Berechtigte zu erweisen.

[1] Angabe des Werthes einer Sendung ist jedoch noch nicht Versicherung im Sinne dieses § oder des Art. 367 Abs. 2 HGB. RG. 15. 1. 92 (Entsch. i. C.S. XXVIII 140).

§. 86. Haftung für Versäumung der Lieferfrist.

Die Eisenbahn haftet für den Schaden, welcher durch Versäumung der Lieferfrist (§. 63) entstanden ist, sofern sie nicht beweist, daß die Verspätung von einem Ereignisse herrührt, welches sie weder herbeigeführt hat noch abzuwenden vermochte.

§. 87. Höhe des Schadensersatzes bei Versäumung der Lieferfrist.

Wenn auf Grund des vorhergehenden Paragraphen für Versäumung der Lieferfrist Ersatz zu leisten ist, so können folgende Vergütungen beansprucht werden:

I. Wenn eine Deklaration des Interesses an der Lieferung nicht stattgefunden hat:

1. ohne Nachweis eines Schadens, falls die Verspätung 12 Stunden übersteigt:

   Bei einer Verspätung bis einschließlich 1 Tag $^1/_{10}$ der Fracht,
   bei einer Verspätung bis einschließlich 2 Tage $^2/_{10}$ der Fracht,
   bei einer Verspätung bis einschließlich 3 Tage $^3/_{10}$ der Fracht,
   bei einer Verspätung bis einschließlich 4 Tage $^4/_{10}$ der Fracht,
   bei einer Verspätung von längerer Dauer $^5/_{10}$ der Fracht.

2. Wird der Nachweis eines Schadens erbracht, so kann der Betrag des Schadens bis zur Höhe der ganzen Fracht beansprucht werden.

II. Wenn eine Deklaration des Interesses an der Lieferung stattgefunden hat:

1. ohne Nachweis eines Schadens, falls die Verspätung 12 Stunden übersteigt:

   Bei einer Verspätung bis einschließlich 1 Tag $^2/_{10}$ der Fracht,

   bei einer Verspätung bis einschließlich 2 Tage $^4/_{10}$ der Fracht,

   bei einer Verspätung bis einschließlich 3 Tage $^6/_{10}$ der Fracht,

   bei einer Verspätung bis einschließlich 4 Tage $^8/_{10}$ der Fracht,

   bei einer Verspätung von längerer Dauer die ganze Fracht.

2. Wird der Nachweis eines Schadens erbracht, so kann der Betrag des Schadens beansprucht werden.

   In beiden Fällen darf die Vergütung den deklarirten Betrag des Interesses nicht übersteigen.

§. 88. Schadensersatz bei Arglist[1] und grober Fahrlässigkeit.

Die Vergütung des vollen Schadens kann in allen Fällen gefordert werden, wenn derselbe in Folge der Arglist oder der groben Fahrlässigkeit der Eisenbahn entstanden ist.

[1] Auf der Ankunftsstation zeigte ein Faß zwei kleine Bohrlöcher, die auf der Abgangsstation nicht vorhanden waren. Diese können nur durch Arglist der Bediensteten entstanden sein, für die die Bahn zu haften hat. RG. 25. 11. 79 (Eger, Entsch. I 21).

§. 89. Ausschluß der Haftung.

Wenn Gegenstände, welche vom Transporte ausgeschlossen oder zu demselben nur bedingungsweise zugelassen sind[1], unter unrichtiger oder ungenauer Deklaration zur Beförderung aufgegeben, oder wenn die für dieselben vorgesehenen Sicherheitsvorschriften vom Absender außer Acht gelassen werden, so ist jede Haftpflicht der Eisenbahn auf Grund des Frachtvertrages ausgeschlossen.[2]

[1] Vergl. §§ 29, 30 Abs. 4, 41, 44 Abs. 2, 48, 50.
[2] Wenn nicht § 88 vorliegt.

§. 90. Erlöschen der Ansprüche nach Bezahlung der Fracht und Annahme des Gutes.

(1) Ist die Fracht nebst den sonst auf dem Gute haftenden Forderungen bezahlt und das Gut angenommen, so sind alle Ansprüche gegen die Eisenbahn aus dem Frachtvertrage erloschen.

(2) Hiervon sind jedoch ausgenommen:

1. Entschädigungsansprüche, bei welchen der Berechtigte nachweisen kann, daß der Schaden durch Arglist oder grobe Fahrlässigkeit der Eisenbahn herbeigeführt worden ist;[1]
2. Entschädigungsansprüche wegen Verspätung, wenn die Reklamation spätestens am siebenten Tage, den Tag der Annahme nicht mitgerechnet, bei einer der nach §. 74 in Anspruch zu nehmenden Eisenbahnen angebracht wird;[2]
3. Entschädigungsansprüche wegen solcher Mängel, deren Feststellung gemäß §. 71 vor der An-

nahme des Gutes durch den Empfänger erfolgt ist, oder deren Feststellung nach §. 71 hätte erfolgen sollen und durch Verschulden der Eisenbahn unterblieben ist[3];

4. Entschädigungsansprüche wegen äußerlich nicht erkennbarer Mängel, deren Feststellung nach der Annahme erfolgt ist, jedoch nur unter nachstehenden Voraussetzungen:

a) es muß unmittelbar nach der Entdeckung des Schadens und spätestens 4 Wochen nach der Empfangnahme des Gutes der Antrag auf Feststellung gemäß §. 71 bei der Eisenbahn oder bei dem zuständigen Gerichte angebracht werden;

b) der Berechtigte muß beweisen, daß der Mangel während der Zeit zwischen der Annahme zur Beförderung und der Ablieferung entstanden ist.

War indessen die Feststellung des Zustandes des Gutes durch den Empfänger auf der Empfangsstation möglich und hat die Eisenbahn sich bereit erklärt, dieselbe dort vorzunehmen, so findet die Bestimmung unter Ziffer 4 keine Anwendung.

(3) Es steht dem Empfänger frei, die Annahme des Gutes, auch nach Annahme des Frachtbriefes und Bezahlung der Fracht, insolange zu verweigern, als nicht seinem Antrage auf Feststellung der von ihm behaup-

teten Mängel stattgegeben ist. Vorbehalte bei der Annahme des Gutes sind wirkungslos, sofern sie nicht unter Zustimmung der Eisenbahn erfolgt sind.

(4) Wenn von mehreren auf dem Frachtbriefe verzeichneten Gegenständen einzelne bei der Ablieferung fehlen, so kann der Empfänger in der Empfangsbescheinigung die nicht abgelieferten Gegenstände unter spezieller Bezeichnung derselben ausschließen.

(5) Alle in diesem Paragraphen erwähnten Entschädigungsansprüche müssen schriftlich erhoben werden.

[1] Vergl. §§ 27, 28, 30, 32, 34, 41, 44, 55, 59, 75, 77, 78, 80, 81, 83, 88.

[2] §§ 36, 41, 47, 63, 84, 86, 87.

[3] § 69, Art. 408 HGB.

§. 91. Verjährung.[1]

(1) Die Klagen gegen die Eisenbahn wegen gänzlichen Verlustes oder wegen Verminderung, Beschädigung oder verspäteter Ablieferung des Gutes verjähren nach einem Jahre.

(2) Die Frist beginnt[2] in Ansehung der Klagen wegen gänzlichen Verlustes mit dem Ablauf des Tages, an welchem die Ablieferung hätte bewirkt sein müssen; in Ansehung der Klagen wegen Verminderung, Beschädigung oder verspäteter Ablieferung mit dem Ablauf des Tages, an welchem die Ablieferung geschehen ist.

(3) In gleicher Art sind die Einreden wegen Verlustes, Verminderung, Beschädigung oder verspäteter Ablieferung des Gutes erloschen, wenn nicht die Anzeige von diesen Thatsachen an die Eisenbahn binnen der einjährigen Frist abgesandt worden ist.

(4) Die Bestimmungen dieses Paragraphen finden in Fällen des Betruges oder der Veruntreuung der Eisenbahn keine Anwendung.

[1] Art. 386, 408 HGB.

[2] Verjährungsunterbrechung durch Erbieten der Bahn zum reglementarischen Normalschadensersatz. Oesterreich. Oberster Gerichtshof 3. 1. 88 (Eger, Entsch. V 455).

IX.

Schlußbestimmung.

(1) Die Verkehrs-Ordnung sowie Aenderungen derselben werden durch das Reichs-Gesetzblatt veröffentlicht.

(2) Jede Eisenbahnverwaltung hat nach dem neuesten Stande ergänzte Exemplare der Verkehrs-Ordnung zum Verkaufe bereit zu halten.

Berlin, den 15. November 1892.

Der Reichskanzler.
Graf von Caprivi.

---

4. Internationales Uebereinkommen über den Eisenbahnfrachtverkehr.

Vom 14. Oktober 1890.

(RGBl. 1892 S. 793).

Art. 1. (1) Das gegenwärtige internationale Uebereinkommen[1] findet Anwendung auf alle Sendungen von Gütern, welche auf Grund eines durchgehenden Frachtbriefes aus dem Gebiete eines der vertragschließenden Staaten in das Gebiet eines anderen vertragschließenden Staates auf denjenigen Eisenbahnstrecken befördert werden, welche zu diesem Zweck in der anliegenden Liste[2], vorbehaltlich der im Artikel 58 vorgesehenen Aenderungen, bezeichnet sind.[3 4]

(2) Die Bestimmungen, welche zur Ausführung[5] des gegenwärtigen Uebereinkommens von den vertragschließenden Staaten vereinbart werden, sollen dieselbe rechtliche Wirkung haben, wie das Uebereinkommen selbst.[6 7]

[1] Staatsvertrag.

[2] RGBl. 1895 S. 61 ff.

[3] Betrifft die Sendung den Verkehr mit einer nicht beigetretenen Nebenbahn, so gilt das Uebereinkommen für den Transport bis zu derjenigen Station, an der die Vertragsbahnen verlassen werden. C.A. 6. 1. 93 (Eger, Entsch. X 47).

[4] Beförderung mittelst Trajektanstalten der Vertragsbahnen vom Uebereinkommen nicht ausgeschlossen. C.A. 8. 7. 93 (Eger, Entsch. X 92).

[5] Ausführungsbestimmungen vom 14. Okt. 90 RGBl. 92 S. 874; erleichterte Vorschriften für den Verkehr zwischen Deutschland und Oesterreich-Ungarn. Bek. v. 15. Okt. 90, RGBl. 92 S. 1015.

[6] Das Uebereinkommen wird durch die Verkehrsordnung ergänzt. V.O. § 1.

[7] Vergl. Anm. zu Art. 60.

Art. 2. Die Bestimmungen des gegenwärtigen Uebereinkommens finden keine Anwendung auf die Beförderung folgender Gegenstände:[1]

1. derjenigen Gegenstände, welche auch nur in einem der am Transporte betheiligten Gebiete dem Postzwange[2] unterworfen sind;
2. derjenigen Gegenstände, welche wegen ihres Umfangs, ihres Gewichts oder ihrer sonstigen Beschaffenheit, nach der Anlage und dem Betriebe auch nur einer der Bahnen, welche an der Aus-

führung des Transportes theilzunehmen haben, sich zur Beförderung nicht eignen;

3. derjenigen Gegenstände, deren Beförderung auch nur auf einem der am Transporte betheiligten Gebiete aus Gründen der öffentlichen Ordnung verboten[3] ist.

[1] Vergl. § 50 B.O. nebst Anm.

[2] Postges. v. 28. Okt. 71, RGBl. S. 347.

[3] Vergl. Zollgesetze, Sprengstoff-, Jagd-, Viehseuchengesetze.

Art. 3. Die Ausführungs-Bestimmungen[1] werden diejenigen Güter bezeichnen, welche, wegen ihres großen Werthes, wegen ihrer besonderen Beschaffenheit oder wegen der Gefahren, welche sie für die Ordnung und Sicherheit des Eisenbahnbetriebes bieten, vom internationalen Transporte nach Maßgabe dieses Uebereinkommens ausgeschlossen oder zu diesem Transporte nur bedingungsweise zugelassen sind.[2]

[1] § 1 ebenda.

[2] Vergl. § 50 A 4 und B B.O.

Art. 4. Die Bedingungen der gemeinsamen Tarife der Eisenbahn-Vereine oder Verbände, sowie die Bedingungen der besonderen Tarife der Eisenbahnen haben, sofern diese Tarife auf den internationalen Transport Anwendung finden sollen, insoweit Geltung, als sie diesem Uebereinkommen nicht widersprechen; andernfalls sind sie nichtig.

Art. 5. (1) Jede nach Maßgabe des Artikels 1 bezeichnete Eisenbahn ist verpflichtet, nach den Festsetzungen und unter den Bedingungen dieses Uebereinkommens die Beförderung von Gütern im internationalen Verkehr zu übernehmen, [1] sofern

1. der Absender den Anordnungen dieses Uebereinkommens sich unterwirft;
2. die Beförderung mit den regelmäßigen Transportmitteln möglich ist; [2]
3. nicht Umstände, welche als höhere Gewalt zu betrachten sind, die Beförderung verhindern.

(2) Die Eisenbahnen sind nur verpflichtet, die Güter zum Transporte anzunehmen, soweit die Beförderung derselben sofort erfolgen kann. Die für die Versandstation geltenden besonderen Vorschriften bestimmen, ob dieselbe verpflichtet ist, die Güter, deren Beförderung nicht sofort erfolgen kann, vorläufig in Verwahrung zu nehmen.

(3) Die Beförderung der Güter findet in der Reihenfolge statt, in welcher sie zum Transporte angenommen worden sind, sofern die Eisenbahn nicht zwingende Gründe des Eisenbahnbetriebes oder das öffentliche Interesse für eine Ausnahme geltend machen kann.

(4) Jede Zuwiderhandlung gegen die Bestimmungen dieses Artikels begründet den Anspruch auf Ersatz des dadurch entstandenen Schadens.

[1] Art. 422 HGB., §§ 6, 55 B.O.

[2] Für Ablieferungsverzögerung infolge nicht rechtzeitiger Wagenstellung haftet die Bahn nur, wenn sie bei der verspäteten Wagenstellung ein Verschulden trifft. E.A. 17. 11. 93 (Eger, Entsch. X 246).

Art. 6. (1) Jede internationale Sendung (Artikel 1) muß von einem Frachtbriefe [1 2] begleitet sein, welcher folgende Angaben enthält:

a) Ort und Tag der Ausstellung;
b) die Bezeichnung der Versandstation, sowie der Versandbahn;
c) die Bezeichnung der Bestimmungsstation,[3] den Namen und den Wohnort des Empfängers;
d) die Bezeichnung der Sendung[4] nach ihrem Inhalt, die Angabe des Gewichtes oder statt dessen eine den besonderen Vorschriften der Versandbahn entsprechende Angabe; ferner bei Stückgut die Anzahl, Art der Verpackung, Zeichen und Nummer der Frachtstücke;
e) das Verlangen des Absenders, Spezialtarife unter den in den Artikeln 14 und 35 für zulässig erklärten Bedingungen zur Anwendung zu bringen;
f) die Angabe des deklarirten Interesses an der Lieferung (Artikel 38 und 40);
g) die Angabe, ob das Gut in Eilfracht oder in gewöhnlicher Fracht zu befördern sei;
h) das genaue Verzeichniß der für die zoll- und steueramtliche Behandlung oder polizeiliche Prüfung nöthigen Begleitpapiere;
i) der Frankaturvermerk im Falle der Vorausbezahlung der Fracht oder der Hinterlegung eines Frankaturvorschusses (Artikel 12 Absatz 3);
k) die auf dem Gute haftenden Nachnahmen, und zwar sowohl die erst nach Eingang auszuzahlenden, als auch die von der Eisenbahn geleisteten Baarvorschüsse (Artikel 13);

l) die Angabe des einzuhaltenden Transportweges,[5,6] unter Bezeichnung der Stationen, wo die Zollabfertigung stattfinden soll.

In Ermangelung dieser Angabe hat die Eisenbahn denjenigen Weg zu wählen, welcher ihr für den Absender am zweckmäßigsten scheint. Für die Folgen dieser Wahl haftet die Eisenbahn nur, wenn ihr hierbei ein grobes Verschulden zur Last fällt.

Wenn der Absender den Transportweg angegeben hat, ist die Eisenbahn nur unter den nachstehenden Bedingungen berechtigt, für die Beförderung der Sendung einen andern Weg zu benutzen:

1. daß die Zollabfertigung immer in den vom Absender bezeichneten Stationen stattfindet;
2. daß keine höhere Fracht gefordert wird als diejenige, welche hätte bezahlt werden müssen, wenn die Eisenbahn den im Frachtbriefe bezeichneten Weg benutzt hätte;
3. daß die Lieferfrist der Waare nicht länger ist, als sie gewesen wäre, wenn die Sendung auf dem im Frachtbriefe bezeichneten Wege ausgeführt worden wäre;

m) die Unterschrift des Absenders[7] mit seinem Namen oder seiner Firma, sowie die Angabe seiner Wohnung. Die Unterschrift kann durch eine gedruckte oder gestempelte Zeichnung des Absenders ersetzt werden,[8] wenn die Gesetze oder Reglemente des Versandortes es gestatten.

(2) Die näheren Festsetzungen über die Ausstellung und den Inhalt des Frachtbriefes, insbesondere das zur Anwendung kommende Formular, bleiben den Ausführungs-Bestimmungen[9] vorbehalten.

(3) Die Aufnahme weiterer Erklärungen[10] in den Frachtbrief, die Ausstellung anderer Urkunden anstatt des Frachtbriefes, sowie die Beifügung anderer Schriftstücke zum Frachtbriefe ist unzulässig, sofern dieselben nicht durch dieses Uebereinkommen für statthaft erklärt sind.

(4) Die Eisenbahn kann indeß, wenn es die Gesetze oder Reglemente des Versandortes vorschreiben, vom Absender außer dem Frachtbriefe die Ausstellung einer Urkunde verlangen, welche dazu bestimmt ist, in den Händen der Verwaltung zu bleiben, um ihr als Beweis über den Frachtvertrag zu dienen.

(5) Jede Eisenbahn-Verwaltung ist berechtigt, für den internen Dienst ein Stammheft zu erstellen, welches in der Versandstation bleibt und mit derselben Nummer versehen wird, wie der Frachtbrief und das Duplikat.

[1] Art. 392, 393 HGB., § 51 B.O.

[2] Im internationalen Verkehr kann die Anwendung eines anderen als des internationalen Frachtbriefes durch Reglement nicht vorgeschrieben werden. Art. 4. C.A. 28. 5. 93 (Eger, Entsch. X 186).

[3] Auch im internationalen Frachtbrief kann die Bahn die Angabe der Bestimmungsbahn fordern. C.A. 23. 5. 93 (Eger, Entsch. X 186).

[4] Bei mehreren Wagen kann für jeden ein besonderer Frachtbrief verlangt werden. C.A. 26. 4. 94 (Eger, Entsch. X 288).

[5] Dieser bei Inlandssendungen nur noch bezüglich der Zollstation wählbar. § 51 Abs. 11.

[6] Die Angabe „billigste Route" genügt nicht. C.A. 4. 5. 94 (Eger, Entsch. X 290).

[7] Neben der Unterschrift des absendenden Spediteurs ist die Anführung des Versenders unzulässig. C.A. 10. 3. 93 (Eger, Entsch. X 173).

[8] Firmenaufdruck am Kopfe des Frachtbriefes nicht erlaubt. C.A. wie vorher.

[9] § 2 ebenda.

[10] Jedoch ist die Aufnahme der im § 52 Abs. 5 B.O. erwähnten Bemerkungen (z. B. „von Sendung des N. N."), weil dem Art. 4 nicht widersprechend, gestattet. C.A. 10. 5. 93 (Eger, Entsch. X 185).

Art. 7. (1) Der Absender haftet[1] für die Richtigkeit der in dem Frachtbrief aufgenommenen Angaben und Erklärungen und trägt alle Folgen, welche aus unrichtigen, ungenauen oder ungenügenden Erklärungen entspringen.

(2) Die Eisenbahn ist jederzeit berechtigt, die Uebereinstimmung des Inhalts der Sendungen[2] mit den Angaben des Frachtbriefes zu prüfen. Die Feststellung erfolgt nach Maßgabe der am Orte des Vorgangs bestehenden Gesetze oder Reglemente. Der Berechtigte soll gehörig eingeladen werden, bei der Prüfung zugegen zu sein, vorbehaltlich des Falles, wenn die letztere auf Grund polizeilicher Maßregeln, die der Staat im Interesse der öffentlichen Sicherheit oder der öffentlichen Ordnung zu ergreifen berechtigt ist, stattfindet.

(3) Hinsichtlich des Rechts und der Verpflichtung der Bahnen, das Gewicht oder die Stückzahl des Gutes zu

ermitteln oder zu kontroliren, sind die Gesetze und Reglemente des betreffenden Staates maßgebend.

(4) Bei unrichtiger Angabe des Inhalts einer Sendung, sowie im Falle der Ueberlastung eines dem Absender zur Selbstverladung gestellten Wagens, sofern er die Verwiegung nicht verlangt hat, ist — abgesehen von der Nachzahlung der etwaigen Frachtdifferenz und dem Ersatze des entstandenen Schadens, sowie den durch strafgesetzliche oder polizeiliche Bestimmungen vorgesehenen Strafen — ein Frachtzuschlag an die am Transporte betheiligten Eisenbahnen zu zahlen, dessen Höhe durch die Ausführungs-Bestimmungen[3]) festgesetzt wird.

[1] § 53 B.O.

[2] Auch der Stückgüter, C.A. 26. 4. 94 (Eger, Entsch. X 289), jedoch kann nicht verlangt werden, daß die verschieden tarifirten Güter zur Ermöglichung der Kontrole getrennt verpackt werden. C.A. 9. 1. 94 (Eger, Entsch. X 256).

[3] § 3.

Art. 8. (1) Der Frachtvertrag[1] ist abgeschlossen, sobald das Gut mit dem Frachtbriefe von der Versandstation zur Beförderung angenommen ist. Als Zeichen der Annahme wird dem Frachtbriefe der Datumstempel der Versand-Expedition aufgedrückt.

(2) Die Abstempelung[2] hat ohne Verzug nach vollständiger Auflieferung des in demselben Frachtbriefe verzeichneten Gutes und auf Verlangen des Absenders in dessen Gegenwart zu erfolgen.

(3) Der mit dem Stempel versehene Frachtbrief dient als Beweis über den Frachtvertrag.

(4) Jedoch machen bezüglich derjenigen Güter, deren

Aufladen nach den Tarifen oder nach besonderer Vereinbarung, soweit eine solche in dem Staatsgebiete, wo sie zur Ausführung gelangt, zulässig ist, von dem Absender besorgt wird, die Angaben des Frachtbriefes über das Gewicht und die Anzahl der Stücke gegen die Eisenbahn keinen Beweis, sofern nicht die Nachwiegung beziehungsweise Nachzählung seitens der Eisenbahn erfolgt und dies auf dem Frachtbriefe beurkundet ist.

(5) Die Eisenbahn ist verpflichtet, den Empfang des Frachtgutes, unter Angabe des Datums der Annahme zur Beförderung, auf einem ihr mit dem Frachtbriefe vorzulegenden Duplikate[3] desselben zu bescheinigen.

(6) Dieses Duplikat hat nicht die Bedeutung des Originalfrachtbriefes und ebensowenig diejenige eines Konossements (Ladescheins).

[1] § 54 B.O., Art. 391 HGB.

[2] Die Vereinbarung, daß die Lieferfrist erst später als mit der der Annahme folgenden Mitternacht beginnen solle, ist unstatthaft. C.A. 10. 5. 93 (Eger, Entsch. X 85).

[3] Keine Empfangsbescheinigung. C.A. 7. 2. 94 (Eger, Entsch. X 264).

Art. 9. (1) Soweit die Natur des Frachtgutes zum Schutze gegen Verlust oder Beschädigung auf dem Transporte eine Verpackung[1] nöthig macht, liegt die gehörige Besorgung derselben dem Absender ob.

(2) Ist der Absender dieser Verpflichtung nicht nachgekommen, so ist die Eisenbahn, falls sie nicht die Annahme des Gutes verweigert, berechtigt zu verlangen, daß der Absender auf dem Frachtbriefe das Fehlen oder die Mängel der Verpackung unter spezieller Bezeichnung

anerkennt und der Versandstation hierüber außerdem eine besondere Erklärung nach Maßgabe eines durch die Ausführungs-Bestimmungen[2] festzusetzenden Formulars ausstellt.

(3) Für derartig bescheinigte sowie für solche Mängel der Verpackung, welche äußerlich nicht erkennbar sind, hat der Absender zu haften und jeden daraus entstehenden Schaden zu tragen beziehungsweise der Bahnverwaltung zu ersetzen. Ist die Ausstellung der gedachten Erklärung nicht erfolgt, so haftet der Absender für äußerlich erkennbare Mängel der Verpackung nur, wenn ihm ein arglistiges Verfahren zur Last fällt.

[1] § 58 V.O.
[2] § 4.

Art. 10. (1) Der Absender ist verpflichtet, dem Frachtbriefe diejenigen Begleitpapiere beizugeben, welche zur Erfüllung der etwa bestehenden Zoll-, Steuer- oder Polizeivorschriften[1] vor der Ablieferung an den Empfänger erforderlich sind. Er haftet der Eisenbahn, sofern derselben nicht ein Verschulden zur Last fällt, für alle Folgen, welche aus dem Mangel, der Unzulänglichkeit oder Unrichtigkeit dieser Papiere entstehen.

(2) Der Eisenbahn liegt eine Prüfung der Richtigkeit und Vollständigkeit derselben nicht ob.

(3) Die Zoll-, Steuer- und Polizeivorschriften werden, solange das Gut sich auf dem Wege[2] befindet, von der Eisenbahn erfüllt. Sie kann diese Aufgabe unter ihrer eigenen Verantwortlichkeit einem Kommissionär über-

tragen oder sie selbst übernehmen. In beiden Fällen hat sie die Verpflichtungen eines Kommissionärs.[3]

(4) Der Verfügungsberechtigte kann jedoch der Zollbehandlung entweder selbst oder durch einen im Frachtbriefe bezeichneten Bevollmächtigten beiwohnen, um die nöthigen Aufklärungen über die Tarifirung des Gutes zu ertheilen und seine Bemerkungen beizufügen. Diese dem Verfügungsberechtigten ertheilte Befugniß begründet nicht das Recht,[4] das Gut in Besitz zu nehmen oder die Zollbehandlung selbst vorzunehmen.

(5) Bei der Ankunft des Gutes am Bestimmungsorte steht dem Empfänger das Recht zu, die zoll- und steueramtliche Behandlung zu besorgen, falls nicht im Frachtbriefe etwas anderes[5] festgesetzt ist.

[1] § 59 B.O.

[2] Auch noch am Bestimmungsorte, wenn Empfänger nicht eintreten will. E.A. 21. 3. 93 (Eger, Entsch. X 76).

[3] Art. 367 ff. HGB.

[4] Bei überlassener Selbstverzollung verliert die Bahn das Recht auf die Zollbehandlungsgebühren nicht. E.A. 18. 5. 93 (Eger, Entsch. X 85).

[5] Z. B. Vermerk: „Franko Fracht und Zoll". E.A. 5. 6. 94 (Eger, Entsch. X 382).

Art. **11.** (1) Die Berechnung der Fracht erfolgt nach Maßgabe der zu Recht bestehenden, gehörig veröffentlichten Tarife.[1] Jedes Privat-Uebereinkommen, wodurch einem oder mehreren Absendern eine Preisermäßigung gegenüber den Tarifen gewährt werden soll, ist verboten und nichtig. Dagegen sind Tarifermäßigungen erlaubt, welche gehörig veröffentlicht sind und unter Erfüllung der gleichen Bedingungen jedermann in gleicher Weise zu gute kommen.[2]

(2) Außer den im Tarife angegebenen Frachtsätzen und Vergütungen für besondere im Tarife vorgesehene Leistungen zu Gunsten der Eisenbahnen dürfen nur baare Auslagen erhoben werden — insbesondere Aus-, Ein- und Durchgangsabgaben, nicht in den Tarif aufgenommene Kosten für Ueberführung und Auslagen für Reparaturen an den Gütern, welche in Folge ihrer äußeren oder inneren Beschaffenheit zu ihrer Erhaltung nothwendig werden.

(3) Diese Auslagen sind gehörig festzustellen und in dem Frachtbriefe ersichtlich zu machen, welchem die Beweisstücke beizugeben sind.

[1] §§ 7, 60 B.O., Art. 422 HGB.; andere als in dem betr. Staate gültige Tarife können im internen Verkehr nicht geltend gemacht werden. C.A. 17. 6. 93 (Eger, Entsch. X 51).

[2] Dieselben müssen die Art der Güter, die Transportstrecken und die Ermäßigungssätze genau bezeichnen. C.A. 19. 1. 93 (Eger, Entsch. X 51).

Art. 12. (1) Werden die Frachtgelder[1] nicht bei der Aufgabe des Gutes zur Beförderung berichtigt, so gelten sie als auf den Empfänger[2] angewiesen.

(2) Bei Gütern, welche nach dem Ermessen der annehmenden Bahn schnellem Verderben unterliegen oder wegen ihres geringen Werthes die Fracht nicht sicher decken, kann die Vorausbezahlung der Frachtgelder gefordert werden.

(3) Wenn im Falle der Frankirung der Betrag der Gesammtfracht beim Versand nicht genau bestimmt wer-

den kann, so kann die Versandbahn die Hinterlegung des ungefähren Frachtbetrages fordern.

(4) Wurde der Tarif unrichtig angewendet oder sind Rechnungsfehler bei der Festsetzung der Frachtgelder und Gebühren vorgekommen, so ist das zu wenig Geforderte nachzuzahlen, das zu viel Erhobene zu erstatten.

Ein derartiger Anspruch kann nur binnen Jahresfrist vom Tage der Zahlung an geltend gemacht werden. Die Bestimmungen des Artikels 45 Absatz 3 finden Anwendung auf die im gegenwärtigen Artikel erwähnten Forderungen, mögen diese von der Eisenbahn oder gegen dieselbe erhoben werden. Die Bestimmung des Artikels 44 erster Absatz findet keine Anwendung.

[1] § 61 B.O.

[2] Weigert dieser die Zahlung, so hat die Bahn das ihr zustehende Retentionsrecht geltend zu machen. Vergl. Art. 13, 21. C.A. 29. 4. 93 (Eger, Entsch. X 184).

Art. 13. (1) Dem Absender ist gestattet, das Gut bis zur Höhe des Werthes desselben mit Nachnahme zu belasten. Diese Nachnahme darf jedoch den in den Ausführungs-Bestimmungen[1] festgesetzten Höchstbetrag nur insoweit übersteigen, als sämmtliche am Transporte betheiligte Bahnen einverstanden sind. Diejenigen Güter, für welche Vorausbezahlung der Fracht verlangt werden kann (Artikel 12 Absatz 2), dürfen nicht mit Nachnahme belastet werden.[2]

(2) Für die aufgegebene Nachnahme wird die tarifmäßige Provision berechnet.

(3) Die Eisenbahn ist nicht verpflichtet, dem Absender

die Nachnahme eher auszuzahlen, als bis der Betrag derselben vom Empfänger bezahlt ist. Dies findet auch Anwendung auf Auslagen, welche vor der Aufgabe für das Frachtgut gemacht worden sind.

(4) Ist das Gut ohne Einziehung der Nachnahme abgeliefert worden, so haftet die Eisenbahn für den Schaden bis zum Betrage der Nachnahme und hat denselben dem Absender sofort zu ersetzen, vorbehaltlich ihres Rückgriffs gegen den Empfänger.

[1] § 5; Höchstbetrag ist 2000 Franken für jeden Frachtbrief.
[2] § 62 B.O.

Art. 14. (1) Die Ausführungs-Bestimmungen[1] werden die allgemeinen Vorschriften, betreffend die Maximallieferfristen, die Berechnung, den Beginn,[2] die Unterbrechung und das Ende der Lieferfristen feststellen.

(2) Wenn nach den Gesetzen und Reglementen eines der Vertragsstaaten Spezialtarife zu reduzirten Preisen und mit verlängerten Lieferfristen gestattet sind, so können die Eisenbahnen dieses Staates diese Tarife mit verlängerten Fristen auch im internationalen Verkehr anwenden.

(3) Im Uebrigen richten sich die Lieferfristen nach den Bestimmungen der im einzelnen Falle zur Anwendung kommenden Tarife.

[1] § 6; vergl. § 63 B.O.
[2] Vertragsmäßige Hinausschiebung des Anfangszeitpunktes der Lieferfrist unstatthaft. Art. 4. C.A. 10. 5. 93 (Eger, Entsch. X 85).

Art. 15. (1) Der Absender allein hat das Recht,[1] die Verfügung zu treffen, daß die Waare auf der Versandstation zurückgegeben, unterwegs angehalten oder an einen anderen als den im Frachtbriefe bezeichneten Empfänger am Bestimmungsorte oder einer Zwischenstation abgeliefert werde.[2]

(2) Dieses Recht steht indeß dem Absender nur dann zu, wenn er das Duplikat des Frachtbriefes vorweist. Hat die Eisenbahn die Anweisungen des Absenders befolgt, ohne die Vorzeigung des Duplikatfrachtbriefes zu verlangen, so ist sie für den daraus entstandenen Schaden dem Empfänger, welchem der Absender dieses Duplikat übergeben hat, haftbar.

(3) Derartige Verfügungen des Absenders ist die Eisenbahn zu beachten nur verpflichtet, wenn sie ihr durch Vermittelung der Versandstation zugekommen sind.

(4) Das Verfügungsrecht des Absenders erlischt, auch wenn er das Frachtbriefduplikat besitzt, sobald nach Ankunft des Gutes am Bestimmungsorte der Frachtbrief dem Empfänger übergeben oder die von dem letzteren nach Maßgabe des Artikels 16 erhobene Klage der Eisenbahn zugestellt worden ist. Ist dies geschehen, so hat die Eisenbahn nur die Anweisungen des bezeichneten Empfängers[3] zu beachten, widrigenfalls sie demselben für das Gut haftbar wird.

(5) Die Eisenbahn darf die Ausführung der im Absatz 1 vorgesehenen Anweisungen nur dann verweigern oder verzögern, oder solche Anweisungen in veränderter Weise ausführen, wenn durch die Befolgung derselben der regelmäßige Transportverkehr gestört würde.

(6) Die im ersten Absatz dieses Artikels vorgesehenen Verfügungen müssen mittelst schriftlicher und vom Ab-

sender unterzeichneter Erklärung nach dem in den Ausführungs-Bestimmungen[4] vorgeschriebenen Formular erfolgen. Die Erklärung ist auf dem Frachtbriefduplikat zu wiederholen, welches gleichzeitig der Eisenbahn vorzulegen und von dieser dem Absender zurückzugeben ist.

(7) Jede in anderer Form gegebene Verfügung des Absenders ist nichtig.

(8) Die Eisenbahn kann den Ersatz der Kosten verlangen, welche durch die Ausführung der im Absatz 1 vorgesehenen Verfügungen entstanden sind, insoweit diese Verfügungen nicht durch ihr eigenes Verschulden veranlaßt worden sind.

[1] Art. 402 HGB., § 64 B.O.

[2] Weitere Ausdehnung dieses Verfügungsrechts unzulässig. C.A. 7. 4. 93 (Eger, Entsch. X 78).

[3] Die Ablieferung des Gutes kann nicht von Vorzeigung des Frachtbriefduplikats abhängig gemacht werden. C.A. 28. 2. 93 (Eger, Entsch. X 66).

[4] § 7.

Art. 16. (1) Die Eisenbahn ist verpflichtet,[1] am Bestimmungsorte dem bezeichneten Empfänger gegen Bezahlung der im Frachtbriefe ersichtlich gemachten Beträge und gegen Bescheinigung des Empfanges den Frachtbrief und das Gut auszuhändigen.[2 3]

(2) Der Empfänger ist nach Ankunft des Gutes am Bestimmungsorte berechtigt, die durch den Frachtvertrag begründeten Rechte gegen Erfüllung der sich daraus ergebenden Verpflichtungen in eigenem Namen gegen die Eisenbahn geltend zu machen, sei es, daß er hierbei in eigenem oder in fremdem Interesse handle. Er ist ins-

besondere berechtigt, von der Eisenbahn die Uebergabe des Frachtbriefes und die Auslieferung des Gutes zu verlangen. Dieses Recht erlischt, wenn der im Besitze des Duplikats befindliche Absender der Eisenbahn eine nach Maßgabe des Artikels 15 entgegenstehende Verfügung ertheilt hat.

(3) Als Ort der Ablieferung gilt die vom Absender bezeichnete Bestimmungsstation.

[1] Art. 403—405 HGB., § 66 B.O.

[2] Vergl. Anm. 3 zu Art. 15.

[3] Bei Nachnahme nur gegen Bezahlung derselben, sonst haftet die Bahn. Art. 13 Abs. 4.

Art. 17. Durch Annahme[1] des Gutes und des Frachtbriefes wird der Empfänger verpflichtet, der Eisenbahn die im Frachtbriefe ersichtlich gemachten Beträge[2] zu bezahlen.

[1] Art. 406 HGB., § 67 B.O.

[2] Unbeschadet der Irrthümer, vergl. Art. 12 Abs. 2.

Art. 18. (1) Wird der Antritt[1] oder die Fortsetzung des Eisenbahntransportes durch höhere Gewalt[2] oder Zufall verhindert und kann der Transport auf einem anderen Wege nicht stattfinden, so hat die Eisenbahn den Absender um anderweitige Disposition über das Gut anzugehen.

(2) Der Absender kann vom Vertrage zurücktreten, muß aber die Eisenbahn, sofern derselben kein Verschulden zur Last fällt, für die Kosten zur Vorbereitung des Transportes, die Kosten der Wiederausladung und die Ansprüche in Beziehung auf den etwa bereits zurückgelegten Transportweg entschädigen.

(3) Wenn im Falle einer Betriebsstörung die Fortsetzung des Transportes auf einem andern Wege stattfinden kann, ist die Entscheidung der Eisenbahn überlassen, ob es dem Interesse des Absenders entspricht, den Transport auf einem anderen Wege dem Bestimmungsorte zuzuführen, oder den Transport anzuhalten und den Absender um anderweitige Anweisung anzugehen.

(4) Befindet sich der Absender nicht im Besitze des Frachtbriefduplikats, so dürfen die in diesem Artikel vorgesehenen Anweisungen weder die Person des Empfängers, noch den Bestimmungsort abändern.

[1] Art. 394 HGB., § 65 B.O.

[2] Thatfrage; Voraussetzung: Unabwendbarkeit trotz Aufbietung der nach Lage des Falles gebotenen Sorgfalt.

Art. 19. Das Verfahren bei Ablieferung[1] der Güter, sowie die etwaige Verpflichtung der Eisenbahn, das Gut einem nicht an der Bestimmungsstation wohnhaften Empfänger zuzuführen, richtet sich nach den für die abliefernde Bahn geltenden gesetzlichen und reglementarischen Bestimmungen.

[1] § 68 B.O. nebst Anm.

Art. 20. Die Empfangsbahn hat bei der Ablieferung alle durch den Frachtvertrag begründeten Forderungen, insbesondere Fracht und Nebengebühren, Zollgelder und andere zum Zweck der Ausführung des Transportes gehabte Auslagen, sowie die auf dem Gute haftenden Nachnahmen und sonstigen Beträge einzuziehen[1], und zwar sowohl für eigene Rechnung, als auch für

Rechnung der vorhergehenden Eisenbahnen und sonstiger Berechtigter.

[1] Bei Nichtbeachtung Haftbarkeit der Bahn. Art. 23 Abs. 2.

Art. 21. Die Eisenbahn hat für alle im Artikel 20 bezeichneten Forderungen die Rechte eines Faustpfandgläubigers[1] an dem Gute. Dieses Pfandrecht besteht, solange das Gut in der Verwahrung der Eisenbahn oder eines Dritten sich befindet, welcher es für sie[2] inne hat.

[1] Art. 409 HGB.

[2] Nicht Zollverwaltung, diese besitzt es für Empfänger. OLG. Dresden 18. 7. 90 (Eger, Entsch. VIII 43).

Art. 22. Die Wirkungen des Pfandrechtes bestimmen sich nach dem Rechte des Landes, wo die Ablieferung erfolgt.

Art. 23. (1) Jede Eisenbahn ist verpflichtet, nachdem sie bei der Aufgabe oder der Ablieferung des Gutes die Fracht und die anderen aus dem Frachtvertrage herrührenden Forderungen eingezogen hat, den betheiligten Bahnen den ihnen gebührenden Antheil an der Fracht und den erwähnten Forderungen zu bezahlen.

(2) Die Ablieferungsbahn ist für die Bezahlung der obigen Beträge verantwortlich, wenn sie das Gut ohne Einziehung der darauf haftenden Forderungen abliefert.[1] Der Anspruch gegen den Empfänger des Gutes bleibt ihr jedoch vorbehalten.

(3) Die Uebergabe des Gutes von einer Eisenbahn an die nächstfolgende begründet für die erstere das Recht, die letztere im Konto-Korrent sofort mit dem Betrage der Fracht und der sonstigen Forderungen, soweit dieselben

zur Zeit der Uebergabe des Gutes aus dem Frachtbriefe sich ergeben, zu belasten, vorbehaltlich der endgültigen Abrechnung nach Maßgabe des ersten Absatzes dieses Artikels.

(4) Aus dem internationalen Transporte herrührende Forderungen der Eisenbahnen unter einander können, wenn die schuldnerische Eisenbahn einem anderen Staate angehört als die forderungsberechtigte Eisenbahn, nicht mit Arrest belegt oder gepfändet werden, außer in dem Falle, wenn der Arrest oder die Pfändung auf Grund einer Entscheidung der Gerichte des Staates erfolgt, dem die forderungsberechtigte Eisenbahn angehört.

(5) In gleicher Weise kann das rollende Material der Eisenbahnen mit Einschluß sämmtlicher beweglicher, der betreffenden Eisenbahn gehörigen Gegenstände, welche sich in diesem Material vorfinden, in dem Gebiete eines anderen Staates als desjenigen, welchem die betreffende Eisenbahn angehört, weder mit Arrest belegt noch gepfändet[2] werden, außer in dem Falle, wenn der Arrest[3] oder die Pfändung auf Grund einer Entscheidung der Gerichte des Staates erfolgt, dem die betreffende Eisenbahn angehört.

[1] Vergl. Art. 409, 429 HGB., § 74 V.O.

[2] Das internationale Uebereinkommen berührt frühere Pfändungen nicht. OLG. Breslau 19. 4. 94 (Eger, Entsch. X 285).

[3] Vergl. Gesetz vom 3. Mai 1886 (siehe unten).

Art. **24.** (1) Bei Ablieferungshindernissen[1] hat die Ablieferungsstation den Absender durch Vermittelung der Versandstation von der Ursache des Hindernisses unverzüglich in Kenntniß zu setzen.[2] Sie darf in keinem Falle ohne ausdrückliches Einverständniß des Absenders das Gut zurücksenden.

(2) Im Uebrigen richtet sich — unbeschadet der Bestimmungen des folgenden Artikels — das Verfahren bei Ablieferungshindernissen nach den für die abliefernde Bahn geltenden gesetzlichen und reglementarischen Bestimmungen.

[1] § 70 B.O.

[2] Bei Empfangsverzögerung haftet die Bahn als Verwahrer nur noch für Vorsätzlichkeit und grobe Fahrlässigkeit. Art. 395 HGB. OLG. Dresden 4. 4. 88 (Eger, Entsch. VI 377). Auch bei Abnahmeverzögerung ist dem nachträglichen Auslieferungsbegehren des Empfängers ohne vorherige Anfrage des Absenders stattzugeben. C.A. 28. 12. 93 (Eger, Entsch. X 254).

Art. 25. In allen Verlust-, Minderungs- und Beschädigungsfällen haben die Eisenbahnverwaltungen sofort eine eingehende Untersuchung[1] vorzunehmen, das Ergebniß derselben schriftlich festzustellen und dasselbe den Betheiligten auf ihr Verlangen, unter allen Umständen aber der Versandstation mitzutheilen.

Wird insbesondere eine Minderung oder Beschädigung des Gutes von der Eisenbahn entdeckt oder vermuthet, oder seitens des Verfügungsberechtigten behauptet, so hat die Eisenbahn den Zustand des Gutes, den Betrag des Schadens und, soweit dies möglich, die Ursache und den Zeitpunkt der Minderung oder Beschädigung ohne Verzug protokollarisch festzustellen. Eine protokollarische Feststellung hat auch im Falle des Verlustes stattzufinden.

Die Feststellung richtet sich nach den Gesetzen und Reglementen des Landes, wo dieselbe stattfindet.

Außerdem steht jedem der Betheiligten das Recht zu, die gerichtliche Feststellung des Zustandes des Gutes zu beantragen.

[1] Vergl. § 71 B.O.

Art. 26. Zur gerichtlichen Geltendmachung der aus dem internationalen Eisenbahnfrachtvertrage gegenüber der Eisenbahn entspringenden Rechte ist nur derjenige befugt, welchem das Verfügungsrecht über das Frachtgut zusteht.

Vermag der Absender das Duplikat des Frachtbriefes nicht vorzuzeigen, so kann er seinen Anspruch nur mit Zustimmung des Empfängers geltend machen.

Art. 27. Diejenige Bahn, welche das Gut mit dem Frachtbriefe zur Beförderung angenommen hat, haftet für die Ausführung des Transportes auch auf den folgenden Bahnen der Beförderungsstrecke bis zur Ablieferung.

Jede nachfolgende Bahn tritt dadurch, daß sie das Gut mit dem ursprünglichen Frachtbriefe übernimmt, nach Maßgabe des letzteren in den Frachtvertrag ein und übernimmt die selbständige Verpflichtung, den Transport nach Inhalt des Frachtbriefes auszuführen.

Die Ansprüche aus dem internationalen Frachtvertrage können jedoch — unbeschadet des Rückgriffs der Bahnen gegen einander — im Wege der Klage nur gegen die erste Bahn oder gegen diejenige, welche das Gut zuletzt mit dem Frachtbriefe übernommen hat, oder gegen diejenige Bahn gerichtet werden, auf deren Betriebsstrecke der Schaden sich ereignet hat. Unter den bezeichneten Bahnen steht dem Kläger die Wahl zu.

Die Klage kann nur vor einem Gerichte des Staates anhängig gemacht werden, in welchem die beklagte Bahn ihren Wohnsitz hat und welches nach den Gesetzen dieses Landes zuständig ist.

Das Wahlrecht unter den im dritten Absatz erwähnten Bahnen erlischt mit der Erhebung der Klage.[1]

[1] Vergl. § 74 nebst Anm. V.O., Art. 429 HGB.

Art. 28. Im Wege der Widerklage oder der Einrede können Ansprüche aus dem internationalen Frachtvertrage auch gegen eine andere als die im Artikel 27 Absatz 3 bezeichneten Bahnen geltend gemacht werden, wenn die Klage sich auf denselben Frachtvertrag gründet.

Art. 29. Die Eisenbahn haftet[1] für ihre Leute und für andere Personen, deren sie sich bei Ausführung des von ihr übernommenen Transportes bedient.

[1] Art. 400 HGB., § 9 V.O.

Art. 30. Die Eisenbahn haftet[1] nach Maßgabe der in den folgenden Artikeln enthaltenen näheren Bestimmungen für den Schaden, welcher durch Verlust, Minderung oder Beschädigung des Gutes seit der Annahme zur Beförderung bis zur Ablieferung entstanden ist, sofern sie nicht zu beweisen vermag, daß der Schaden durch ein Verschulden des Verfügungsberechtigten oder eine nicht von der Eisenbahn verschuldete Anweisung desselben, durch die natürliche Beschaffenheit des Gutes (namentlich durch inneren Verderb, Schwinden, gewöhnliche Leckage) oder durch höhere Gewalt herbeigeführt worden ist.

Ist auf dem Frachtbriefe als Ort der Ablieferung ein nicht an der Eisenbahn liegender Ort bezeichnet, so besteht die Haftpflicht der Eisenbahn auf Grund dieses Uebereinkommens nur für den Transport bis zur Empfangsstation. Für die Weiterbeförderung finden die Bestimmungen des Artikels 19 Anwendung.

[1] Art. 395, 426 HGB., § 75 B.O.

Art. 31. Die Eisenbahn haftet nicht:[1]

1. in Ansehung der Güter, welche nach der Bestimmung des Tarifes oder nach Vereinbarung mit dem Absender in offen gebauten Wagen transportirt werden,

   für den Schaden, welcher aus der mit dieser Transportart verbundenen Gefahr entstanden ist;

2. in Ansehung der Güter, welche, obgleich ihre Natur eine Verpackung zum Schutze gegen Verlust, Minderung oder Beschädigung auf dem Transporte erfordert, nach Erklärung des Absenders auf dem Frachtbriefe (Artikel 9) unverpackt oder mit mangelhafter Verpackung aufgegeben sind,

   für den Schaden, welcher aus der mit dem Mangel oder mit der mangelhaften Beschaffenheit der Verpackung verbundenen Gefahr entstanden ist;

3. in Ansehung derjenigen Güter, deren Auf- und Abladen nach Bestimmung des Tarifes oder nach besonderer Vereinbarung mit dem Absender, soweit eine solche in dem Staatsgebiete, wo sie zur

Ausführung gelangt, zulässig ist, von dem Absender, beziehungsweise dem Empfänger besorgt wird,

für den Schaden, welcher aus der mit dem Auf- und Abladen oder mit mangelhafter Verladung verbundenen Gefahr entstanden ist;

4. in Ansehung der Güter, welche vermöge ihrer eigenthümlichen natürlichen Beschaffenheit der besonderen Gefahr ausgesetzt sind, Verlust, Minderung oder Beschädigung, namentlich Bruch, Rost, inneren Verderb, außergewöhnliche Leckage, Austrocknung und Verstreuung zu erleiden,

für den Schaden, welcher aus dieser Gefahr entstanden ist;

5. in Ansehung lebender Thiere,

für den Schaden, welcher aus der mit der Beförderung dieser Thiere für dieselben verbundenen besonderen Gefahr entstanden ist;

6. in Ansehung derjenigen Güter, einschließlich der Thiere, welchen nach der Bestimmung des Tarifes oder nach besonderer Vereinbarung mit dem Absender ein Begleiter beizugeben ist,

für den Schaden, welcher aus der Gefahr entstanden ist, deren Abwendung durch die Begleitung bezweckt wird.

Wenn ein eingetretener Schaden nach den Umständen des Falles aus einer der in diesem Artikel bezeichneten Gefahren entstehen konnte, so wird bis zum Nachweise des Gegentheils vermuthet, daß der Schaden aus der betreffenden Gefahr wirklich entstanden ist.

[1] Art. 424 HGB., § 77 B.O. nebst Anm.

Art. 32. In Ansehung derjenigen Güter,[1] welche nach ihrer natürlichen Beschaffenheit bei dem Transporte regelmäßig einen Verlust an Gewicht erleiden, ist die Haftpflicht der Eisenbahn für Gewichtsverluste bis zu dem aus den Ausführungs-Bestimmungen sich ergebenden Normalsatze ausgeschlossen.

Dieser Satz wird, im Falle mehrere Stücke auf einen und denselben Frachtbrief befördert worden sind, für jedes Stück besonders berechnet, wenn das Gewicht der einzelnen Stücke im Frachtbriefe verzeichnet oder sonst erweislich ist.

Diese Beschränkung der Haftpflicht tritt nicht ein, insoweit nachgewiesen wird, daß der Verlust nach den Umständen des Falles nicht in Folge der natürlichen Beschaffenheit des Gutes entstanden ist, oder daß der angenommene Prozentsatz dieser Beschaffenheit oder den sonstigen Umständen des Falles nicht entspricht.

Bei gänzlichem Verlust des Gutes findet ein Abzug für Gewichtsverlust nicht statt.

[1] Art. 426 HGB., § 78 B.O.

Art. 33. Der zur Klage Berechtigte kann das Gut ohne weiteren Nachweis als in Verlust gerathen betrachten,[1] wenn sich dessen Ablieferung um mehr als dreißig Tage nach Ablauf der Lieferfrist (Artikel 14) verzögert.

[1] § 79 B.O.

Art. 34. Wenn auf Grund der vorhergehenden Artikel von der Eisenbahn für gänzlichen oder theilweisen Verlust des Gutes Ersatz geleistet werden muß, so ist der gemeine Handelswerth, in dessen Ermangelung der gemeine Werth, zu ersetzen, welchen Gut derselben Art und Beschaffenheit am Versandorte zu der Zeit hatte, zu welcher das Gut zur Beförderung angenommen worden ist.[1] Dazu kommt die Erstattung dessen, was an Zöllen und sonstigen Kosten, sowie an Fracht etwa bereits bezahlt worden ist.

[1] Art. 396 HGB., § 80 B.O. Werthdeklaration nicht nöthig, es genügt die Deklaration des den gemeinen Handelswerth übersteigenden Mehrwerthes. C.A. 5. 2. 94 (Eger, Entsch. X 57).

Art. 35. Es ist den Eisenbahnen gestattet,[1] besondere Bedingungen (Spezialtarife)[2] mit Festsetzung eines im Falle des Verlustes, der Minderung oder Beschädigung zu ersetzenden Maximalbetrages zu veröffentlichen, sofern diese Spezialtarife eine Preisermäßigung für den ganzen Transport gegenüber den gewöhnlichen Tarifen jeder Eisenbahn[3] enthalten und der gleiche Maximalbetrag auf die ganze Transportstrecke Anwendung findet.[4]

[1] § 81 B.O.

[2] Spezialtarif setzt allgemeine Beschränkung der Haftpflicht verbunden mit allgemeiner Herabsetzung gegen die gewöhnlichen Tarife voraus. C.A. 20. 8. 93 (Eger, Entsch. X 76).

[3] Voraussetzung, daß alle an dem Transporte betheiligten Bahnen an der Ermäßigung theilnehmen. C.A. 31. 5. 93 (Eger, Entsch. X 90).

[4] Bei Anwendung von Spezialtarifen ist die Deklaration des Lieferungsinteresses nicht gestattet. C.A. 25. 9. 93 (Eger, Entsch. X 169).

Art. 36. Der Entschädigungsberechtigte[1] kann, wenn er die Entschädigung für das in Verlust gerathene Gut in Empfang nimmt, in der Quittung den Vorbehalt machen, daß er für den Fall, als das Gut binnen vier Monaten nach Ablauf der Lieferfrist wieder aufgefunden wird, hiervon seitens der Eisenbahnverwaltung sofort benachrichtigt werde.

In diesem Falle kann der Entschädigungsberechtigte innerhalb 30 Tagen nach erhaltener Nachricht verlangen, daß ihm das Gut nach seiner Wahl an den Versand- oder an den im Frachtbriefe angegebenen Bestimmungsort kostenfrei gegen Rückerstattung der ihm bezahlten Entschädigung ausgeliefert werde.

Wenn der im ersten Absatz erwähnte Vorbehalt nicht gemacht worden ist, oder wenn der Entschädigungsberechtigte in der im zweiten Absatz bezeichneten dreißigtägigen Frist das dort vorgesehene Begehren nicht gestellt hat, oder endlich, wenn das Gut erst nach vier Monaten nach Ablauf der Lieferfrist wieder aufgefunden wird, so kann die Eisenbahn nach den Gesetzen ihres Landes über das wieder aufgefundene Gut verfügen.

[1] § 82 B.O.

Art. 37. Im Falle der Beschädigung[1] hat die Eisenbahn den ganzen Betrag des Minderwerthes des Gutes zu bezahlen. Im Falle die Beförderung nach einem Spezialtarife im Sinne des Artikels 35 stattgefunden hat, wird der zu bezahlende Schadensbetrag verhältnißmäßig reduzirt.

[1] § 83 B.O., Art. 427 HGB.

Art. 38. Hat eine Deklaration des Interesses [1] an der Lieferung [2] stattgefunden, [3] so kann dem Berechtigten im Falle des Verlustes, der Minderung oder der Beschädigung, außer der durch den Artikel 34 und beziehungsweise durch den Artikel 37 festgesetzten Entschädigung noch ein weiterer Schadensersatz bis zur Höhe des in der Deklaration festgesetzten Betrages zugesprochen werden. Das Vorhandensein und die Höhe dieses weiteren Schadens hat der Berechtigte zu erweisen.

Die Ausführungs-Bestimmungen setzen den Höchstbetrag des Frachtzuschlages fest, welchen der Absender im Falle einer Deklaration des Interesses an der Lieferung zu zahlen hat.

[1] § 84 B.O.

[2] Vergl. Anm. 4 zu Art. 37.

[3] Interessedeklaration unabhängig von der früheren Werthdeklaration. E.A. 30. 1. 94 (Eger, Entsch. X 356).

Art. 39. Die Eisenbahn haftet [1] für den Schaden, welcher durch Versäumung der Lieferfrist (Artikel 14) entstanden ist, sofern sie nicht beweist, daß die Verspätung von einem Ereignisse herrührt, welches sie weder herbeigeführt hat, noch abzuwenden vermochte. [2]

[1] § 83 B.O.

[2] Vergl. Anm. 2 zu Art. 5.

Art. 40. Im Falle der Versäumung der Lieferfrist können ohne Nachweis eines Schadens folgende Vergütungen beansprucht werden:

bei einer Verspätung bis einschließlich $^1/_{10}$ der Lieferfrist: $^1/_{10}$ der Fracht;

bei einer Verspätung bis einschließlich $^2/_{10}$ der Lieferfrist: $^2/_{10}$ der Fracht;

bei einer Verspätung bis einschließlich $^3/_{10}$ der Lieferfrist: $^3/_{10}$ der Fracht;

bei einer Verspätung bis einschließlich $^4/_{10}$ der Lieferfrist: $^4/_{10}$ der Fracht;

bei einer Verspätung von längerer Dauer: $^5/_{10}$ der Fracht.

Wird der Nachweis eines Schadens erbracht, so kann der Betrag bis zur Höhe der ganzen Fracht beansprucht werden.

Hat eine Deklaration des Interesses stattgefunden, so können ohne Nachweis eines Schadens folgende Vergütungen beansprucht werden:

bei einer Verspätung bis einschließlich $^1/_{10}$ der Lieferfrist: $^2/_{10}$ der Fracht;

bei einer Verspätung bis einschließlich $^2/_{10}$ der Lieferfrist: $^4/_{10}$ der Fracht;

bei einer Verspätung bis einschließlich $^3/_{10}$ der Lieferfrist: $^6/_{10}$ der Fracht;

bei einer Verspätung bis einschließlich $^4/_{10}$ der Lieferfrist: $^8/_{10}$ der Fracht;

bei einer Verspätung von längerer Dauer: die ganze Fracht.

Wird der Nachweis eines Schadens erbracht, so kann der Betrag des Schadens beansprucht werden. In beiden Fällen darf die Vergütung den deklarirten Betrag des Interesses nicht übersteigen.[1]

[1] § 87 B.O.

Art. 41. Die Vergütung des vollen Schadens kann in allen Fällen gefordert werden, wenn derselbe in Folge der Arglist oder der groben Fahrlässigkeit der Eisenbahn entstanden ist.[1]

[1] § 88 B.O.

Art. 42. Der Forderungsberechtigte kann sechs Prozent Zinsen der als Entschädigung festgesetzten Summe verlangen. Diese Zinsen laufen von dem Tage, an welchem das Entschädigungsbegehren gestellt wird.[1]

[1] Art. 287 HGB.

Art. 43. Wenn Gegenstände, welche vom Transporte ausgeschlossen oder zu demselben nur bedingungsweise zugelassen sind, unter unrichtiger oder ungenauer Deklaration zur Beförderung aufgegeben, oder wenn die für dieselben vorgesehenen Sicherheitsvorschriften vom Absender außer Acht gelassen werden, so ist jede Haftpflicht der Eisenbahn auf Grund des Frachtvertrages ausgeschlossen.[1]

[1] Vergl. Anm. zu § 89 B.O.

Art. 44. Ist die Fracht nebst den sonst auf dem Gute haftenden Forderungen bezahlt und das Gut angenommen, so sind alle Ansprüche gegen die Eisenbahn aus dem Frachtvertrage erloschen.[1]

Hiervon sind jedoch ausgenommen:[2]

1. Entschädigungsansprüche, bei welchen der Berechtigte nachweisen kann, daß der Schaden durch Arglist oder grobe Fahrlässigkeit der Eisenbahn herbeigeführt worden ist;

2. Entschädigungsansprüche wegen Verspätung, wenn die Reklamation spätestens am siebenten Tage, den Tag der Annahme nicht mitgerechnet, bei einer der nach Artikel 27 Absatz 3 in Anspruch zu nehmenden Eisenbahnen angebracht wird;
3. Entschädigungsansprüche wegen solcher Mängel, deren Feststellung gemäß Artikel 25 vor der Annahme des Gutes durch den Empfänger erfolgt ist, oder deren Feststellung nach Artikel 25 hätte erfolgen sollen und durch Verschulden der Eisenbahn unterblieben ist;
4. Entschädigungsansprüche wegen äußerlich nicht erkennbarer Mängel, deren Feststellung nach der Annahme erfolgt ist, jedoch nur unter nachstehenden Voraussetzungen:
   a. es muß unmittelbar nach der Entdeckung des Schadens und spätestens sieben Tage nach der Empfangnahme des Gutes der Antrag auf Feststellung gemäß Artikel 25 bei der Eisenbahn oder dem zuständigen Gerichte angebracht werden;
   b. der Berechtigte muß beweisen, daß der Mangel während der Zeit zwischen der Annahme zur Beförderung und der Ablieferung entstanden ist.

War indessen die Feststellung des Zustandes des Gutes durch den Empfänger auf der Empfangsstation möglich und hat die Eisenbahn sich bereit erklärt, dieselbe dort vorzunehmen, so findet die Bestimmung unter Nr. 4 keine Anwendung.

Es steht dem Empfänger frei, die Annahme des Gutes, auch nach Annahme des Frachtbriefes und Bezahlung der Fracht, insolange zu verweigern, als nicht seinem Antrage auf Feststellung der von ihm behaupteten Mängel stattgegeben ist. Vorbehalte bei der Annahme des Gutes sind wirkungslos, sofern sie nicht unter Zustimmung der Eisenbahn erfolgt sind.

Wenn von mehreren auf dem Frachtbriefe verzeichneten Gegenständen einzelne bei der Ablieferung fehlen, so kann der Empfänger in der Empfangsbescheinigung (Artikel 16) die nicht abgelieferten Gegenstände unter spezieller Bezeichnung derselben ausschließen.

Alle in diesem Artikel erwähnten Entschädigungsansprüche müssen schriftlich erhoben werden.

[1] Vergl. Art. 12 Schlußsatz.

[2] §§ 90, 69 B.O., Art. 408 HGB.

Art. 45. Entschädigungsforderungen wegen Verlustes, Minderung, Beschädigung oder Verspätung, insofern sie nicht durch Anerkenntniß der Eisenbahn, Vergleich oder gerichtliches Urtheil festgestellt sind, verjähren in einem Jahre[1] und im Falle des Artikels 44 Nr. 1 in drei Jahren.

Die Verjährung beginnt im Falle der Beschädigung oder Minderung an dem Tage, an welchem die Ablieferung stattgefunden hat, im Falle des gänzlichen Verlustes eines Frachtstückes oder der Verspätung an dem Tage, an welchem die Lieferfrist abgelaufen ist.

Bezüglich der Unterbrechung der Verjährung entscheiden die Gesetze des Landes, wo die Klage angestellt ist.

[1] § 81 B.O., Art. 386, 408 HGB.

Art. 46. Ansprüche, welche nach den Bestimmungen der Artikel 44 und 45 erloschen oder verjährt sind, können auch nicht im Wege einer Widerklage oder einer Einrede geltend gemacht werden.

Art. 47. Derjenigen Eisenbahn, welche auf Grund der Bestimmungen dieses Uebereinkommens Entschädigung geleistet hat, steht der Rückgriff gegen die am Transporte betheiligten Bahnen nach Maßgabe folgender Bestimmungen zu:

1. Diejenige Eisenbahn, welche den Schaden allein verschuldet hat, haftet für denselben ausschließlich.
2. Haben mehrere Bahnen den Schaden verschuldet, so haftet jede Bahn für den von ihr verschuldeten Schaden. Ist eine solche Unterscheidung nach den Umständen des Falles nicht möglich, so werden die Antheile der schuldtragenden Bahnen am Schadensersatze nach den Grundsätzen der folgenden Nr. 3 festgesetzt.
3. Ist ein Verschulden einer oder mehrerer Bahnen als Ursache des Schadens nicht nachweisbar, so haften die sämmtlichen am Transporte betheiligten Bahnen mit Ausnahme derjenigen, welche beweisen, daß der Schaden auf ihrer Strecke nicht entstanden ist, nach Verhältniß der reinen Fracht,

welche jede derselben nach dem Tarife im Falle der ordnungsmäßigen Ausführung des Transportes bezogen hätte.

Im Falle der Zahlungsunfähigkeit einer der in diesem Artikel bezeichneten Eisenbahnen wird der Schaden, der hieraus für die Eisenbahn entsteht, welche den Schadensersatz geleistet hat, unter alle Eisenbahnen, welche an dem Transporte theilgenommen haben, nach Verhältnis der reinen Fracht vertheilt.

Art. 48. Die Vorschriften des Artikels 47 finden auch auf die Fälle der Versäumung der Lieferfrist Anwendung. Für Versäumung der Lieferfrist haften mehrere schuldtragende Verwaltungen nach Verhältniß der Zeitdauer der auf ihren Bahnstrecken vorgekommenen Versäumniß.

Die Vertheilung der Lieferfrist unter den einzelnen an einem Transporte betheiligten Eisenbahnen richtet sich, in Ermangelung anderweitiger Vereinbarungen, nach den durch die Ausführungs-Bestimmungen festgesetzten Normen.

Art. 49. Eine Solidarhaft mehrerer am Transporte betheiligter Bahnen findet für den Rückgriff nicht statt.

Art. 50. Für den im Wege des Rückgriffs geltend zu machenden Anspruch der Eisenbahnen unter einander ist die im Entschädigungsprozeß gegen die rückgriffnehmende Bahn ergangene endgültige Entscheidung hinsichtlich der Verbindlichkeit zum Schadensersatz und der Höhe der Entschädigung maßgebend, sofern den im Rückgriffswege in Anspruch zu nehmenden Bahnen der Streit in gehöriger

Form verkündet ist und dieselben in der Lage sich befanden, in dem Prozesse zu interveniren. Die Frist für diese Intervention wird von dem Richter der Hauptsache nach den Umständen des Falles und so kurz als möglich bestimmt.

Art. 51. Insoweit nicht eine gütliche Einigung erfolgt ist, sind sämmliche betheiligte Bahnen in einer und derselben Klage zu belangen, widrigenfalls das Recht des Rückgriffs gegen die nicht belangten Bahnen erlischt.

Der Richter hat in einem und demselben Verfahren zu entscheiden. Den Beklagten steht ein weiterer Rückgriff nicht zu.

Art. 52. Die Verbindung des Rückgriffsverfahrens mit dem Entschädigungsverfahren ist unzulässig.

Art. 53. Für alle Rückgriffsansprüche ist der Richter des Wohnsitzes der Bahn, gegen welche der Rückgriff erhoben wird, ausschließlich zuständig.

Ist die Klage gegen mehrere Bahnen zu erheben, so steht der klagenden Bahn die Wahl unter den nach Maßgabe des ersten Absatzes dieses Artikels zuständigen Richtern zu.

Art. 54. Die Befugniß der Eisenbahnen, über den Rückgriff im Voraus oder im einzelnen Falle andere Vereinbarungen zu treffen, wird durch die vorstehenden Bestimmungen nicht berührt.

Art. 55. Soweit nicht durch das gegenwärtige Uebereinkommen andere Bestimmungen getroffen sind, richtet sich das Verfahren nach den Gesetzen des Prozeßrichters.

Art. 56. Urtheile, welche auf Grund der Bestimmungen dieses Uebereinkommens von dem zuständigen Richter in Folge eines kontradiktorischen oder eines Versäumnisverfahrens erlassen und nach den für den urtheilenden Richter maßgebenden Gesetzen vollstreckbar geworden sind, erlangen im Gebiete sämmtlicher Vertragsstaaten Vollstreckbarkeit, unter Erfüllung der von den Gesetzen des Landes vorgeschriebenen Bedingungen und Formalitäten, aber ohne daß eine materielle Prüfung des Inhalts zulässig wäre. Auf nur vorläufig vollstreckbare Urtheile findet diese Vorschrift keine Anwendung, ebensowenig auf diejenigen Bestimmungen eines Urtheils, durch welche der Kläger, weil derselbe im Prozesse unterliegt, außer den Prozeßkosten zu einer weiteren Entschädigung verurtheilt wird.

Eine Sicherstellung für die Prozeßkosten kann bei Klagen, welche auf Grund des internationalen Frachtvertrages erhoben werden, nicht gefordert werden.

Art. 57. Um die Ausführung des gegenwärtigen Uebereinkommens zu erleichtern und zu sichern, soll ein Centralamt für den internationalen Transport errichtet werden, welches die Aufgabe hat:

1. die Mittheilungen eines jeden der vertragschließenden Staaten und einer jeden der betheiligten Eisenbahnverwaltungen entgegenzunehmen und sie den übrigen Staaten und Verwaltungen zur Kenntniß zu bringen;
2. Nachrichten aller Art, welche für das internationale

Transportwesen von Wichtigkeit sind, zu sammeln, zusammenzustellen und zu veröffentlichen;

3. auf Begehren der Parteien[1] Entscheidungen über Streitigkeiten der Eisenbahnen unter einander abzugeben;
4. die geschäftliche Behandlung der behufs Abänderung des gegenwärtigen Uebereinkommens gemachten Vorschläge vorzunehmen, sowie in allen Fällen, wenn hierzu ein Anlaß vorliegt, den vertragschließenden Staaten den Zusammentritt einer neuen Konferenz vorzuschlagen;
5. die durch den internationalen Transportdienst bedingten finanziellen Beziehungen zwischen den betheiligten Verwaltungen, sowie die Einziehung rückständig gebliebener Forderungen zu erleichtern und in dieser Hinsicht die Sicherheit des Verhältnisses der Eisenbahnen unter einander zu fördern.

Ein besonderes Reglement wird den Sitz, die Zusammensetzung und Organisation dieses Amts, sowie die zur Ausführung nöthigen Mittel feststellen.

[1] D. i. der Bahnverwaltungen, Streitigkeiten zwischen Bahnen und Publikum gehören nicht hierher. E.A. 18. 5. 93 (Eger, Entsch. X 85), ebenso nicht diejenigen zwischen Bahnen und den betr. Staaten. E.A. 25. 1. 93 (Eger, Entsch. X 158).

Art. 58. Das im Artikel 57 bezeichnete Centralamt hat die Mittheilungen der Vertragsstaaten in Betreff der Hinzufügung oder der Streichung von Eisenbahnen in den in Gemäßheit des Artikels 1 aufgestellten Listen entgegenzunehmen.

Der wirkliche Eintritt einer neuen Eisenbahn in den internationalen Transportdienst erfolgt erst nach einem Monat vom Datum des an die anderen Staaten gerichteten Benachrichtigungsschreibens des Centralamts.

Die Streichung einer Eisenbahn wird von dem Centralamt vollzogen, sobald es von einem der Vertragsstaaten davon in Kenntniß gesetzt wird, daß dieser festgestellt hat, daß eine ihm angehörige und in der von ihm aufgestellten Liste verzeichnete Eisenbahn aus finanziellen Gründen oder in Folge einer thatsächlichen Behinderung nicht mehr in der Lage ist, den Verpflichtungen zu entsprechen, welche den Eisenbahnen durch das gegenwärtige Uebereinkommen auferlegt werden.

Jede Eisenbahnverwaltung ist, sobald sie seitens des Centralamts die Nachricht von der erfolgten Streichung einer Eisenbahn erhalten hat, berechtigt, mit der betreffenden Eisenbahn alle aus dem internationalen Transporte sich ergebenden Beziehungen abzubrechen. Die bereits in der Ausführung begriffenen Transporte sind jedoch auch in diesem Falle vollständig auszuführen.

Art. 59. Wenigstens alle drei Jahre wird eine aus Delegirten der vertragschließenden Staaten bestehende Konferenz zusammentreten, um zu dem gegenwärtigen Uebereinkommen die für nothwendig erachteten Abänderungen und Verbesserungen in Vorschlag zu bringen.

Auf Begehren von wenigstens einem Viertel der betheiligten Staaten kann jedoch der Zusammentritt von Konferenzen auch in einem früheren Zeitpunkte erfolgen.

Art. 60. Das gegenwärtige Uebereinkommen ist für jeden betheiligten Staat auf drei Jahre von dem Tage, an welchem dasselbe in Wirksamkeit tritt, verbindlich. Jeder Staat, welcher nach Ablauf dieser Zeit von dem Uebereinkommen zurückzutreten beabsichtigt, ist verpflichtet, hiervon die übrigen Staaten ein Jahr vorher in Kenntniß zu setzen. Wird von diesem Rechte kein Gebrauch gemacht, so ist das gegenwärtige Uebereinkommen als für weitere drei Jahre verlängert zu betrachten.

Das gegenwärtige Uebereinkommen wird von den vertragschließenden Staaten sobald als möglich ratifizirt werden. Seine Wirksamkeit beginnt drei Monate nach erfolgtem Austausch der Ratifikations-Urkunden.

Zu Urkund dessen haben die Bevollmächtigten[1] das gegenwärtige Uebereinkommen unterzeichnet und demselben ihre Siegel beigedrückt.

So geschehen in Bern am vierzehnten Oktober Eintausend achthundertundneunzig.

[1] Das Uebereinkommen ist abgeschlossen zwischen Deutschland, Belgien, Frankreich, Italien, Luxemburg, Niederlande, Oesterreich-Ungarn, Rußland und der Schweiz.

---

5. Gesetz, betreffend die Errichtung eines Reichs-Eisenbahn-Amtes.

Vom 27. Juni 1873.

(RGBl. S. 164.)

§. 1. Unter dem Namen „Reichs-Eisenbahn-Amt" wird eine ständige Centralbehörde eingerichtet, welche aus einem Vorsitzenden und der erforderlichen Zahl von Räthen besteht und ihren Sitz in Berlin hat.

Auch können nach Maßgabe des Bedürfnisses Reichs-Eisenbahn-Kommissare bestellt werden, welche vom Reichs-Eisenbahn-Amt ihre Instruktionen empfangen.

§. 2. Der Vorsitzende und die Mitglieder des Reichs-Eisenbahn-Amtes, sowie die Reichs-Eisenbahn-Kommissare werden vom Kaiser, die Subaltern- und Unterbeamten werden vom Reichskanzler ernannt.

Auf den Vorsitzenden finden die Vorschriften des §. 25[1] des Gesetzes, betreffend die Rechtsverhältnisse der Reichsbeamten, vom 31. März 1873, Anwendung.

Personen, welche bei der Verwaltung einer deutschen Eisenbahn betheiligt sind, können keinerlei Thätigkeit bei dem Reichs-Eisenbahn-Amt oder als Reichs-Eisenbahn-Kommissare ausüben.

[1] Danach kann derselbe jederzeit mit Gewährung des gesetzlichen Wartegeldes durch kaiserliche Verfügung einstweilen in den Ruhestand versetzt werden.

§. 3. Vorbehaltlich der Bestimmung im §. 5 Nr. 4 führt das Reichs-Eisenbahn-Amt seine Geschäfte unter Verantwortlichkeit und nach den Anweisungen des Reichskanzlers.

§. 4. Das Reichs-Eisenbahn-Amt hat innerhalb der durch die Verfassung[1] bestimmten Zuständigkeit des Reichs:

1) das Aufsichtsrecht[2] über das Eisenbahnwesen[3] wahrzunehmen;

2) für die Ausführung der in der Reichsverfassung enthaltenen Bestimmungen, sowie der sonstigen auf das Eisenbahnwesen bezüglichen Gesetze und verfassungsmäßigen Vorschriften Sorge zu tragen;
3) auf Abstellung der in Hinsicht auf das Eisenbahnwesen hervortretenden Mängel und Mißstände hinzuwirken.

Dasselbe ist berechtigt, innerhalb seiner Zuständigkeit über alle Einrichtungen und Maßregeln von den Eisenbahnverwaltungen Auskunft zu erfordern oder nach Befinden durch persönliche Kenntnißnahme sich zu unterrichten und hiernach das Erforderliche zu veranlassen.

[1] Art. 4 Z. 8, 31—47 R.V.

[2] Vergl. § 72 B.O. § 53 Bahn-Ordn.

[3] Betrifft nicht Straßenbahnen. RG. 19. 5. 85 (Entsch. i. Str.S. XII 205).

§. 5. Bis zum Erlaß eines Reichs-Eisenbahngesetzes[1] gelten folgende Vorschriften:

1) In Bezug auf die Privateisenbahnen stehen dem Reichs-Eisenbahn-Amte zur Durchführung seiner Verfügungen dieselben Befugnisse zu, welche den Aufsichtsbehörden der betreffenden Bundesstaaten beigelegt sind. Werden zu diesem Zwecke Zwangsmaßregeln erforderlich, so sind die Eisenbahn-Aufsichtsbehörden der einzelnen Bundesstaaten gehalten, den deshalb an sie ergehenden Requisitionen zu entsprechen.
2) Staats-Eisenbahnverwaltungen sind nöthigenfalls zur Erfüllung der ihnen obliegenden Verpflichtungen

im verfassungsmäßigen Wege (Art. 7 Nr. 3, Art. 17 und Art. 19 der Reichsverfassung)[2] anzuhalten.

3) Den Reichseisenbahnen gegenüber wird der Reichskanzler die Verfügungen des Reichs-Eisenbahn-Amtes zum Vollzuge bringen.

4) Wird gegen eine von dem Reichs-Eisenbahn-Amte verfügte Maßregel Gegenvorstellung erhoben auf Grund der Behauptung, daß jene Maßregel in den Gesetzen und rechtsgültigen Vorschriften nicht begründet sei, so hat das durch Zuziehung von richterlichen Beamten zu verstärkende Reichs-Eisenbahn-Amt über die Gegenvorstellung immer selbstständig und unter eigener Verantwortlichkeit in kollegialer Berathung und Beschlußfassung zu befinden. Zu diesem Zwecke wird der Bundesrath ein Regulativ[3] erlassen, welches den kollegialen Geschäftsgang ordnet und die hierbei dem Präsidenten zustehenden Befugnisse regelt.

[1] Nicht erlassen.

[2] Art. 7 Z. 3 enthält die Zuständigkeit des Bundesrathes zur Beschlußfassung über Mängel, welche sich bei Ausführung der Reichsgesetze ergeben, die Ueberwachung und Ausführung der Reichsgesetze steht nach Art. 17 dem Kaiser zu, welcher auch nach Art. 19 die vom Bundesrath beschlossene Exekution gegen Bundesglieder zu vollstrecken hat, die ihre verfassungsmäßigen Bundespflichten nicht erfüllen.

[3] Erlassen am 13. März 1876. C.Bl. 1876 S. 197.

6. Postgesetzgebung

a) Eisenbahnpostgesetz.[1]

Vom 20. Dezember 1875.

(RGBl. S. 318.)

Art. 1. Der Eisenbahnbetrieb[2] ist, soweit es die Natur und die Erfordernisse desselben gestatten, in die nothwendige Uebereinstimmung mit den Bedürfnissen des Postdienstes zu bringen.[3]

Die Einlegung besonderer Züge für die Zwecke des Postdienstes kann jedoch von der Postverwaltung nicht beansprucht werden.

Bei Meinungsverschiedenheiten zwischen der Postverwaltung und den Eisenbahnverwaltungen über die Bedürfnisse des Postdienstes, die Natur und die Erfordernisse des Eisenbahnbetriebes entscheidet, soweit die Postverwaltung sich bei dem Ausspruche der Landes-Aufsichtsbehörde[4] nicht beruhigt, der Bundesrath, nach Anhörung der Reichs-Postverwaltung und des Reichs-Eisenbahn-Amts.

[1] Dieses Gesetz ersetzt den aufgehobenen § 4 des Postgesetzes vom 28. Oktober 1871.

[2] Das Gesetz bezieht sich nicht auf Nebenbahnen und Straßenbahnen. Bezüglich ersterer gelten die „Bestimmungen, betr. die Verpflichtungen der Eisenbahnen untergeordneter Bedeutung zu Leistungen für die Zwecke des Postdienstes" vom 28. Mai 1879 (siehe unten), vergl. Art. 9.

[3] Das Gesetz ist in Bayern und Württemberg nicht eingeführt; vergl. Art. 13.

[4] Vergl. § 72 B.O., § 53 der Bahn-Ordn. f. d. Nebeneisenbahnen. (RGBl. 92 S. 780.)

Art. 2. Mit jedem für den regelmäßigen Beförderungsdienst der Bahn bestimmten Zuge ist auf Verlangen der Postverwaltung Ein von dieser gestellter Postwagen unentgeltlich zu befördern. Diese unentgeltliche Beförderung [1] umfaßt:

a) die Briefpostsendungen, Zeitungen, Gelder mit Einschluß des ungemünzten Goldes und Silbers, Juwelen und Pretiosen ohne Unterschied des Gewichts, ferner sonstige Poststücke [2] bis zum Einzelngewichte von 10 Kilogramm einschließlich,

b) die zur Begleitung der Postsendungen, sowie zur Verrichtung des Dienstes unterwegs erforderlichen Postbeamten,[3] auch wenn dieselben vom Dienste zurückkehren,

c) die Geräthschaften, deren die Postbeamten unterwegs bedürfen.

Für Poststücke, welche nicht unentgeltlich zu befördern sind, hat die Postverwaltung eine Frachtvergütung [4] zu zahlen, welche nach der Gesammtmenge der auf der betreffenden Eisenbahn sich bewegenden zahlungspflichtigen Poststücke für den Achskilometer berechnet wird.

Die Mitbeförderung solcher Päckereien, welche nicht zu den Brief- und Zeitungspacketen gehören, soll bei Zügen, deren Fahrzeit besonders kurz bemessen ist, beschränkt oder ausgeschlossen werden, wenn dies von der Eisenbahn-Aufsichtsbehörde [5] zur Wahrung der pünktlichen und sicheren Beförderung der betreffenden Züge für nothwendig erachtet wird, und andere zur Mitnahme der Päckereien geeignete Züge auf der betreffenden Bahn eingerichtet sind.

[1] Dies nicht ein Frachtvertrag zwischen Eisenbahn und Post, Art. 422—432 HGB. und V.O. finden nicht Anwendung, für Beschädigungen und Verlust haftet die Bahn nach bürgerlichem Recht der Post gegenüber.

[2] Dem Absender bezw. Empfänger gegenüber haftet die Post gemäß §§ 6—15 des Postges. v. 28. Okt. 71, nicht die Bahn.

[3] Haftpflicht der Bahn nach Haftpflichtgesetz (siehe unten), jedoch nur, wenn der Unfall auf deutschem Staatsgebiete, nicht wenn er auf einer im Ausland durch deutsche Bahnen betriebenen Strecke eintrat. RG. 21. 1. 87 (Eger, Entsch. V 306). Vergl Art. 8.

[4] Auch dies kein Frachtvertrag, es handelt sich um eine gesetzlich auferlegte, außerhalb der Vertragsfreiheit liegende Verpflichtung.

[5] Vergl. Anm. 4 zu Art. 1.

Art. 3. Auf Grund vorangegangener Verständigung kann an Stelle eines besonderen Postwagens eine Abtheilung eines Eisenbahnwagens gegen Erstattung der für Herstellung und Wiederbeseitigung der für die Zwecke des Postdienstes erforderlichen Einrichtungen von der Eisenbahnverwaltung aufgewendeten Selbstkosten, sowie gegen Zahlung einer Miethe für Hergabe und Unterhaltung benutzt werden, welche nach Artikel 6 Absatz 5 zu berechnen ist.[1]

[1] Vergl. Vollzugsbestimmungen vom 9. Febr. 1876 unter III.

Art. 4. Bei solchen für den regelmäßigen Beförderungsdienst der Bahn bestimmten Zügen, welche nicht in der in den Artikeln 2 und 3 bezeichneten Weise zur Postbeförderung benutzt werden, kann die Postverwaltung entweder, insoweit dies nach dem Ermessen der Eisenbahnverwaltung zulässig ist, der letzteren Briefbeutel, sowie Brief- und Zeitungspackete zur unentgeltlichen Beförderung durch das Zugpersonal überweisen, oder die Beförderung von Briefbeuteln, sowie Brief- und Zeitungspacketen durch einen Postbeamten besorgen lassen, welchem der erforderliche Platz in einem Eisenbahnwagen unentgeltlich einzuräumen ist.

Art. 5. Reicht der eine Postwagen (Art. 2) oder die an Stelle für Postzwecke bestimmte Wagenabtheilung (Art. 3) für die Bedürfnisse des Postdienstes nicht aus, so sind die Eisenbahnverwaltungen auf rechtzeitige Anmeldung oder Bestellung gehalten, nach Wahl der Postverwaltung

mehrere Postwagen zur Beförderung zuzulassen,

oder der Postverwaltung zur Befriedigung des Mehrbedürfnisses geeignete Güterwagen oder einzelne geeignete Abtheilungen solcher Personenwagen, deren übrige Abtheilungen in dem betreffenden Zuge für Eisenbahnzwecke verwendbar sind, zu gestellen,

oder endlich die ihnen von der Postverwaltung überwiesenen Postsendungen zur eigenen Beförderung zu übernehmen.

Bei Zügen, auf denen die Beförderung von Postpäckereien ausgeschlossen oder beschränkt ist (Art. 2 Abs. 3), darf die Gestellung außerordentlicher Transportmittel seitens der Postverwaltung nicht beansprucht werden. Die Ueberweisung von Postsendungen an die Eisenbahnverwaltungen ist nur insoweit zulässig, als letztere sich bei dem betreffenden Zuge mit der Beförderung von Gütern (Eil- oder Frachtgütern) befaßt und die zu überweisenden Poststücke nicht in Geld- oder Werthsendungen bestehen.

Für die Beförderung eines zweiten oder mehrerer Postwagen, sowie für die Gestellung und Beförderung der erforderlichen Eisenbahn-Transportmittel ist von der Postverwaltung eine für den Achskilometer zu berechnende Vergütung, für die Beförderung der überwiesenen Poststücke aber die tarifmäßige Eisenbahn-Eilfrachtgebühr zu zahlen. Für die Mitbeförderung des etwa erforderlichen Postbegleitungspersonals und der Geräthschaften für den Dienst wird eine Vergütung nicht gezahlt.[1]

[1] Vergl. Anm. zu Art. 4 unter IV.

Art. 6. Die für den regelmäßigen Dienst erforderlichen Eisenbahn-Postwagen werden für Rechnung der Postverwaltung beschafft.

Die Eisenbahnverwaltungen sind verbunden, die Unterhaltung, äußere Reinigung, das Schmieren und das Ein- und Ausrangiren dieser Wagen gegen eine den Selbstkosten entsprechende Vergütung zu bewirken.

Wenn die im regelmäßigen Dienst befindlichen Eisenbahn-Postwagen während des Stilllagers auf den Bahnhöfen der Endstationen im Freien stehen bleiben, so ist dafür eine Vergütung nicht zu zahlen. Letzteres gilt auch für die Plätze auf den Bahnhöfen, welche der Postverwaltung zur Aufbewahrung der Perronwagen und sonstigen Geräthschaften für das Verladungsgeschäft angewiesen werden.

Unbeladene Postwagen sind gegen Erstattung der für Eisenbahn-Güterwagen tarifmäßig zu entrichtenden Frachtgebühr zu befördern. Für die Beförderung zur Eisenbahn-Reparaturwerkstatt und zurück findet eine Vergütung nicht statt.

Wenn Eisenbahn-Postwagen beschädigt oder laufunfähig werden, so sind die Eisenbahnverwaltungen gehalten, der Postverwaltung geeignete Güterwagen zur Aushülfe zu überlassen. Für diese Güterwagen hat die Postverwaltung die nämliche Miethe zu bezahlen, welche die betreffende Eisenbahnverwaltung im Verkehr mit benachbarten Bahnen für Benutzung fremder Wagen von gleicher Beschaffenheit entrichtet.

Desgleichen sind die theilweise von der Post benutzten Eisenbahnwagen (Art. 3), wenn sie laufunfähig werden, von den Eisenbahnverwaltungen auf ihre Kosten durch andere zu ersetzen.[1]

[1] ebenda unter V.

Art. 7. Bei Errichtung neuer Bahnhöfe oder Stationsgebäude sind auf Verlangen der Postverwaltung die durch den Eisenbahnbetrieb bedingten, für die Zwecke des Postdienstes erforderlichen Diensträume mit den für den Postdienst etwa erforderlichen besonderen baulichen Anlagen von der Eisenbahnverwaltung gegen Miethsentschädigung zu beschaffen und zu unterhalten.

Dasselbe gilt bei dem Um- oder Erweiterungsbau bestehender Stationsgebäude, insofern durch die den Bau veranlassenden Verhältnisse eine Erweiterung oder Veränderung der Postdiensträume bedingt wird.

Bei dem Mangel geeigneter Privatwohnungen in der Nähe der Bahnhöfe sind die Eisenbahnverwaltungen gehalten, bei Aufstellung von Bauplänen zu Bahnhofsanlagen und bei dem Um- oder Erweiterungsbau von Stationsgebäuden auf die Beschaffung von Dienstwohnungsräumen für die Postbeamten, welche zur Verrichtung des durch den Eisenbahnbetrieb bedingten Postdienstes erforderlich sind, Rücksicht zu nehmen. Ueber den Umfang dieser Dienstwohnungsräume wird sich die Postverwaltung mit der Eisenbahnverwaltung und erforderlichen Falls mit der Landes-Aufsichtsbehörde in jedem einzelnen Falle verständigen. Für die Beschaffung und Unterhaltung der Dienstwohnungsräume hat die Postverwaltung eine Miethsentschädigung nach gleichen Grundsätzen wie für die Diensträume auf den Bahnhöfen zu entrichten.

Das Miethsverhältniß bezüglich der der Postverwaltung überwiesenen Dienst- und Dienstwohnungsräume auf den Bahnhöfen kann nur durch das Einverständniß beider Verwaltungen aufgelöst [1] werden.

Werden bei Errichtung neuer Bahnhofsanlagen, sowie bei dem Um- oder Erweiterungsbau bestehender Stationsgebäude zur Unterbringung von Dienst- oder Dienstwohnungsräumen auf Verlangen der Postbehörde besondere Gebäude auf den Bahnhöfen hergestellt, so ist der erforderliche Bauplatz von den Eisenbahnverwaltungen gegen Erstattung der Selbstkosten zu beschaffen, der Bau und die Unterhaltung derartiger Gebäude aber aus der Postkasse zu bestreiten.

[1] Aenderung des bürgerlichen Rechts über Miethsverträge.

Art. 8. Wenn bei dem Betriebe einer Eisenbahn ein im Dienst befindlicher Postbeamter getödtet oder körperlich verletzt worden ist, und die Eisenbahnverwaltung den nach den Gesetzen ihr obliegenden Schadensersatz dafür geleistet hat, so ist die Postverwaltung verpflichtet, derselben das Geleistete[1] zu ersetzen, falls nicht der Tod oder die Körperverletzung durch ein Verschulden des Eisenbahnbetriebs-Unternehmers oder einer der im Eisenbahnbetrieb verwendeten Personen herbeigeführt[2] worden ist.

[1] Jedoch nur den nach den Gesetzen obliegenden Schadensersatz. OLG. Darmstadt 18. 1. 80 (Eger, Entsch. I 90).

[2] Vergl. Vollzugsbestimmungen VII.

Art. 9. Der Reichskanzler ist ermächtigt, für Eisenbahnen mit schmalerer als der Normalspur, und für Eisenbahnen, bei welchen wegen ihrer untergeordneten Bedeutung das Bahnpolizei-Reglement für die Eisenbahnen Deutschlands[1] nicht für anwendbar erachtet ist, die vorstehenden Verpflichtungen für die Zwecke des Postdienstes zu ermäßigen[2] oder ganz zu erlassen.

[1] Jetzt ersetzt durch die Betriebs-Ordnung für die Haupteisenbahnen Deutschlands. Die Bahnen „untergeordneter Bedeutung" werden jetzt als „Nebeneisenbahnen" bezeichnet; für sie gilt die Bahnordnung für die Nebeneisenbahnen Deutschlands vom 5. Juli 1892, RGBl. S. 764.

[2] Vergl. Bestimmungen, betr. die Verpflichtungen der Eisenbahnen untergeordneter Bedeutung zu Leistungen für die Zwecke des Postdienstes vom 28. Mai 1879.

Art. 10. Durch die von dem Reichskanzler, nach Anhörung der Reichs-Postverwaltung und des Reichs-Eisenbahn-Amts, unter Zustimmung des Bundesraths zu erlassenden Vollzugsbestimmungen[1] werden die näheren Anordnungen über die Ausführung der vorstehenden Leistungen, sowie über die Festsetzung und die Berechnung der Vergütung für die gegen Entgelt zu gewährenden Leistungen getroffen.

[1] Vom 20. Dez. 1875, C.Bl. S. 87 und 24. Dez. 1881 C.Bl. 1882 S. 4.

Art. 11. Auf die bei Erlaß dieses Gesetzes bereits konzessionirten Eisenbahngesellschaften und deren zukünftig konzessionirte Erweiterungen durch Neubauten finden die vorstehenden Vorschriften insoweit Anwendung, als dies nach den Konzessionsurkunden zulässig ist. Im Uebrigen bewendet es für die Verbindlichkeiten der bereits konzessionirten Eisenbahngesellschaften bei den Bestimmungen der Konzessionsurkunden, und bleiben insbesondere in dieser Beziehung die bis dahin zur Anwendung gekommenen Vorschriften über den Umfang des Postzwanges und über die Verbindlichkeiten der Eisenbahnverwaltungen zu Leistungen für die Zwecke des Postdienstes maßgebend.

Die bereits konzessionirten Eisenbahngesellschaften sind jedoch berechtigt, an Stelle der ihnen konzessionsmäßig obliegenden Verpflichtungen für die Zwecke des Postdienstes die durch das gegenwärtige Gesetz angeordneten Leistungen zu übernehmen.

Art. 12. Die vertragsmäßige Vergütung, welche an das Großherzogthum Baden für Leistungen seiner Staatsbahnen zu den Zwecken des Postdienstes zu entrichten ist, wird, sofern nicht eine anderweite Vereinbarung erfolgt, bis zum Ablauf des Jahres 1879 weiter gezahlt. Bis dahin bleiben für die Leistungen der badischen Staatsbahnen zu Zwecken des Postdienstes die Bestimmungen des Reglements über die Verhältnisse der Post zu den Staatseisenbahnen vom 1. Januar 1868 maßgebend.

Im Uebrigen kommen die Vorschriften dieses Gesetzes auf die im Eigenthum des Reichs oder eines Bundesstaates befindlichen, sowie auf die in das Eigenthum des Reichs oder eines Bundesstaates übergehenden Eisenbahnen mit dem Inkrafttreten dieses Gesetzes zur Anwendung.

Art. 13. Dieses Gesetz tritt mit dem 1. Januar 1876 in Kraft. Dasselbe findet auf Bayern und Württemberg keine Anwendung.

b) Bestimmungen, betreffend die Verpflichtungen der Eisenbahnen untergeordneter Bedeutung zu Leistungen für die Zwecke des Postdienstes.

Vom 28. Mai 1879.

(CBl. S. 380.)

I. Die Verpflichtungen[1] der fortan auf Kosten des Reichs oder eines Bundesstaats oder im Wege der Privatunternehmung zur Anlage kommenden Eisenbahnen untergeordneter Bedeutung[2] zu Leistungen für die Zwecke des Postdienstes regeln sich nach dem vorbezogenen Gesetze vom 20. Dezember 1875 und den dazu gehörigen Vollzugsbestimmungen, jedoch mit der Erleichterung, daß für die Zeit bis zum Ablauf von acht Jahren, vom Beginn des auf die Betriebseröffnung folgenden Kalenderjahres, an Stelle der Art. 2, 3 und 4 des vorbezogenen Gesetzes die nachstehenden Bestimmungen treten:

Die Bahnverwaltung ist verpflichtet, in jedem für den

regelmäßigen Beförderungsdienst bestimmten Zuge auf Verlangen und nach freier Wahl der Reichs-Postverwaltung:

1. die Beförderung der Postsendungen durch die Vermittelung des Zugpersonals bewirken zu lassen, wofür die Postverwaltung eine Vergütung von einem Pfennig für den Zentner und den Kilometer der Beförderungsstrecke nach dem monatlichen Gesammtgewichte der von Station zu Station beförderten Poststücke, jedoch mit Ausschluß der unentgeltlich zu befördernden Briefbeutel, Brief- und Zeitungs-Packete, entrichtet. Die Postverwaltung wird dafür sorgen, daß die Poststücke thunlichst in Säcken oder Körben zusammengepackt zur Bahnbeförderung übergeben werden;
2. Briefbeutel, sowie Brief- und Zeitungs-Packete mit Ausschluß anderer Postsendungen zur Beförderung durch das Zugpersonal gegen eine Entschädigung von fünfundzwanzig Pfennigen für jeden in dieser Weise benutzten Zug zu übernehmen;
3. die Beförderung von Briefbeuteln, sowie Brief- und Zeitungs-Packeten durch einen Postbeamten zu gestatten, welchem der erforderliche Platz in einem Personenwagen dritter Klasse gegen Entrichtung eines Fahrgeldes von zwei Pfennigen für den Kilometer einzuräumen ist;
4. eine Abtheilung eines Eisenbahnwagens zur Beförderung der Postsendungen, des Postbegleitpersonals und der erforderlichen Postdienstgeräthe

gegen die in Art. 3 bezw. 6 des Eisenbahn-Postgesetzes und den dazu gehörigen Vollzugsbestimmungen festgesetzte Entschädigung und gegen Entrichtung einer Frachtvergütung von einem halben Pfennig für den Zentner und Kilometer nach dem gemäß der Bestimmung zu 1 zu ermittelnden Gesammtgewichte der Poststücke einzuräumen. Die Entscheidung darüber, ob die Wagenabtheilung in einem Personen- oder in einem Güterwagen einzurichten ist, steht der Postverwaltung zu;

5. einen von der Postverwaltung gestellten Eisenbahn-Postwagen mit den darin befindlichen Postsendungen, dem Postbegleitpersonal und den erforderlichen Postdienstgeräthen gegen Entrichtung einer Frachtvergütung von einem halben Pfennig für den Zentner und Kilometer nach dem gemäß der Bestimmung zu 1 zu ermittelnden Gesammtgewichte der Poststücke zu befördern.

Sofern innerhalb des vorbezeichneten Zeitraums in den Verhältnissen der Bahn in Folge von Erweiterungen des Unternehmens oder durch den Anschluß an andere Bahnen oder aus anderen Gründen eine Aenderung eintreten sollte, durch welche nach der Entscheidung der obersten Reichs-Aufsichtsbehörde die Bahn die Eigenschaft als Eisenbahn untergeordneter Bedeutung verliert, tritt das Eisenbahn-Postgesetz mit den dazu gehörigen Vollzugsbestimmungen ohne Einschränkung in Anwendung.

[1] Die Bestimmungen sind auf Grund Art. 9 des Eisenbahnpostgesetzes vom 20. Dez. 1875 erlassen.

[2] Diese Bezeichnung ist jedoch durch den Ausdruck „Nebenbahnen" ersetzt. Vergl. die Bahnordnung für diese. RGBl. 1892 S. 764. Straßenbahnen, Pferde-, elektrische und ähnliche Bahnen fallen nicht unter diesen Begriff.

II. Unter den Eisenbahnen untergeordneter Bedeutung im Sinne der vorstehenden Bestimmungen sind diejenigen verstanden, welche mit schmalerer als der Normalspur gebaut sind, sowie diejenigen, auf welche vermöge ihrer untergeordneten Bedeutung die Bestimmungen des Bahnpolizei-Reglements für die Eisenbahnen Deutschlands vom 4. Januar 1875[1] von der zuständigen Landesbehörde[2] im Einverständniß mit dem Reichs-Eisenbahn-Amte für nicht anwendbar erklärt sind.

Auf die zur Zeit bereits im Betriebe oder Bau befindlichen Eisenbahnen untergeordneter Bedeutung wie auf bestehende Eisenbahnen, denen künftig der Karakter einer Eisenbahn untergeordneter Bedeutung beigelegt werden möchte, finden die Bestimmungen unter I — vorbehaltlich meiner besonderen Bewilligung im Einzelfall — keine Anwendung.

[1] Ersetzt durch die Betriebs-Ordnung für die Haupteisenbahnen Deutschlands vom 5. Juli 1892 (siehe oben).

[2] Vergl. § 72 ebenda, Anm. 2 zu I.

c) Gesetz, betreffend die Portofreiheiten im Gebiete des Norddeutschen Bundes.[1]

Vom 5. Juni 1869.

(BGBl. S. 141.)

§. 2. In reinen Bundesdienst-Angelegenheiten werden Postsendungen jeder Art innerhalb des norddeutschen

Postgebietes portofrei befördert, wenn die Sendungen von einer Bundesbehörde [2] abgeschickt oder an eine Bundesbehörde gerichtet sind und die äußere Beschaffenheit, sowie das Gewicht der Sendungen den von den Bundes-Postverwaltung in dieser Beziehung zu erlassenden besonderen Bestimmungen [3] entspricht.

Alle in Bundesrathssachen, sowie in Militair- und Marine-Angelegenheiten, als reinen Bundesdienst-Angelegenheiten, im Norddeutschen Postgebiete bisher allgemein bestandenen Portofreiheiten werden aufrecht erhalten.[3] [4]

[1] Durch Gesetz vom 29. Mai 1872 auf Bayern und Württemberg ausgedehnt, sodaß das Gesetz jetzt für das ganze Reich und dessen Angelegenheiten gilt. Vergl. § 7 Abs. 1 des EG. vom 25. Juni 1873 z. RB.

[2] Das Ges. betrifft sowohl die Sendungen der Reichseisenbahn- und Staatsbahnbehörden, als auch diejenigen der Privatbahnen, soweit es sich um reine Reichsdienstangelegenheiten handelt.

[3] Die näheren Bestimmungen enthält das Regulativ über die Portofreiheiten. (Handbuch für Post und Telegraphie S. 180.)

[4] Bei Mißbrauch Bestrafung nach § 27 des Postges. vom 28. Okt. 1871 und § 263 StGB.

d) Verordnung,[1] betreffend die gebührenfreie Beförderung von Telegrammen.

Vom 2. Juni 1877.

(RGBl. S. 524.)

§. 1. Auf sämmtlichen Telegraphenlinien [2] des Deutschen Reichs genießen die Gebührenfreiheit:

1. Telegramme, welche von den regierenden Fürsten in den Staaten des Deutschen Reichs, sowie von

den Gemahlinnen und Wittwen dieser Fürsten aufgegeben werden. Diese Gebührenfreiheit erstreckt sich auch auf diejenigen Telegramme, welche im Auftrage der genannten Allerhöchsten und Höchsten Herrschaften von den Beamten, der Umgebung, dem Gefolge oder den Hofstaaten zur Auflieferung gelangen;

2. Telegramme, welche von den Bevollmächtigten zum Bundesrath während ihrer Anwesenheit in Berlin in Bundesrathsangelegenheiten aufgegeben werden, oder welche an diese Bevollmächtigten aus anderen Orten des Deutschen Reichs in Bundesrathsangelegenheiten eingehen;
3. Telegramme von dem Reichstag und an denselben in reinen Reichsdienstangelegenheiten;
4. Telegramme von oder an Reichsbehörden in reinen Reichsdienstangelegenheiten;
5. Telegramme von oder an Militär- und Marinebehörden des Deutschen Reichs, mit Einschluß der solche Behörden vertretenden einzelnen Offiziere und Beamten, in reinen Militär- und Marine-Dienstangelegenheiten; im Falle einer Mobilmachung auch diejenigen Telegramme, welche von einzelnen mit dienstlichen Aufträgen kommandirten Militärpersonen oder Beamten der Militär- und Marineverwaltung des Deutschen Reichs in reinen Militär- und Marine-Dienstangelegenheiten ausgehen oder an solche Militärpersonen oder Beamte gerichtet sind;

6. Telegramme der Eisenbahnverwaltungen, Eisenbahnstationen und Eisenbahnbeamten an vorgesetzte Behörden über vorgekommene Unglücksfälle und Betriebsstörungen.

Welche Telegramme der Eisenbahnverwaltungen rc. außerdem gebührenfrei zu befördern sind, ist durch besondere Vereinbarungen festgesetzt.

[1] Vom Kaiser auf Grund der Art. 48 und 50 RV. erlassen.

[2] Auch auf den Bahntelegraphen der Staats- und Privatbahnen mit Ausschluß der Straßenbahnen. Vergl. § 10 des Reglements vom 7. März 1876, betr. Benutzung der Bahntelegraphen für andere als Eisenbahndienstzwecke (CBl. S. 156).

§. 2. Die Gebührenfreiheit der Telegramme erstreckt sich nur auf die Telegraphirungsgebühren, nicht aber auf die baaren Auslagen für Weiterbeförderung über die Telegraphenlinien hinaus.

Die baaren Auslagen sind vielmehr nach den betreffenden verordnungsmäßigen Bestimmungen entweder von den aufgebenden Personen und Behörden oder von den Empfängern zu entrichten.

Stadttelegramme genießen die Gebührenfreiheit nicht.

Gebührenfreiheiten, welche auf den mit dem Auslande abgeschlossenen Staatsverträgen oder Konventionen beruhen, bleiben aufrecht erhalten. Im übrigen findet bei den nach dem Auslande gerichteten Telegrammen eine Gebührenfreiheit für die Beförderungsstrecke innerhalb des Deutschen Reichs bezw. des Deutschen Reichs-Telegraphengebiets nicht statt.

§. 3. Die zur Aufgabe gebührenfrei zu befördernder Telegramme befugten Behörden und Beamten haben sich zu ihrer amtlichen Korrespondenz nur in den wichtigsten und dringendsten Fällen der Telegraphen zu bedienen und die Telegramme in gedrängtester Kürze mit Vermeidung aller entbehrlichen Titulaturen rc. abzufassen.

§. 4. Zur Anerkennung der Gebührenfreiheit durch die Telegraphenanstalten ist erforderlich, daß die Telegramme:

a) mit amtlichem Siegel oder Stempel,
b) mit einer die Berechtigung zur Gebührenfreiheit ausdrückenden Bezeichnung als „Königliche Angelegenheit", „Großherzogliche Angelegenheit", „Reichsdienstsache", „Militaria" u. s. w.

versehen sind.

Die von den Allerhöchsten oder Höchsten Herrschaften herrührenden Telegramme sind, auch wenn sie von Personen aufgegeben werden, welche zu dem Gefolge oder den Hofstaaten gehören, sofern über die Person des Aufgebers oder die Echtheit seiner Namensunterschrift bei den Telegraphenanstalten kein Zweifel obwaltet, ohne Beglaubigung durch Siegel oder Stempel, sowie ohne weitere Bezeichnung zur Beförderung anzunehmen.

Die gebührenfrei zu befördernden Telegramme von Civilbehörden sind in der Regel mit dem Namen des Vorstehers oder eines der leitenden Beamten der Behörde zu unterzeichnen, können aber eintretendenfalls von dem mit der Anfertigung beauftragten Beamten dahin beglaubigt sein, daß sie von dem Vorsteher der Behörde ausgehen und in seinem Auftrage mit seiner Namensunterschrift versehen worden sind.

Bei den von den Militär- und Marinebehörden ausgehenden, gebührenfrei zu befördernden Telegrammen genügt neben der Bezeichnung „Militaria" und der Beidrückung des amtlichen Siegels oder Stempels als Unterschrift die Firma der absendenden Behörde, z. B. Garde-Füsilier-Regiment. Wenn der Aufgeber sich nicht im Besitze eines amtlichen Siegels oder Stempels befindet, so hat derselbe die „Ermangelung eines Dienststempels" mit Unterschrift des Namens und Beisetzung der Amtseigenschaft zu bescheinigen.

---

7. Zollgesetzgebung.

Vereinszollgesetz vom 1. Juli 1869.

(BGBl. S. 317.)

§. 17. Zollstraßen sind:

a) alle die Grenze gegen das Vereinsausland überschreitenden oder an der Grenze beginnenden, dem öffentlichen Verkehr dienenden Eisenbahnen[1] für den Eisenbahntransport;

[1] Auch Straßenbahnen.

VII. Bestimmungen über die Waaren-Einfuhr, Ausfuhr und Durchfuhr auf den Eisenbahnen.

A. Allgemeine Verpflichtungen der Eisenbahnverwaltungen.

1) bezüglich der für die Abfertigung und die einstweilige Niederlegung der nicht sofort zur Abfertigung gelangenden Gegenstände erforderlichen Räume.

§. 59. Die Eisenbahnverwaltung hat auf den für die

Zollabfertigung bestimmten Stationsplätzen die für die zollamtliche Abfertigung und für die einstweilige Niederlegung der nicht sofort zur Abfertigung gelangenden Gegenstände erforderlichen Räume zu stellen, beziehungsweise die nach der Anordnung der Zollbehörde hierfür nöthigen baulichen Einrichtungen zu treffen.[1]

[1] Vergl. Eisenbahnregulativ vom 3. Sept. 1871 § 5.

2) **gegenüber den Zollbeamten.**

§. 60. Diejenigen Oberbeamten der Zollverwaltung, welche mit der Kontrole des Verkehrs auf den Eisenbahnen und der die Abfertigung desselben bewirkenden Zollstellen besonders beauftragt sind und sich darüber gegen die Angestellten der Eisenbahn ausweisen, sind befugt, zum Zwecke dienstlicher Revisionen oder Nachforschungen, die Wagenzüge an den Stationsplätzen und Haltestellen so lange zurückzuhalten, als die von ihnen für nöthig erachtete und möglichst zu beschleunigende Amtsverrichtung solches erfordert.

Die bei den Wagenzügen oder auf den Stationsplätzen oder Haltestellen anwesenden Angestellten der Eisenbahnverwaltungen sind in solchen Fällen verpflichtet, auf die von Seite der Zollbeamten an sie ergehende Aufforderung bereitwillig Auskunft zu ertheilen und Hülfe zu leisten, auch den Zollbeamten die Einsicht der Frachtbriefe und der auf den Güterverkehr bezüglichen Bücher zu gestatten.

Nicht minder sind die bezeichneten Zollbeamten befugt, innerhalb der gesetzlichen Tageszeit alle auf den Stationsplätzen und Haltestellen vorhandenen Gebäude und Lokalien, soweit solche zu Zwecken des Eisenbahndienstes und nicht blos zu Wohnungen benutzt werden, ohne die Beachtung weiterer Förmlichkeiten zu betreten und darin die von ihnen für nöthig erachteten Nachforschungen vorzunehmen. Dieselbe Befugniß steht ihnen auf solchen Stationsplätzen und Haltestellen, welche von Nachtzügen berührt werden, auch zur Nachtzeit zu.

Jeder mit der Kontrole des Eisenbahnverkehrs besonders beauftragte Oberbeamte muß innerhalb der von der betreffenden Zolldirektivbehörde bezeichneten Strecke der Eisenbahn in beiderlei Richtungen in einem Personenwagen 2. Klasse unentgeltlich befördert werden.

Ebenso hat, wo die Zollverwaltung eine Begleitung der Wagenzüge durch Zollbeamte eintreten läßt, die Beförderung der Begleitungsbeamten unentgeltlich zu erfolgen und ist denselben ein Sitzplatz auf einem Wagen nach ihrer Wahl, sofern sie von der Begleitung zurückkehren aber ein Platz in einem Personenwagen mittlerer Klasse einzuräumen.

B. Waaren=Eingang.

1) Zollamtliche Behandlung der Güter, die in Eisenbahnwagen die Grenze überschreiten.

§. 61. Bei Ueberschreitung der Grenze dürfen in den Personenwagen oder sonst anderswo als in den Güterwagen sich keine Gegenstände befinden, welche zollpflichtig sind oder deren Einfuhr verboten ist. Eine Ausnahme findet nur hinsichtlich der unter dem Handgepäck der Reisenden befindlichen zollpflichtigen Kleinigkeiten, sowie des Gepäcks statt, welches sich auf den mittelst der Eisenbahn beförderten Wagen von Reisenden befindet.

Auf den Lokomotiven und in den dazu gehörigen Tendern dürfen nur Gegenstände vorhanden sein, welche die Angestellten oder Arbeiter der Eisenbahnverwaltung auf der Fahrt selbst zu eigenem Gebrauch oder zu dienstlichen Zwecken nöthig haben. Auch dürfen weder in den Eisenbahnwagen, noch in den Lokomotiven und Tendern geheime oder schwer zu entdeckende, zur Aufnahme von Gütern oder Effekten geeignete Räume vorhanden sein.

§. 62. Sämmtliche Frachtgüter und Effekten, deren Abfertigung nach Maaßgabe der folgenden Bestimmungen stattfinden soll, müssen in der Regel schon im Auslande in leicht und sicher verschließbare Güterwagen (Kulissenwagen, Wagen mit Schutzdecken), oder in abhebbare Behälter, nach den von der Zollbehörde zu ertheilenden näheren Vorschriften, verladen sein.[1]

[1] §§ 7—14 EN.

Generelle Deklaration. Ladungsverzeichniß.

§. 63. Unmittelbar nach Ankunft des Zuges auf dem Bahnhofe des Grenzzollamtes hat der Zugführer[1] oder der sonstige Bevollmächtigte der Eisenbahnverwaltung dem Amte vollständige Ladungsverzeichnisse über die Frachtgüter in zweifacher Ausfertigung zu übergeben. Der einen Ausfertigung müssen die Frachtbriefe über die darin verzeichneten Güter beigefügt sein.

Die Ladungsverzeichnisse müssen die verladenen Kolli nach Inhalt, Verpackungsart, Zeichen, Nummer und

Bruttogewicht nachweisen, die Gesammtzahl derselben angeben und dasjenige Amt bezeichnen, bei welchem die weitere Abfertigung verlangt wird. Ferner muß darin die Angabe der Wagen oder Wagenabtheilungen oder der abhebbaren Behälter, in welche die Kolli verladen sind, nach Zeichen, Nummer oder Buchstaben enthalten sein.

Ein jedes Ladungsverzeichniß darf in der Regel nur solche Güter enthalten, welche nach einem und demselben Abfertigungsorte bestimmt sind.[2]

[1] Dieser bezw. der Bevollmächtigte haftet für die Richtigkeit der Deklaration. RG. 1. 12. 87 (Entsch. i. St.S. XVII 1).

[2] §§ 17—20 EN.

Abfertigung der weitergehenden Wagen.

§. 64. Demnächst werden die Wagen unter amtlichen Verschluß gesetzt (§§. 94 bis 96).

Der Zugführer oder sonstige Vertreter der Eisenbahnverwaltung übernimmt durch Unterzeichnung des Ladungsverzeichnisses in Vollmacht der Eisenbahnverwaltung die Verpflichtung, die in diesen Verzeichnissen genannten Wagen u. s. w. binnen der darin bestimmten Frist in vorschriftsmäßigem Zustande und mit unverletztem Verschlusse den betreffenden Abfertigungsämtern zu gestellen, widrigenfalls aber für die Entrichtung des höchsten tarifmäßigen Eingangszolles von den in dem Ladungsverzeichnisse nachgewiesenen Gewichtsmengen zu haften.

Es werden sodann sowohl die Ladungsverzeichnisse mit den dazu gehörigen Frachtbriefen, als auch die Schlüssel zu den zum Verschlusse der Wagen verwendeten Schlössern, amtlich verschlossen, an die betreffenden Abfertigungsstellen adressirt und nebst den vom Grenzzollamte auszufertigenden Begleitzetteln dem Zugführer oder sonstigen Bevollmächtigten der Eisenbahnverwaltung zur Abgabe an die Abfertigungsstellen übergeben. Die unterbliebene Ablieferung der Schlüssel oder die Verletzung des Verschlusses, unter welchem sich dieselben befinden, zieht für die Eisenbahnverwaltung und ihren Bevollmächtigten die nämlichen rechtlichen Folgen nach sich, wie die unmittelbare Verletzung des Verschlusses derjenigen Wagen u. s. w., zu welchen die Schlüssel gehören.

Umladungen und Ausladungen.

§. 65. Auf den Antrag der Eisenbahnverwaltung kann unterwegs eine Umladung oder theilweise Ausladung von Frachtgütern bei einem dazu befugten Zoll- oder Steueramte unter amtlicher Aufsicht und unter den von der Zollbehörde näher vorzuschreibenden Bedingungen stattfinden.

An Hafenplätzen, wo die Eisenbahn bis an eine schiffbare Wasserstraße reicht, kann gleichfalls die Umladung der Güter von den Eisenbahnwagen in verschlußfähige Schiffe und umgekehrt unter den vorbezeichneten Bedingungen vorgenommen werden.

Die Abnahme des Verschlusses, die erfolgte Umladung oder Ausladung, ferner die Wiederanlegung des Verschlusses ist auf dem Begleitzettel zu bescheinigen.

Abfertigung am Bestimmungsorte — spezielle Deklaration, Revision und weitere Abfertigung.

§. 66. Gleich nach Ankunft des Wagenzuges am Bestimmungsorte sind die Wagen und die abhebbaren Behälter der Abfertigungsstelle vorzuführen, welche dieselbe in Beziehung auf ihren Verschluß und ihre äußere Beschaffenheit revidirt.

Sodann ist binnen einer von der Zollbehörde örtlich zu bestimmenden Frist die Gattung und Menge der eingegangenen Waaren mit der Angabe, welche Abfertigungsweise begehrt wird, nach den Bestimmungen in den §§. 22 ff. speziell zu deklariren, sofern nicht nach §. 27 der Antrag auf amtliche Revision gestellt wird.

Zollfreie Gegenstände können auf Grund des Ladungsverzeichnisses ohne spezielle Deklaration abgefertigt werden.

Der Bevollmächtigte der Eisenbahnverwaltung, welcher das Ladungsverzeichniß unterzeichnet hat, haftet für die Richtigkeit[1] der in demselben enthaltenen Angaben hinsichtlich der Zahl und Art der geladenen Kolli-Abweichungen, welche sich bei der Revision von dem in den speziellen Deklarationen angegebenen Gewicht herausstellen, bleiben innerhalb der im §. 39 bezeichneten Grenzen straffrei.

Hinsichtlich des der Verzollung oder weitern Abfertigung zu Grunde zu legenden Gewichts finden die Bestimmungen im Schlußsatze des §. 47 Anwendung.

Auf den Antrag der Eisenbahnverwaltung können die Ladungsverzeichnisse auch einem anderen dazu befugten Amte zur Erledigung überwiesen werden.

[1] Vergl. Anm. zu § 63.

§. 67. Rücksichtlich der auf dem Transport zu Grunde gegangenen oder in verdorbenem oder zerbrochenem Zustande ankommenden Gegenstände gelten die Bestimmungen des §. 48.

§. 68. Bei der Revision und weiteren Abfertigung kommen die Bestimmungen in den §§. 39 bis 51 zur Anwendung.

2) Zollamtliche Behandlung der Güter, welche im gewöhnlichen Landfracht- oder Schiffsverkehr einem Grenzzollamte Behufs Weiterbeförderung mittelst der Eisenbahn zugeführt werden.

§. 69. Die aus dem Auslande eingegangenen Waaren, für welche das im Eisenbahnverkehr zulässige erleichterte Abfertigungsverfahren in Anspruch genommen wird, sind von dem Waarenführer unter Uebergabe der Ladungspapiere dem Grenzzollamte vorzuführen, welches die Waaren unter amtliche Aufsicht und Kontrole stellt. Vor der Verladung in die Eisenbahnwagen hat der Bevollmächtigte der Eisenbahnverwaltung das im §. 63 vorgeschriebene Ladungsverzeichniß zu übergeben.

Die Verladung geschieht unter amtlicher Aufsicht und unter Vergleichung der einzuladenden Güter mit dem Ladungsverzeichniß.

Hinsichtlich des weiteren Verfahrens gelten die Bestimmungen in den §§. 64 bis 68.

C. Waaren-Durchgang.

§. 70. Die zum unmittelbaren Durchgange auf den Eisenbahnen bestimmten Güter werden mit Begleitzetteln und Ladungsverzeichnissen und unter amtlichem Verschluß (§§. 63 und 64) zur Durchfuhr abgefertigt. Die Zollabfertigung beim Grenzausgangsamte beschränkt sich in der Regel auf die Prüfung und Lösung des Verschlusses und die Bescheinigung des Ausgangs über die Grenze.

Enden die Eisenbahnen bei dem Grenzausgangsamte, so hat das letztere eine Vergleichung der auszuladenden Güter mit dem Ladungsverzeichniß vorzunehmen.

Für den Durchfuhrverkehr auf Eisenbahnen, welche das Vereinsgebiet auf kurzen Strecken durchschneiden, können von der obersten Landes-Finanzbehörde weitere Erleichterungen zugestanden werden.

D. Waaren-Ausgang.

§. 71. Ausgangszollpflichtige[1] Güter dürfen zur Beförderung nach dem Auslande nicht verladen werden, bevor nicht der Ausgangszoll bei einer zu dessen Erhebung befugten Zoll- oder Steuerstelle entrichtet oder sichergestellt worden ist. Die Güter werden, wenn der Ausgangszoll bei einem Amte im Innern entrichtet ist, unter Kollo- oder Wagenverschluß unmittelbar nach dem Auslande abgefertigt. Bei dem Grenzausgangsamte findet alsdann nur die Prüfung und Lösung des Verschlusses statt.

Rücksichtlich der Güter, deren Ausfuhr nachgewiesen werden muß, kommen die Bestimmungen im §. 56 zur Anwendung.

[1] Die Zollpflichtigkeit tritt bei Ausfuhr mit Erreichung des letzten Zollamtes im Inlande, bei Einfuhr mit Erreichung des ersten, wenn auch im Auslande gelegenen, Zollamtes ein. RG. 29. 4. 89 (Entsch. in St.S. XIX 192).

§. 72. Wenn die Abfertigung bei dem Grenzzollamte nach Maaßgabe der vorstehenden Bestimmungen nicht in Anspruch genommen wird, so erfolgt die Abfertigung nach den in den §§. 39 bis 51 enthaltenen Bestimmungen.

E. Regulativ über die Behandlung des Eisenbahntransports.

§. 73. Die näheren Bestimmungen über die zollamtliche Behandlung des Güter- und Effektentransports auf den Eisenbahnen werden durch ein zu erlassendes Regulativ[1] getroffen.

[1] Bekanntmachung, betr. die zollamtliche Behandlung des Güter- und Effektentransports auf den Eisenbahnen vom 3. Aug. 1871.

XII. Waarenverschluß.

§. 95. Das erforderliche Material an Blei, Lack, Licht und Versicherungsschnur, sowie die fortan erforderlichen Schlösser beschafft die Zollverwaltung, vorbehaltlich des Anspruchs auf Ersatz der Kosten für verloren gegangene oder beschädigte Schlösser gegen diejenigen, welche die Schuld des Verlustes oder der Beschädigung trifft. Eisenbahnverwaltungen haben in dieser Beziehung für ihre Angestellten zu haften.

Das übrige zu der Verschlußvorrichtung nöthige Material muß von den Betheiligten besorgt werden.

XV. Kontrolen im Grenzbezirke.

Allgemeine Befreiung von der Legitimationsschein-Pflichtigkeit.

§. 120. Von der Verpflichtung zur Legitimation im Grenzbezirke sind allgemein befreit:

b) der Transport auf den dem öffentlichen Verkehr dienenden Eisenbahnen aus dem Binnenlande in den Grenzbezirk.

XVIII. Von den Dienststellen und Beamten und deren amtlichen Befugnissen.

A. Im Grenzbezirk.

§. 128. . . . .

Zur Abfertigung der auf den Eisenbahnen eingehenden Waaren mit Ladungsverzeichniß (§§. 63 und 69) sind Nebenzollämter erster Klasse ohne Einschränkung befugt.

B. Im Innern des Vereinsgebiets.

§. 131. . . . . . auf welche Aemtern-Abfertigungen nach Maaßgabe der §§. 63 und 66 bis 71, und bei welchen Aus- und Umladungen der auf den Eisenbahnen unter Wagenverschluß beförderten Güter (§. 65) stattfinden können, bestimmt die oberste Landes-Finanzbehörde.

XX. Strafbestimmungen.

Subsidiarische Vertretungsverbindlichkeit dritter Personen.

§. 153. 2) Eisenbahnverwaltungen [1] und Dampfschifffahrtsgesellschaften [haben] für ihre Angestellten und Bevollmächtigten rücksichtlich der Geldbußen [2], Zollgefälle und Prozeßkosten [3] zu haften, in welche die solchergestalt zu vertretenden Personen wegen Verletzung der zollgesetzlichen oder Zollverwaltungs-Vorschriften verurtheilt worden sind, die sie bei Ausführung der ihnen von den subsidiarisch Verhafteten übertragenen oder ein- für allemal überlassenen Handels-, Gewerbs- und anderen Verrichtungen zu beobachten hatten.

Der Zollverwaltung bleibt in dem Falle, wenn die Geldbuße von dem Angeschuldigten nicht beigetrieben werden kann, vorbehalten, die Geldbuße von dem subsidiarisch Verhafteten einzuziehen, ...

[1] Auch Straßenbahnen.

[2] Auch der Ordnungsstrafen wegen Verletzung der Zollvorschriften. RG. 22. 5. 85 (Eger, Entsch. IV 177).

[3] Die Bahn ist Prozeßbetheiligte (§ 3 StPO.), weil sie ein Verschulden in der Auswahl oder Bewachung des Beamten getroffen hat, RG. 29. 1. 91 (Eger, Entsch. VIII 218), sie muß zur Hauptverhandlung geladen werden, RG. 9. 6. 91 (Entsch. i. St.S. XXII 41) und kann hier auftreten.

---

8. Militärgesetzgebung.

a) Gesetz über die Naturalleistungen für die bewaffnete Macht im Frieden.

Vom 13. Februar 1875.

(RGBl. S. 52.)

§. 15. Jede Eisenbahnverwaltung ist verpflichtet,[1] die Beförderung der bewaffneten Macht und des Materials des Landheeres und der Marine gegen Vergütung nach Maßgabe eines vom Bundesrathe zu erlassenden und von Zeit zu Zeit zu revidirenden allgemeinen Tarifs[2] zu bewirken.

[1] Art. 47 RV.

[2] Vergl. Friedenstransport-Ordnung vom 11. Febr. 1888, RGBl. S. 23.

b) Gesetz über die Kriegsleistungen.

Vom 13. Juni 1873.

(RGBl. S. 129.)

§. 28. Jede Eisenbahnverwaltung ist verpflichtet:

1) die für die Beförderung von Mannschaften und Pferden erforderlichen Ausrüstungsgegenstände ihrer Eisenbahnwagen vorräthig zu halten;

2) die Beförderung der bewaffneten Macht und der Kriegsbedürfnisse zu bewirken;

3) ihr Personal und ihr zur Herstellung und zum Betriebe von Eisenbahnen dienliches Material herzugeben.

§. 29. Für die Bereithaltung der Ausrüstungsgegenstände der Eisenbahnwagen (§. 28 Nr. 1) wird eine Vergütung nicht gewährt.

Für die Militärtransporte (§. 28 Nr. 2) und die Hergabe von Betriebsmaterial (§. 28 Nr. 3) erhalten die Eisenbahnverwaltungen Vergütungen nach Maßgabe eines vom Bundesrathe zu erlassenden und von Zeit zu Zeit zu revidirenden allgemeinen Tarifs.[1]

Die Vergütung für das übrige hergegebene Material wird gemäß §§. 15 und 33 festgesetzt.

§. 30. Die den Eisenbahnverwaltungen nach §. 29 zu gewährenden Vergütungen werden bis nach Eingang, Prüfung und Feststellung der Liquidationen gestundet und von dem ersten Tage des auf den Eingang der gehörig belegten Liquidation folgenden Monats mit vier vom Hundert verzinst. Die Zahlung der festgestellten Beträge und Zinsen erfolgt nach Maßgabe der verfügbaren Mittel.

Hinsichtlich des Aufrufes und der Präklusion der auf Grund des §. 28 zu erhebenden Ansprüche finden die Bestimmungen im §. 22[2] analoge Anwendung.

[1] Art. 47 RV. Kriegstransport-Ordnung vom 26. Febr. 1887. RGBl. S. 9.

[2] Danach erfolgt der Aufruf nach Wiedereintritt des Friedensstandes und von da ab berechnet sich die Präklusionsfrist.

§. 31. Die Verwaltungen der Eisenbahnen auf dem Kriegsschauplatze selbst oder in der Nähe desselben haben bezüglich der Einrichtung, Fortführung, Einstellung und Wiederaufnahme des Bahnbetriebes den Anordnungen der Militärbehörde Folge zu leisten.

Im Falle des Zuwiderhandelns gegen diese Anordnungen ist die Militärbehörde berechtigt, dieselben auf Kosten der Eisenbahnverwaltungen zur Ausführung zu bringen.

---

9. Gesetz, betreffend die Beseitigung von Ansteckungsstoffen bei Viehbeförderungen[1] auf Eisenbahnen.

Vom 25. Februar 1876.

(RGBl. S. 163.)

§. 1. Die Eisenbahnverwaltungen sind verpflichtet, Eisenbahnwagen, in welchen Pferde, Maulthiere, Esel, Rindvieh, Schafe, Ziegen oder Schweine befördert worden sind, nach jedesmaligem Gebrauche einem Reinigungsverfahren (Desinfektion) zu unterwerfen, welches geeignet ist, die den Wagen etwa anhaftenden Ansteckungsstoffe vollständig zu tilgen.

Gleicherweise sind die bei Beförderung der Thiere zum Futtern, Tränken, Befestigen oder zu sonstigen Zwecken benutzten Geräthschaften zu desinfiziren.

Auch kann angeordnet werden, daß die Rampen, welche die Thiere beim Ein- und Ausladen betreten haben, sowie die Vieh-Ein- und Ausladeplätze und die Viehhöfe der Eisenbahnverwaltungen nach jeder Benutzung zu desinfiziren sind.

[1] Dieses Gesetz wird nicht berührt durch das Ges., betr. die Abwehr und Unterdrückung von Viehseuchen, vom 23. Juni 1880, RGBl. S. 153.

§. 2. Die Verpflichtung zur Desinfektion liegt in Bezug auf die Eisenbahnwagen und die zu denselben gehörigen Geräthschaften (§. 1 Abs. 1 und 2) derjenigen Eisenbahnverwaltung ob, in deren Bereich die Entladung der Wagen stattfindet. Erfolgt die letztere im Auslande, so ist zur Desinfektion diejenige deutsche Eisenbahnverwaltung verpflichtet, deren Bahn von den Wagen bei der Rückkehr in das Reichsgebiet zuerst berührt wird.

Die Eisenbahnverwaltungen sind berechtigt, für die Desinfektion eine Gebühr zu erheben.

§. 3. Der Bundesrath ist ermächtigt, Ausnahmen von der durch die §§. 1 und 2 festgesetzten Verpflichtung für den Verkehr mit dem Auslande insoweit zuzulassen, als die ordnungsmäßige Desinfektion der zur Viehbeförderung benutzten, im Auslande entladenen Wagen vor deren Wiedereingang genügend sichergestellt ist.

Auch ist der Bundesrath ermächtigt, Ausnahmen von der gedachten Verpflichtung für den Verkehr im Inlande zuzulassen, jedoch für die Beförderung von Rindvieh, Schafen und Schweinen nur innerhalb solcher Theile des Reichsgebietes, in welchen seit länger als drei Monaten Fälle von Lungenseuche und von Maul- und Klauenseuche nicht vorgekommen sind.

§. 4. Die näheren Bestimmungen über das anzuordnende Verfahren, über Ort und Zeit der zu bewirkenden Desinfektion, sowie über die Höhe der zu erhebenden Gebühren werden auf Grund der von dem Bundesrath aufzustellenden Normen von den Landesregierungen getroffen.[1]

[1] Zu § 3 u. 4: Bekanntm. v. 6. Mai 1876, C.Bl. S. 251.

§. 5. Im Eisenbahndienste beschäftigte Personen, welche die ihnen nach den auf Grund dieses Gesetzes erlassenen Bestimmungen vermöge ihrer dienstlichen Stellung oder eines ihnen ertheilten Auftrages obliegende Pflicht der Anordnung, Ausführung oder Ueberwachung einer Desinfektion vernachlässigen, werden mit Geldstrafe bis zu eintausend Mark, und wenn in Folge dieser Vernachlässigung Vieh von einer Seuche ergriffen worden, mit Geldstrafe bis zu dreitausend Mark oder Gefängniß bis zu einem Jahre bestraft, sofern nicht durch die Vorschriften des Strafgesetzbuches eine der Art oder dem Maße nach schwerere Strafe angedroht ist.

§. 6. Der §. 6 des Gesetzes vom 7. April 1869, Maßregeln gegen die Rinderpest betreffend, (Bundes-Gesetzbl. S. 105) ist aufgehoben.

10. Reichs-Gewerbeordnung.

Vom 1. Juli 1883.

(RGBl. S. 177.)

§. 6. Das gegenwärtige Gesetz[1] findet keine Anwendung ..... auf den Gewerbebetrieb[2] der Eisenbahn unternehmungen .....

[1] Nämlich die Gewerbeordnung.

[2] Nur bezüglich des Gewerbebetriebes ist die GO. ausgeschlossen, also nicht bezüglich der Eisenbahnbau-Unternehmungen. RG. 26. 9. 82 (Entsch. i. C.S. VIII 54), nicht bei den Eisenbahnwerkstätten. RG. 30. 12. 82 (Entsch. i. C.S. VIII 150).

II. Bürgerliches Recht.

1. Allgemeines Deutsches Handelsgesetzbuch.

Vom 5. Juni 1869.

(BGBl. S. 379.)

Zweiter Abschnitt. Von dem Frachtgeschäft der Eisenbahnen insbesondere.[1]

Art. 422.[2] Eine Eisenbahn, welche dem Publikum zur Benutzung für den Gütertransport eröffnet[3] ist, kann die bei ihr nachgesuchte Eingehung eines Frachtgeschäfts für ihre Bahnstrecke[4] nicht verweigern,[5] insofern

1) die Güter an sich oder vermöge ihrer Verpackung nach den Reglements und im Falle die letzteren fehlen oder keinen Anhalt gewähren, nach den Einrichtungen und der Benutzungsweise der Bahn zum Transport sich eignen;

2) der Absender in Bezug auf die Fracht, die Auflieferung der Güter und die sonstigen den Eisenbahnen freigestellten Transportbedingungen sich den allgemein geltenden Anordnungen der Bahnverwaltung unterwirft;

3) die regelmäßigen Transportmittel der Bahn zur Ausführung des Transports genügen.

Die Eisenbahnen sind nicht verpflichtet, die Güter zum Transport eher anzunehmen, als bis die Beförderung derselben geschehen kann.

In Ansehung der Zeit der Beförderung darf kein Absender vor dem Anderen ohne einen in den Einrichtungen der Bahn, in den Transportverhältnissen, oder im öffentlichen Interesse liegenden Grund begünstigt werden.

Zuwiderhandlungen gegen die Bestimmungen dieses Artikels begründen den Anspruch auf Ersatz des dadurch entstandenen Schadens.

[1] Der erste Abschnitt — Art. 390 bis 421 — enthält die allgemeinen Bestimmungen über das Frachtgeschäft.

[2] Die folgenden Bestimmungen werden durch die auf Grund der Art. 41 ff. RV. erlassene Verkehrsordnung (siehe oben), sowie bezüglich des internationalen Verkehrs durch das Internationale Uebereinkommen über den Eisenbahnfrachtverkehr (siehe oben) ergänzt. Die Bestimmungen derselben sind jedoch wirkungslos, soweit sie denjenigen des HGB. zuwiderlaufen.

[3] Die Eröffnung für den Gütertransport muß förmlich geschehen und bekannt gemacht sein, Mitnahme einzelner Güter giebt keinen Beweis.

[4] Weder durch HGB. noch durch die V.O. sind die Eisenbahnen zur Eingehung von Transportverträgen über ihr Bahngebiet hinaus verpflichtet. RG. 2. 7. 87 (Eger, Entsch. V 377).

[5] § 6 VO. Internat. Uebereinkommen.

Art. 423. Die im Artikel 422 bezeichneten Eisenbahnen sind nicht befugt, die Anwendung der in den Artikeln 395, 396, 397, 400, 401, 408[1] enthaltenen Bestimmungen über die Verpflichtung des Frachtführers zum Schadensersatze, sei es in Bezug auf den Eintritt, den Umfang oder die Dauer[2] der Verpflichtung oder in Bezug auf die Beweislast, zu ihrem Vortheil durch Verträge[3] (mittelst Reglements oder durch besondere Uebereinkunft) im Voraus auszuschließen oder zu beschränken, außer, soweit solches durch die nachfolgenden Artikel zugelassen ist.

Vertragsbestimmungen, welche dieser Vorschrift entgegenstehen, haben keine rechtliche Wirkung.[4]

[1] Die Bestimmungen der angeführten Artikel sind in die BO. aufgenommen, also auch aus diesem Grunde nicht ausschließbar.

[2] Die einjährige Verjährungsfrist der §§ 7, 91 BO. ist nach Art. 386, 498 Abs. 2 und 423 HGB. rechtsunwirksam. RG. 30. 9. 82 (Entsch i. C.S. VII 130).

[3] Der Eisenbahnunternehmer kann jedoch die Haftung für seine Leute ausschließen, wenn die Möglichkeit gegeben ist, durch Erhöhung der Fracht oder durch eine andere Transportart diese Beschränkung in Wegfall zu bringen. RG. 11. 2. 88 (Entsch. i. C.S. XX 117).

[4] Der Vertrag über unentgeltliche Ueberlassung von Wagendecken ist kein Frachtvertrag, die Bahn daher hierbei zum Ausschluß ihrer Haftpflicht berechtigt. LG. Leipzig 11. 11. 91 (Eger, Entsch. IX 98).

Art. 424. Es kann bedungen[1] werden:

1) in Ansehung der Güter, welche nach Vereinbarung mit dem Absender in unbedeckten[2] Wagen[3] transportirt werden:

   daß für den Schaden nicht gehaftet werde, welcher aus der mit dieser Transportart verbundenen Gefahr[4] entstanden ist;

2) in Ansehung der Güter, welche, ungeachtet ihre Natur eine Verpackung zum Schutze gegen Ver-

lust oder Beschädigung auf dem Transport erfordert, nach Erklärung des Absenders auf dem Frachtbrief unverpackt oder mit mangelhafter Verpackung aufgegeben sind:

daß für den Schaden nicht gehaftet werde, welcher aus der mit dem Mangel der Verpackung oder mit der mangelhaften Beschaffenheit der Verpackung verbundenen Gefahr entstanden ist;

3) in Ansehung der Güter, deren Auf- und Abladen nach Vereinbarung mit dem Absender von diesem besorgt wird:

daß für den Schaden nicht gehaftet werde, der aus der mit dem Auf- und Abladen oder mit mangelhafter Verladung verbundenen Gefahr entstanden ist;[5]

4) in Ansehung der Güter, welche vermöge ihrer eigenthümlichen natürlichen Beschaffenheit[6] der besonderen Gefahr[7] ausgesetzt sind, gänzlichen oder theilweisen Verlust oder Beschädigung, namentlich Bruch,[8] Rost, inneren Verderb, außergewöhnliche Leckage[9] u. s. w. zu erleiden:

daß für den Schaden nicht gehaftet werde, welcher aus dieser Gefahr entstanden ist;

5) in Ansehung lebender Thiere:

daß für den Schaden nicht gehaftet werde, welcher aus der mit dem Transport dieser Thiere für dieselben verbundenen besonderen Gefahr entstanden ist;

6) in Ansehung begleiteter Güter:
daß für den Schaden nicht gehaftet werde, welcher aus der Gefahr entstanden ist, deren Abwendung durch die Begleitung bezweckt wird.

Ist eine der in diesem Artikel zugelassenen Bestimmungen bedungen, so gilt zugleich als bedungen, daß bis zum Nachweise des Gegentheils vermuthet werden soll, daß ein eingetretener Schaden, wenn er aus der nicht übernommenen Gefahr entstehen konnte, aus derselben wirklich entstanden ist.

Eine nach diesem Artikel bedungene Befreiung von der Haftpflicht kann nicht geltend gemacht werden, wenn nachgewiesen wird, daß der Schaden durch Verschulden der Bahnverwaltung oder ihrer Leute entstanden ist.

[1] Vergl. § 77 und Anm. BO. Art. 31 Internat. Uebereink.

[2] Dazu gehören auch die offenen, nur mit einer Decke überzogenen Wagen. RG. 10. 7. 88 (Eger, Entsch. VII 14).

[3] Haftbefreiung der Bahn ebenso, wenn sie statt des zulässigen offenen Wagens einen bedeckten genommen hat. RG. 18. 11. 79 (Eger, Entsch. I 9 u. 11).

[4] Abbrennen im unbedeckten Wagen gilt als Folge dieser Transportart, RG. 11. 5. 87 (Eger, Entsch. V 272), wenn nicht die Bahn dadurch ein Verschulden trifft, daß sie den Wagen der Lokomotive zu nahe in den Zug eingestellt hat, und der Brandschaden durch Funkenauswurf der Lokomotive entstanden ist. RG. 22. 2. 88 (Eger, Entsch. VII 22).

[5] Dazu gehört nicht das Fehlen einzelner Kolli, die Bahn haftet für das Vorhandensein des im Frachtbriefe aufgeführten Quantums. RG. 5. 12. 79 (Eger, Entsch. I 38).

[6] Zur Beschränkung der Haftpflicht ist bei entzündlichen Waaren nicht die bloße Möglichkeit der Entzündung, sondern der Nachweis der leichten Selbstentzündbarkeit erfordert. RG. 13. 2. 86 (Eger, Entsch. V 136).

[7] Besondere Gefahr ist nicht gleichbedeutend mit besonders großer Gefahr, betrifft vielmehr jede aus der eigenthümlichen natürlichen Beschaffenheit des Gutes im Allgemeinen herrührende (Selbstentzündung von Flachs). Oesterreich. Oberster Gerichtshof 19. 1. 87 (Eger, Entsch. VI 12).

[8] Für Zerbrechen von Glastafeln haftet die Bahn nur, wenn ihr Verschulden nachgewiesen wird. K. Ungarische Kurie 10. 7. 91 (Eger, Entsch. IX 220).

[9] Auslaufen eines Oelfasses, wenn nicht die Bahn dadurch ein Verschulden trifft, daß sie es ohne Schutz in der Sonne hat liegen lassen. K. Ungarische Kurie 17. 11. 91 (Eger, Entsch. IX 232).

[10] Der Gegenbeweis muß sich auf eine andere als die im Gesetze aufgeführten Entstehungsursachen des Schadens stützen. Naturereignisse, wie strenge Kälte, begründen nicht ohne Weiteres den Einwand der höheren Gewalt. OLG. Braunschweig 22. 5. 85 (Eger, Entsch. IV 282).

Art. 425. In Ansehung des Reisegepäcks kann bedungen werden:

1) daß für Verlust oder Beschädigung von Reisegepäck,[1 2] welches nicht zum Transport aufgegeben ist, nur gehaftet werde, wenn ein Verschulden der Bahnverwaltung oder ihrer Leute nachgewiesen wird. Dasselbe kann in Ansehung von Gegenständen bedungen werden, welche sich in Reise-Equipagen befinden;

2) daß für Verlust von Reisegepäck,[3] welches zum Transport aufgegeben ist, nur gehaftet werde, wenn das Gepäck binnen einer bestimmten Frist nach der Ablieferungszeit abgefordert wird.

Die Frist darf nicht kürzer als drei Tage sein.

[1] Begreift nur das „Handgepäck" der VO.; ebenda § 28.

[2] Von der Mitnahme als solches ausgeschlossene Gegenstände: § 29 BO.

[3] Begreift das „Reisegepäck" der BO.; ebenda §§ 30—38.

Art. 426. In Ansehung der Güter, welche nach ihrer natürlichen Beschaffenheit[1] bei dem Transport regelmäßig einen Verlust an Gewicht oder an Maaß erleiden, kann bedungen werden, daß bis zu einem im Voraus bestimmten Normalsatze für Verlust an Gewicht oder Maaß nicht gehaftet werde. Der Normalsatz muß, im Falle mehrere Stücke zusammen transportirt worden sind, für jedes einzelne Stück besonders berechnet werden, wenn das Gewicht oder Maaß der einzelnen Stücke im Frachtbrief verzeichnet oder sonst erweislich ist.

Die hier bezeichnete Bestimmung kann nicht geltend gemacht werden, wenn nachgewiesen wird, daß der Verlust nach den Umständen des Falles nicht in Folge der natürlichen Beschaffenheit des Guts entstanden ist, oder daß der bestimmte Normalsatz dieser Beschaffenheit oder den sonstigen Umständen des Falles nicht entspricht.

[1] § 78 BO., Art. 32 d. Internat. Uebereink.

Art. 427. Es kann bedungen werden:

1) daß der nach Artikel 396 der Schadensberechnung[1] zu Grunde zu legende Werth den im Frachtbrief, im Ladeschein oder im Gepäckschein als Werth des Guts angegebenen Betrag und in Ermangelung einer solchen Angabe einen im Voraus bestimmten Normalsatz nicht übersteigen soll;
2) daß die Höhe des nach Artikel 397 wegen ver-

späteter Lieferung[2] zu leistenden Schadenersatzes den im Frachtbrief, im Ladeschein oder im Gepäckschein als die Höhe des Interesses an der rechtzeitigen Lieferung angegebenen Betrag und in Ermangelung einer solchen Angabe einen im Voraus bestimmten Normalsatz, welcher auch in dem Verluste der Fracht oder eines Theiles derselben bestehen kann, nicht übersteigen soll.

Im Falle einer böslichen Handlungsweise[3] der Eisenbahnverwaltung oder ihrer Leute[4] kann die Beschränkung der Haftpflicht auf den Normalsatz oder den angegebenen Werth des Guts nicht geltend gemacht werden.

[1] §§ 80, 81, 83 BO.

[2] §§ 85—87 BO.

[3] § 88 BO. Der Begriff umfaßt außer Arglist nicht jede grobe Fahrlässigkeit, sondern nur denjenigen Frevelmuth, der sich der Rechswidrigkeit der That bewußt ist. RG. 5. 12. 79 (Eger, Entsch. I 40); wenn z. B. der Frachtführer zum leichteren Transport die ihm übergebenen Hölzer durchgesägt hat. RG. 10. 1. 80 (Eger, Entsch. I 84). Unaufgeklärtes Abhandenkommen des Guts involvirt nicht bösliche Handlungsweise. Oesterreich. Oberster Gerichtshof 3. 1. 88 (Eger, Entsch. V 454). Bei einem unversehrt abgegangenen, aber angebohrt angekommenen Faß wurde bösliche Handlungsweise angenommen. RG. 25. 11. 79 (Eger, Entsch. I 21).

[4] Voraussetzung ist, daß die Bahnbediensteten die That mit Bezug auf aber bei Ausübung ihres Dienstes vollführten, RG. 30. 9. 82 (Entsch. i. C.S. VII 127), aber selbst dann haftet die Bahn für diese nicht, wenn sie erweislich genügende Schutzmaßregeln (genügende Kontrole der Beamten) getroffen hat. RG. 24. 5. 87 (Eger, Entsch. V 419).

Art. 428. Es kann bedungen werden, daß nach erfolgter Empfangnahme des Guts und Bezahlung der

Fracht jeder Anspruch[1] wegen Verlustes an dem Gute oder wegen Beschädigung desselben auch dann, wenn dieselben bei der Ablieferung nicht erkennbar waren und erst später entdeckt worden sind (Artikel 408 Abs. 2), erlischt, wenn der Anspruch nicht binnen einer bestimmten Frist nach der Ablieferung bei der Eisenbahnverwaltung angemeldet worden ist.

Die Frist darf nicht kürzer als vier Wochen sein.

[1] § 90 BO.

Art. 429. Wenn eine Eisenbahn das Gut mit einem Frachtbrief übernimmt, nach welchem der Transport durch mehrere sich aneinander anschließende Eisenbahnen zu bewirken ist, so kann bedungen werden, daß nicht sämmtliche Eisenbahnen, welche das Gut mit dem Frachtbrief übernommen haben, nach Maaßgabe des Artikels 401 als Frachtführer für den ganzen Transport haften, sondern daß nur die erste Bahn[1] und diejenige Bahn, welche das Gut mit dem Frachtbriefe zuletzt übernommen hat, dieser Haftpflicht für den ganzen Transport unterliegt, vorbehaltlich des Rückgriffs der Eisenbahnen gegeneinander, daß dagegen eine der übrigen, in der Mitte liegenden, Eisenbahnen nur dann als Frachtführer in Anspruch genommen werden kann, wenn ihr nachgewiesen wird, daß der Schaden auf ihrer Bahn sich ereignet hat.

[1] Die Haftung mehrerer Bahnen ist eine solidarische; die Haftbeschränkung bezüglich der Zwischenbahnen tritt auch dann ein, wenn die Endstation im Auslande liegt. OLG. Colmar 9. 12. 92 (Eger, Entsch. X 299). Art. 47—50 internat. Uebereink.; § 74 BO.

Art. 430. Wenn eine Eisenbahn das Gut mit einem Frachtbrief zum Transport übernimmt,[1] in welchem als

Ort der Ablieferung ein weder an ihrer Bahn, noch an einer der sich an sie anschließenden Bahnen liegender Ort bezeichnet ist, so kann bedungen werden, daß die Haftpflicht der Eisenbahn oder der Eisenbahnen als Frachtführer nicht für den ganzen Transport bis zum Ort der Ablieferung, sondern nur für den Transport bis zu dem Ort bestehe, wo der Transport mittelst Eisenbahn enden soll; ist dies bedungen, so treten in Bezug auf die Weiterbeförderung nur die Verpflichtungen des Spediteurs ein.

[1] § 87 BO.

Art. 431. Ist von dem Absender auf dem Frachtbrief bestimmt, daß das Gut an einem an der Eisenbahn liegenden Ort[1] abgegeben werden oder liegen bleiben soll, so gilt, ungeachtet im Frachtbrief ein anderweitiger Bestimmungsort angegeben ist, der Transport als nur bis zu jenem an der Bahn liegenden Ort übernommen, und die Bahn ist nur bis zur Ablieferung an diesem Ort verantwortlich.

[1] § 76 Abs. 3 BO.

---

2. Gesetz, betreffend die Verbindlichkeit zum Schadenersatz für die bei dem Betriebe von Eisenbahnen, Bergwerken etc. herbeigeführten Tödtungen und Körperverletzungen.

Vom 7. Juni 1871.

(RGBl. S. 207.)

§. 1. Wenn[1] bei dem Betriebe[2] einer Eisenbahn[3] ein Mensch getödtet oder körperlich verletzt wird, so haftet der Betriebs-Unternehmer[4] für den dadurch entstandenen Schaden, sofern er nicht beweist,[5] daß der Unfall durch höhere Gewalt[6] oder durch eigenes Verschulden[7] des Getödteten oder Verletzten verursacht ist.

[1] § 1 unabhängig von Art. 1385 c. c. und § 25 Eisenbahngesf. v. 1838, RG. 10. 5. 92 (Eger, Entsch. X 197); gilt auch für Dampfstraßenbahnen, Pferdebahnen, selbst bei Bewegen eines Lowrys durch Menschenhand. RG. 15. 1. 91 (Eger, Entsch. I 357).

[2] Ein Unfall ist beim Betriebe erfolgt: wenn mit Benutzung der unfallveranlassenden Verrichtung die besondere Gefährlichkeit des Bahnbetriebes verbunden ist, RG. 10. 2. 80 (Eger, Entsch. I 127); beim Rangiren, RG. 9. 12. 79 (Eger, Entsch. I 43); bei eiliger Einladung von Kohlen auf Lokomotiven, RG. 24. 6. 86 (Eger, Entsch. VI), jedoch nicht, wenn keine Eile nöthig ist, RG. 11. 7. 85 (Eger, Entsch. IV 214); bei Verunglückung durch mangelhafte Beleuchtung der dienstlich zu betretenden Schienen (Zollbeamter), RG. 2. 2. 82 (Eger, Entsch. I 378); bei eiliger Beladung eines Wagens, RG. 20. 9. 87 (Eger, Entsch. V 442); bei dienstlichem Ueberschreiten der Gleise (Hängenbleiben), RG. 9. 6. 85 (Eger, Entsch. IV 196); bei jeder infolge der Eigenart des Betriebes besonders rasch zu vollziehenden Handlung, selbst wenn nur der Verunglückte selbst diese Eile — wenn auch irrthümlich — für nöthig hielt, RG. IV 445; beim Ein- und Aussteigen, RG. 9. 3. 94 (Eger, Entsch. X 363); bei Sturz aus dem Zuge, RG. 21. 11. 85 (Eger, Entsch. IV 378); bei Scheuwerden eines Pferdes durch die Bahn, RG. 12. 11. 91 (Eger, Entsch. IX 109); wenn nur ursächlicher Zusammenhang mit dem eigentlichen Fortbewegen möglich ist, RG. 28. 12. 80 (Eger, Entsch. I 343). — Nicht beim Betrieb: Verletzung des Heizers nach Beendigung der Fahrt im Lokomotivschuppen, RG. 29. 1. 86 (Eger, Entsch. IV 404); beim Putzen einer nicht geheizten Lokomotive, OLG. Dresden 2. 2. 87 (Eger, Entsch. V 240); Fall von einem stillstehenden Wagen, wenn nicht besondere Eile nöthig war, RG. 18. 11. 86 (Eger, Entsch. V 208); beim Heben einer entgleisten Lokomotive, RG. 29. 9. 80 (Eger, Entsch. I 280); jedoch wohl bei Ausbesserung eines Wagens unterwegs, RG. 21. 12. 80 (Eger,

Entsch. I 339); nicht beim Herablassen einer Signallaterne. RG. 7. 2. 80 (Eger, Entsch. I 125).

[3] Jede Bahn, bei der die besonderen Gefahren des Eisenbahnbetriebes vorliegen, RG. 24. 5. 92 (Eger, Entsch. X 11), unter diesen Bedingungen auch Arbeitsbahnen, RG. 17. 3. 80 (Eger, Entsch. I 136); stets: Straßenbahnen, OLG. Colmar 16. 2. 85 (Eger, Entsch. IV 39), Pferdebahnen RG. 22. 6. 80 (Eger, Entsch. I 228); auch wenn die Bahnen dem öffentlichen Verkehr nicht übergeben sind, RG. 21. 1. 80 (Eger, Entsch. I 106) — nicht: Rutschbahnen auf Holzplätzen, RG. 18. 1. 91 (Eger, Entsch. VIII 366), in Steinbrüchen. RG. 13. 4. 86 (Eger, Entsch. V 383).

[4] D. i. derjenige, der auf eigenen Namen und zum eigenen Vortheil die Bahn betreibt, RG. 14. 11. 79 (Eger, Entsch. I 5), also nicht nothwendig der Eigenthümer, z. B. bei den unter Staatsverwaltung stehenden Privatbahnen die Staatsverwaltung, RG. 19. 5. 80 (Eger, Entsch. I 174); bei Anschlußgeleisen derjenige, welcher die Wagen auf denselben bewegen läßt, RG. 27. 4. 86 (Eger, Entsch. V 34); soweit die Unfallversicherung in Betracht kommt, geht das Recht des Verletzten auf die betr. Berufsgenossenschaft über. RG. 1. 4. 91 (Eger, Entsch. VIII 267).

[5] Wenn der Vorgang unaufgeklärt bleibt, haftet die Bahn stets. RG. 16. 9. 90 (Eger, Entsch. VIII 51).

[6] Diese liegt dann vor, wenn der Unfall trotz Anwendung zweckmäßiger Einrichtungen nicht verhindert werden konnte, d. h. solcher, die möglich waren, ohne den wirthschaftlichen Zweck des Unternehmens gänzlich auszuschließen, RG. 1. 12. 92 (Eger, Entsch. X 31); höhere Gewalt liegt vor: bei Unfall in Folge plötzlich eintretenden, nicht vorauszusehenden Irrsinns. RG. 9. 7. 80 (Eger, Entsch. I 250); nicht bloß bei elementaren Ereignissen, sondern bei allen von außerhalb des Betriebes einwirkenden, die weder vorausgesehen, noch verhindert werden konnten, RG. 15. 1. 81 (Eger, Entsch. I 360), also bei Anstürmen einer außergewöhnlichen Menschenmenge nur dann, wenn eine solche überhaupt nicht zu erwarten war, RG. 9. 2. 93 (Eger, Entsch. X 58), und die Bahn alles Mögliche zur Verhütung gethan hat. RG. 7. 7. 90 (Eger, Entsch. VIII 40). Höhere Gewalt liegt nicht vor: bei Zufall, RG. 18. 9. 85

(Eger, Entsch. IV 370); bei Scheuwerden von Thieren durch das Bahngeräusch, RG. 1. 3. 94 (Eger, Entsch. X 270); ferner nicht, wenn die Gefahr zwar nicht mehr zur Zeit des Unfalls, aber doch durch frühere Maßregeln rechtzeitig hätte abgewandt werden können. RG. 21. 6. 88 (Eger, Entsch. VI 329).

[7] Solches liegt vor: wenn auch dadurch der Unfall nur mittelbar verursacht ist, z. B. wenn der Verletzte durch sein Verhalten den Bahnbeamten zum pflichtmäßigen Einschreiten genöthigt und dadurch den Unfall veranlaßt hat, RG. 2. 1. 93 (Eger, Entsch. X 44); bei verbotenem Aufenthalt auf der Bahnstrecke außerhalb der Uebergänge, RG. 29. 5. 85 (Eger, Entsch. IV 183); auch dann, wenn ein Beamter aus nicht aufgeklärten Gründen unmittelbar vor einem Zuge das Gleise überschritten hat, RG. 13. 3. 86 (Eger, Entsch. V 19); bei selbstverschuldeter Trunkenheit. RG. 3. 3. 86 (Eger, Entsch. V 142). Bei Konkurrenz mit höherer Gewalt kommt letztere nicht in Betracht, RG. 23. 3. 88 (Eger, Entsch. VI 216), bei konkurrirenden Verschulden des Betriebsunternehmers und des Verletzten kommt es darauf an, auf wessen Seite das größere Verschulden liegt. RG 26. 6. 87 (Eger, Entsch. VI 54). Ob die Verletzung einer Dienstvorschrift „eigenes Verschulden" enthält, richtet sich nach der Sachlage. RG. 4. 3. 81 (Eger, Entsch. I 417). Der Mangel einer Schranke oder Warnungstafel hebt den Vorwurf eigenen Verschuldens nicht auf. OLG. Dresden 9. 12. 86 (Eger, Entsch. V 210). „Eigenes Verschulden" liegt nicht vor: trotz Ueberschreitung eines zur Verhütung von Unfällen erlassenen Verbotes, wenn die Bahn dasselbe durch stillschweigende Billigung begünstigt hat (Aussteigen aus einem in Bewegung befindlichen Zuge), RG. 23. 12. 79 (Eger, Entsch. I 63); ferner nicht beim Ueberhören eines Signals durch einen dienstlich sehr angestrengten Beamten, RG. 13. 7. 80 (Eger, Entsch. I 263); wenn der Unfall durch vorschriftswidriges Befestigen der Zugleine eintrat, RG. 7. 12. 80 (Eger, Entsch. I 324); bei instruktionswidriger Fahrkartenkontrole während der Fahrt mangels genügender Zeit bei den Aufenthalten, RG. 5. 4. 88 (Eger, Entsch. VI 378); bei einfachem Ueberschreiten eines polizeilichen Verbots (Verweilen auf der Wagenplattform während der Fahrt, RG. 30. 6. 91 (Eger, Entsch. VIII 374); wenn Jemand unter Nichtbeachtung der ihm

obliegenden Sorgfalt eine andere größere Gefahr abzuwenden sucht. RG. 31. 1. 87 (Eger, Entsch. V 240). Bei Verletzung eines Kindes kann sich der Betriebsunternehmer nicht auf ein Verschulden der Eltern berufen. RG. 20. 10. 91 (Eger, Entsch. IX 91).

§. 2 kommt hier nicht in Betracht.

§. 3. Der Schadenersatz (§§. 1 und 2) ist zu leisten:

1. im Falle der Tödtung[1] durch Ersatz der Kosten einer versuchten Heilung[2] und der Beerdigung, sowie des Vermögensnachtheils,[3] welchen der Getödtete während der Krankheit durch Erwerbsunfähigkeit oder Verminderung der Erwerbsfähigkeit erlitten hat. War der Getödtete zur Zeit seines Todes vermöge Gesetzes[4] verpflichtet, einem Andern Unterhalt zu gewähren, so kann dieser insoweit Ersatz fordern, als ihm in Folge des Todesfalles der Unterhalt[5] entzogen worden ist;
2. im Fall einer Körperverletzung durch Ersatz[6] der Heilungskosten und des Vermögensnachtheils,[7] welchen der Verletzte durch eine in Folge der Verletzung eingetretene zeitweise oder dauernde Erwerbsunfähigkeit oder Verminderung der Erwerbsfähigkeit erleidet.

[1] Voraussetzung: im Eisenbahnbetrieb. RG. 29. 11. 88 (Eger, Entsch. VIII 441).

[2] Der Geschädigte hat die geforderten Heilungskosten als thatsächlich aufgewendet zu beweisen, RG. 19. 1. 91 (Eger, Entsch. VIII 250); zu den Heilungskosten gehören auch diejenigen der vermehrten Pflege, selbst bei Vorhandensein von alimentationspflichtigen Ascendenten, RG. 11. 2. 90 (Eger, Entsch. VII 408), ebenso diejenigen zur Verhütung der Verschlimmerung, RG. 9. 10. 80 (Eger, Entsch. I 285).

[3] Entschädigungsansprüche nicht abhängig von der Hülfsbedürftigkeit.

[4] Nur soweit, nicht auch aus anderem Rechtstitel und nur in dem gesetzlichen Umfange. RG. 21. 2. 89 (Eger, Entsch. VII 80). Gesetzlich nach Tod anfallende Wittwen- und Waisengelder sind stets auf Rente anzurechnen, RG. 19. 1. 86 (Eger, Entsch. IV 400), so die nach Fürsorgegesetz vom 21. April 1881 gewährten. RG. 19. 1. 86 (Eger, Entsch. V 3).

[5] Derselbe braucht jedoch bis dahin nicht schon thatsächlich geleistet sein. RG. 20. 10. 85 (Eger, Entsch. IV 313).

[6] Nicht für Verlust der Arbeitsfähigkeit, sondern des Verdienstes. RG. 18. 1. 92 (Eger, Entsch. IX 145). Für Handverletzung kein Anspruch, wenn das Verdienst nicht verringert ist. RG. 20. 3. 88 (Eger, Entsch. VIII 269). Diese Ansprüche sind nicht „Alimentenforderungen," daher pfändbar. RG. 23. 10. 88 (Eger, Entsch. VII 150). Die Entschädigungspflicht ruht während der Dauer einer Strafhaft, RG. 23. 12. 79 u. 9. 10. 90; sie geht durch Wiederverheirathung der Wittwe nicht ohne Weiteres unter, RG. 5. 12. 92 (Eger, Entsch. X 32); ebenso nicht durch nachträglich erworbenes, die Rente übersteigendes Arbeitsverdienst, RG. 12. 2. 88 (Eger, Entsch. VIII 243); sie entsteht mit dem Tage des Unfalls auch bezüglich eines verunglückten Kindes wegen der voraussichtlich später eintretenden Erwerbsbeschränkung. RG. 2. 12. 79 (Eger, Entsch. I 92). Wenn der Verletzte erst nach dem Unfall geheirathet hat, haben nach seinem Tode seine Wittwe und Kinder einen selbstständigen Entschädigungsanspruch. RG. 20. 1. 80 (Eger, Entsch. I 103).

[7] Ersatzanspruch davon abhängig, daß der Verletzte selbst nach Kräften für seine Heilung Sorge getragen hat; davon hängt die Pflicht zur Duldung einer Operation ab. RG. 22. 12. 90 (Eger, Entsch. VIII 197). Der Betriebsunternehmer kann nicht statt Gewährung der Rente verlangen, daß der Verletzte die Arbeit bei ihm fortsetzt, dies wäre unzulässige Freiheitsbeschränkung. RG. 8. 5. 91 (Eger, Entsch. I 167).

§. 4. War der Getödtete oder Verletzte unter Mitleistung von Prämien oder anderen Beiträgen durch den

Betriebs-Unternehmer bei einer Versicherungsanstalt, Knappschafts-, Unterstützungs-, Kranken- oder ähnlichen Kasse gegen den Unfall versichert, so ist die Leistung der Letzteren an den Ersatzberechtigten auf die Entschädigung einzurechnen,[1] wenn die Mitleistung des Betriebs-Unternehmers nicht unter einem Drittel der Gesammtleistung beträgt.

[1] Pension nicht ohne Weiteres in die von der zur Pensionszahlung verpflichteten Bahn zu zahlende Entschädigung einzurechnen. RG. 27. 2. 85 (Eger, Entsch. IV 132). Die Rente nach Fürsorgegesetz vom 20. April 1884 ist in Anrechnung zu bringen. RG. 19. 1. 86 (Eger, Entsch. V 3).

§. 5. Die in den §§. 1 und 2 bezeichneten Unternehmer sind nicht befugt, die Anwendung der in den §§. 1 bis 3 enthaltenen Bestimmungen zu ihrem Vortheil durch Verträge (mittelst Reglements oder durch besondere Uebereinkunft) im Voraus[1] auszuschließen oder zu beschränken.

Vertragsbestimmungen, welche dieser Vorschrift entgegenstehen, haben keine rechtliche Wirkung.

[1] D. i. vor dem Unfalle; Vergleiche nach demselben sind zulässig, RG. 1. 6. 86 (Eger, Entsch. IV 457).

§. 6 ist durch § 13 Abs. 2 Z. 3 des Einf.Ges. zur CPO. aufgehoben.

§. 7. Das Gericht hat unter Würdigung[1] aller Umstände über die Höhe des Schadens, sowie darüber, ob, in welcher Art und in welcher Höhe Sicherheit[2] zu bestellen ist, nach freiem Ermessen zu erkennen. Als Ersatz für den zukünftigen Unterhalt oder Erwerb ist, wenn nicht beide Theile über die Abfindung in Kapital einverstanden sind, in der Regel eine Rente[3] zuzubilligen.

Der Verpflichtete kann jederzeit die Aufhebung oder Minderung[4] der Rente fordern, wenn diejenigen Verhältnisse, welche die Zuerkennung oder Höhe der Rente bedingt hatten, inzwischen[5] wesentlich verändert sind. Ebenso kann der Verletzte, dafern er den Anspruch auf Schadenersatz innerhalb der Verjährungsfrist (§. 8) geltend gemacht hat, jederzeit die Erhöhung[6] oder Wiedergewährung[7] der Rente fordern, wenn die Verhältnisse, welche für die Feststellung, Minderung oder Aufhebung der Rente maßgebend waren, wesentlich verändert sind.

Der Berechtigte kann auch nachträglich die Bestellung einer Sicherheit oder Erhöhung derselben fordern, wenn die Vermögensverhältnisse des Verpflichteten inzwischen sich verschlechtert haben.[8]

[1] Die Entschädigung ist nach den Erwerbsverhältnissen zur Zeit der Verletzung zu berechnen, RG. 1. 12. 92 (Eger, Entsch. X 31); bei dem Einkommen der Beamten sind dabei auch Nebenbezüge zu berücksichtigen (Meilengelder). RG. 9.10. 80 (Eger, Entsch. I 285). Ebenso können allgemein von vornherein zu übersehende Vermögensänderungen in Betracht gezogen werden. RG. 14. 2. 87 (Eger, Entsch. V 316).

[2] Der Antrag auf Sicherheitsleistung ist aus den Verhältnissen des Pflichtigen zu begründen. RG. 27. 12. 79 (Eger, Entsch. I 73). Auch die Unfallversicherungskasse ist zur Sicherheitsleistung verpflichtet. RG. 22. 1. 80 (Eger, Entsch. I 108). Voraussetzung stets ein schon festgesetzter Anspruch. RG. 5. 3. 88 (Eger, Entsch. VI 205).

[3] Auch Ersatz der Heilungskosten kann in Rentenform gewährt werden. RG. 26. 2. 91 (Eger, Entsch. VIII 250). Die Rente wird stets nur für die muthmaßliche Lebensdauer des Getödteten geschuldet. RG. 14. 3. 85 (Eger, Entsch. IV 135).

[4] Das Recht auf Minderung kann nicht rechtsgültig cedirt werden. RG. 6. 4. 80 (Eger, I 141); Aufhebung, Minderung oder Wiedergewährung beginnen erst mit Klagezustellung, RG. 25. 11. 86 (Eger, Entsch. V 119); Wiederverheirathung nicht ohne Weiteres Minderungsgrund. RG. 5. 12. 92 (Eger, Entsch. X 33). Minderung begründet bei dauernder neuer Erwerbsgelegenheit. RG. 6. 11. 93 (Eger, Entsch. X 243).

[5] D. i. seit Erlaß des ersten Urtheils. RG. 28. 2. 89 (Eger, Entsch. VI 200). Voraussetzung ist, daß sich die Aenderung bei Erlaß des ersten Urtheils nicht voraussehen oder nicht würdigen ließ, RG. 18. 1. 92 (Eger, Entsch. IX 143).

[6] Erhöhungsgrund: Das sicher zu erwartende Aufrücken in eine höhere Gehalts- oder Lohnklasse, falls die Verletzung nicht die Fortsetzung des Berufes gehindert hätte. RG. 25. 9. 86 (Eger. Entsch. V 281).

[7] Bei einer nur auf Zeit gewährten oder aufgehobenen Rente. RG. 9. 6. 88 (Eger, Entsch. I 201).

[8] § 7 findet nur Anwendung bei einer durch Richterspruch, nicht durch Vergleich festgesetzten Rente. RG. 14. 2. 89 (Eger, Entsch. VI 450).

§. 8. Die Forderungen auf Schadenersatz[1] (§§. 1 bis 3) verjähren[2] in zwei Jahren vom Tage des Unfalls an. Gegen denjenigen, welchem der Getödtete Unterhalt zu gewähren hatte (§. 3 Nr. 1), beginnt die Verjährung mit dem Todestage. Die Verjährung läuft auch gegen Minderjährige und diesen gleichgestellte Personen von denselben Zeitpunkten an, mit Ausschluß der Wiedereinsetzung.

[1] Trifft auch alle im § 9 Abs. 1 bezeichneten landesrechtlichen Ansprüche, zu denen andere reichsrechtliche Bestimmungen gehören. RG. 19. 10. 88 (Eger, Entsch. VII 22).

[2] Verjährungseinrede kann durch Rentenzusicherung durch den Stationsvorsteher nicht entkräftigt werden. Einrede der Arglist hier unzulässig. RG. 24. 10. 85 (Eger, Entsch. IV 317). — Die Ver-

jährung beginnt mit dem Tage des Unfalls, RG. 28. 11. 79 (Eger, Entsch. I 26), auch gegen Minderjährige, RG. 2. 12. 79 (Eger, Entsch. I 32), bei Tod bezüglich der Wittwen- und Waisenansprüche jedoch erst mit Todestag. Die Formen der Verjährungsunterbrechung bestimmen sich nach Landesrecht.

§. 9. Die Bestimmungen der Landesgesetze,[1] nach welchen außer den in diesem Gesetz vorgesehenen Fällen der Unternehmer einer in den §§. 1 und 2 bezeichneten Anlage oder eine andere Person, insbesondere wegen eines eigenen Verschuldens für den bei dem Betriebe der Anlage durch Tödtung oder Körperverletzung eines Menschen entstandenen Schaden haftet, bleiben unberührt.[2]

Die Vorschriften der §§. 3, 4, 6 bis 8 finden auch in diesen Fällen Anwendung, jedoch unbeschadet derjenigen Bestimmungen der Landesgesetze, welche dem Beschädigten einen höheren Ersatzanspruch gewähren.

[1] Art. 1382 c. c. § 25 Eisenbahnges. vom 3. Nov. 1838 (Pr.R.); § 107 GO.; Tit. 6 Th. I Pr.A.L.R. ist für Haftpflichtfälle aufgehoben. RG. 26. 6. 80 (Eger, Entsch. I 236).

[2] Landesgesetzliche Vorschriften über muthmaßliche Lebensdauer (§ 35 Sächs. BGB.) bleiben bestehen, weil dem Haftpflichtgesetz nicht widersprechend. RG. 17. 2. 85 (Eger, Entsch. IV 47).

§. 10. Die Bestimmungen des Gesetzes, betreffend die Errichtung eines obersten Gerichtshofes für Handelssachen,[1] vom 12. Juni 1869, sowie die Ergänzungen desselben werden auf diejenigen bürgerlichen Rechtsstreitigkeiten ausgedehnt, in welchen durch die Klage oder Widerklage ein Anspruch auf Grund des gegenwärtigen Gesetzes oder der in §. 9 erwähnten landesgesetzlichen Bestimmungen geltend gemacht wird.

[1] An dessen Stelle ist jetzt das Reichsgericht getreten.

---

3. Krankenversicherung.

Gesetz vom 15. Juni 1883 in der Fassung der Novelle vom 10. April 1892.

(RGBl. S. 417.)

§. 1. Personen, welche gegen Gehalt oder Lohn beschäftigt sind:

1. in Bergwerken, Salinen, Aufbereitungsanstalten, Brüchen und Gruben, in Fabriken und Hüttenwerken, beim Eisenbahn-,[1 2] Binnenschifffahrts- und Baggereibetriebe, auf Werften und bei Bauten,
2. im Handelsgewerbe, im Handwerk und in sonstigen stehenden Gewerbebetrieben,

2a. in dem Geschäftsbetriebe der Anwälte, Notare und Gerichtsvollzieher, der Krankenkassen, Berufsgenossenschaften und Versicherungsanstalten,

3. in Betrieben, in denen Dampfkessel oder durch elementare Kraft (Wind, Wasser, Dampf, Gas, heiße Luft u. s. w.) bewegte Triebwerke zur Verwendung kommen, sofern diese Verwendung nicht ausschließlich in vorübergehender Benutzung einer nicht zur Betriebsanlage gehörenden Kraftmaschine besteht,

sind mit Ausnahme der Gehülfen und Lehrlinge in Apotheken, sowie der im §. 2 unter Ziffer 2 bis 6 aufgeführten Personen, sofern nicht die Beschäftigung durch die Natur ihres Gegenstandes oder im Voraus durch den Arbeitsvertrag auf einen Zeitraum von weniger als einer Woche beschränkt ist, nach Maßgabe der Vorschriften dieses Gesetzes gegen Krankheit zu versichern.

Dasselbe gilt von Personen, welche in dem gesammten Betriebe der Post- und Telegraphenverwaltungen, sowie in den Betrieben der Marine- und Heeresverwaltungen gegen Gehalt oder Lohn beschäftigt sind und nicht bereits auf Grund der vorstehenden Bestimmungen der Krankenversicherungspflicht unterliegen.

Die Besatzung von Seeschiffen, auf welche die Vorschriften der §§. 48 und 49 der Seemannsordnung vom 27. Dezember 1872 (Reichs-Gesetzbl. S. 409) Anwendung finden, unterliegt der Versicherungspflicht nicht.

Handlungsgehülfen und -Lehrlinge unterliegen der Versicherungspflicht nur, sofern durch Vertrag die ihnen nach Artikel 60 des Deutschen Handelsgesetzbuchs zustehenden Rechte aufgehoben oder beschränkt sind.

Als Gehalt oder Lohn im Sinne dieses Gesetzes gelten auch Tantiemen und Naturalbezüge. Für die letzteren wird der Durchschnittswerth in Ansatz gebracht; dieser Werth wird von der unteren Verwaltungsbehörde festgesetzt.

[1] Das Gesetz findet auch Anwendung bei Straßenbahnen, Drahtseil- und ähnlichen Bahnen.

[2] Auch bei Reichs- und Staatsbahnen vergl. Ges. v. 28. Mai 1885 (s. unten).

§. 2. Durch statutarische Bestimmung einer Gemeinde für ihren Bezirk, oder eines weiteren Kommunalverbandes für seinen Bezirk oder Theile desselben, kann die Anwendung der Vorschriften des §. 1 erstreckt werden:

1. auf diejenigen im §. 1 bezeichneten Personen, deren Beschäftigung durch die Natur ihres Gegenstandes oder im Voraus durch den Arbeitsvertrag auf einen Zeitraum von weniger als einer Woche beschränkt ist, . .

Die auf Grund dieser Vorschrift ergehenden statutarischen Bestimmungen müssen die genaue Bezeichnung derjenigen Klassen von Personen, auf welche die Anwendung der Vorschriften des §. 1 erstreckt werden soll, und in den Fällen der Ziffern 1 und 4 Bestimmungen über die Verpflichtung zur An- und Abmeldung, sowie über die Verpflichtung zur Einzahlung der Beiträge enthalten.

§. 2a. Die Anwendung der Vorschriften des §. 1 kann auch auf solche in Betrieben oder im Dienste des Reichs oder eines Staates beschäftigte Personen erstreckt werden, welche der Krankenversicherungspflicht nicht bereits nach gesetzlichen Bestimmungen unterliegen. Die Erstreckung erfolgt durch Verfügung des Reichskanzlers beziehungsweise der Zentralbehörde.

§. 2b. Betriebsbeamte, Werkmeister und Techniker, Handlungsgehülfen und -Lehrlinge, sowie die unter §. 1 Absatz 1 Ziffer 2a fallenden Personen unterliegen der Versicherungspflicht nur, wenn ihr Arbeitsverdienst an Lohn oder Gehalt sechszweidrittel Mark für den Arbeitstag oder, sofern Lohn oder Gehalt nach größeren Zeitabschnitten bemessen ist, zweitausend Mark für das Jahr gerechnet, nicht übersteigt.

Dasselbe gilt von anderen unter §. 2 Absatz 1 Ziffer 2 und §. 2a fallenden Personen, soweit sie Beamte sind.

§. 3. Personen des Soldatenstandes, sowie solche in Betrieben oder im Dienste des Reichs, eines Staates oder Kommunalverbandes beschäftigte Personen, welche dem Reich, Staat oder Kommunalverbande gegenüber in Krankheitsfällen Anspruch auf Fortzahlung des Gehalts oder des Lohnes mindestens für dreizehn Wochen nach der Erkrankung oder auf eine den Bestimmungen des §. 6 entsprechende Unterstützung haben, sind von der Versicherungspflicht ausgenommen.

---

4. Unfallversicherung.

a) Gesetz vom 6. Juli 1884.

(RGBl. S. 69.)

§. 1. Soweit hier in Frage kommend ersetzt durch § 1 des Ges. v. 28. Mai 1885 (siehe unten).

§. 4. Auf Beamte, welche in Betriebsverwaltungen des Reichs, eines Bundesstaates oder eines Kommunalverbandes mit festem Gehalt und Pensionsberechtigung angestellt sind, findet dieses Gesetz keine Anwendung.

b) Gesetz vom 28. Mai 1885.

(RGBl. S. 159.)

§. 1. Das Unfallversicherungsgesetz vom 6. Juli 1884 (Reichs-Gesetzbl. S. 69) findet mit den aus nachstehenden Bestimmungen sich ergebenden Abänderungen Anwendung auf:

1. den gesammten Betrieb[1] der Post-, Telegraphen- und Eisenbahnverwaltungen,[2 3] sowie sämmtliche Betriebe der Marine- und Heeresverwaltungen, und zwar einschließlich der Bauten, welche von diesen Verwaltungen für eigene Rechnung ausgeführt werden;
2. den Baggereibetrieb;
3. den gewerbsmäßigen Fuhrwerks-, Binnenschifffahrts-, Flößerei-, Prahm- und Fährbetrieb, sowie den Gewerbebetrieb des Schiffsziehens (Treidelei);
4. den gewerbsmäßigen Speditions-, Speicher- und Kellereibetrieb;
5. den Gewerbebetriebe der Güterpacker, Güterlader, Schaffer, Bracker, Wäger, Messer, Schauer und Stauer.

[1] „Betrieb" umfaßt die gesammte dienstliche Thätigkeit einschließlich der mit unmittelbarem Bezug auf dieselbe vorher und nachher geschehenden. Nur für die hiermit eintretenden Unfälle tritt die Versicherungspflicht nach § 1 ein, R.V.A. 4. 1. 93 (Eger, Entsch. X 45), jedoch nicht für die sich hier entwickelnden Krankheiten, R.V.A. 27. 9. 87 (Eger, Entsch. VI 137), bezüglich letzterer kommt das Krankenversicherungsgesetz in Betracht (§ 1 und § 15 des Ausdehnungsgesetzes). Zum Betrieb gehören: Brandlöscharbeiten auf Bahnanlagen, RG. 10. 11. 90 (Eger, Entsch. VIII 77), nothwendiges Ueberschreiten der Gleise, R.V.A. 4. 3. 89 (Eger, Entsch. VII 87), nothwendiger Weg über eine Treppe, R.V.A. 27. 9. 87 (Eger, Entsch. VI 140), Austragen der Avisbriefe oder Depeschen, R.V.A. 29. 4. 93 (Eger, Entsch. X 217) und 4. 11. 89 (Eger, Entsch. VIII 5), Abspringen vom Pferdebahnwagen, R.V.A 21. 10. 89 (Eger, Entsch. VII 325), „Betrieb" betrifft jedoch nur den eigentlichen Bahnbetrieb, nicht die gefahrlosen Arbeiten in den Büreaus der Eisenbahn. R.G. 10. 11. 90 (Eger, Entsch. VIII 77).

[2] Betrifft auch die Pferdebahnen, Dampfstraßen-, elektrische, Drahtseil- und ähnliche Bahnen: z. B. landwirthschaftliche Bahnen.

R.V.A. 24. 7. 86 (Eger, Entsch. V S. 81 und 85). Der Begriff der Eisenbahn hier derselbe wie im Haftpflichtgesetz (siehe oben § 1 des Ges.), Straßenbahnen. R.V.A. 21. 10. 89 (Eger, Entsch. VII 324).

[3] Versicherungspflichtig sind auch auf inländischen Bahnstrecken beschäftigte Angestellte ausländischer Bahnen. R.V.A. 22. 3. 93 (Eger, Entsch. X 176).

§. 2. Für die Post-, Telegraphen-, Marine- und Heeresverwaltungen, sowie für die vom Reich oder von einem Bundesstaate für Reichs- beziehungsweise Staatsrechnung verwalteten Eisenbahnbetriebe, sämmtlich einschließlich der Bauten, welche von denselben für eigene Rechnung ausgeführt werden, tritt an die Stelle der Berufsgenossenschaft das Reich beziehungsweise der Staat, für dessen Rechnung die Verwaltung geführt wird.

---

5. Invaliditäts- und Altersversicherung.

a) Gesetz vom 22. Juni 1889.

(RGBl. S. 97.)

§. 1. Nach Maßgabe der Bestimmungen dieses Gesetzes werden vom vollendeten sechszehnten Lebensjahre ab versichert:

1. Personen, welche als Arbeiter, Gehülfen, Gesellen, Lehrlinge oder Dienstboten gegen Lohn oder Gehalt beschäftigt werden;
2. Betriebsbeamte ...., welche Lohn oder Gehalt beziehen, deren regelmäßiger Jahresarbeitsverdienst an Lohn oder Gehalt aber zweitausend Mark nicht übersteigt.

§. 4. Beamte des Reichs und der Bundesstaaten, ... unterliegen der Versicherungspflicht nicht.[1]

[1] Die übrigen Bestimmungen sind hier ohne Belang.

b) Bekanntmachung, betreffend die Befreiung vorübergehender Dienstleistungen von der Invaliditäts- und Altersversicherung.

Vom 24. Januar 1893.

(RGBl. S. 5.)

Auf Grund des §. 3 Absatz 3 des Gesetzes, betreffend die Invaliditäts- und Altersversicherung, vom 22. Juni 1889 (Reichs-Gesetzbl. S. 97) hat der Bundesrath unter Aufhebung der Bestimmung in I A 1 c der Bekanntmachung vom $\frac{\text{27. November 1890}}{\text{24. Dezember 1891}}$ (Reichs-Gesetzbl. 1891 S. 399) beschlossen, daß folgende Dienstleistungen nicht als eine Beschäftigung im Sinne des Gesetzes vom 22. Juni 1889 anzusehen sind:

a) Dienstleistungen von Bediensteten ausländischer Eisenbahnverwaltungen in Eisenbahnbetrieben des Inlandes, soweit diese Bediensteten in letzteren vorübergehend beschäftigt werden.[1]

[1] Vergl. Anm. 3 zu § 1 des Unfallversicherungs-Ausdehnungsges. (siehe oben).

---

6. Gesetz, betreffend die Beschränkungen des Grundeigenthums in der Umgebung von Festungen.

Vom 21. Dezember 1871.

(RGBl. S. 459.)

§. 13. Innerhalb sämmtlicher Rayons[1] sind nicht ohne Genehmigung der Kommandantur zulässig, vorbehaltlich der Bestimmung in §. 30:

1) jede dauernde Veränderung der Höhe der Terrainoberfläche, insbesondere die Anlage und der Betrieb von Lehm- und Sandgruben, Stein- und Kalkbrüchen, die Anlage von Plätzen zur Ablagerung von Ballast, sowie eine jede solche Ablagerung an nicht dazu bestimmten Plätzen;

2) alle Neuanlagen oder Veränderungen von Dämmen, Deichen, Gräben, sowie in den Vorfluthververhältnissen, Ent- und Bewässerungsanlagen und sonstigen Wasserbauten; desgleichen alle Neuanlagen oder Veränderungen von Chausseen, Wegen und Eisenbahnen . . . . .

Die Genehmigung darf nicht versagt werden, wenn durch die bezeichneten Neuanlagen, beziehungsweise Veränderungen keine nachtheilige Deckung gegen die rasante Bestreichung der Werke, kein nachtheiliger Einfluß auf das Wasserspiel der Festungsgräben, auf Inundation des Vorterrains und auf die Tiefe der mit den Festungsanlagen in Beziehung stehenden Flußläufe entsteht, und eine vermehrte Einsicht in die Werke des Platzes gewonnen wird.

[1] D. i. innerhalb 2250 Meter, von der äußersten Vertheidigungslinie der Befestigungen ab gerechnet (§§ 2—6).

§. 30. Die Projekte größerer Anlagen (Chausseen, Deiche, Eisenbahnen u. s. w.) in den Rayons der Festungen und festen Plätze werden durch eine gemischte Kommission erörtert, deren Mitglieder von dem zuständigen Kriegsministerium im Verein mit den betreffenden höheren Verwaltungsbehörden berufen werden, und in welcher auch die von der Anlage betroffenen Gemeinden durch Deputirte vertreten werden.

Das hierüber aufzunehmende Protokoll wird der Reichs-Rayonkommission übersandt, welche in Gemeinschaft mit der betreffenden Centralverwaltungsbehörde die Entscheidung trifft oder erforderlichen Falls herbeiführt.

---

7. Gesetz, betreffend die Unzulässigkeit der Pfändung von Eisenbahnfahrbetriebsmitteln.

Vom 3. Mai 1886.

(RGBl. S. 131.)

Die Fahrbetriebsmittel der Eisenbahnen,[1] welche Personen oder Güter im öffentlichen Verkehr[2] befördern, sind von der ersten Einstellung in den Betrieb bis zur endgültigen Ausscheidung aus den Beständen, der Pfändung nicht unterworfen.

Durch diese Bestimmung werden dieselben im Falle des Konkursverfahrens von der Konkursmasse nicht ausgeschlossen.

Auf die Fahrbetriebsmittel ausländischer[3] Eisenbahnen findet die Bestimmung des ersten Absatzes nur insoweit Anwendung, als die Gegenseitigkeit verbürgt ist.

[1] Als Spezialgesetz nicht analog ausdehnbar auf Straßenbahnen.

[2] Das Gesetz gilt nicht bei Arbeitswagen, Lowry, Draisinen.

[3] Ausgedehnt auf Oesterreich-Ungarn laut Erklärung vom 17. März 1888, RGBl. S. 153.

III. Strafrecht.

Reichs-Strafgesetzbuch.

Vom 15. Mai 1871.

(RGBl. S. 127.)

§. 90. Lebenslängliche Zuchthausstrafe trifft einen Deutschen, welcher vorsätzlich während eines gegen das Deutsche Reich ausgebrochenen Krieges:

2) .... Brücken und Eisenbahnen zum Vortheile des Feindes zerstört oder unbrauchbar macht.

§. 123. Wer in die Wohnung, in die Geschäftsräume oder in das befriedete Besitzthum eines Anderen oder in abgeschlossene Räume,[1] welche zum öffentlichen Dienst bestimmt sind, widerrechtlich eindringt, oder wer, wenn er ohne Befugniß darin verweilt, auf die Aufforderung des Berechtigten sich nicht entfernt, wird wegen Hausfriedensbruches mit Gefängniß bis zu drei Monaten oder mit Geldstrafe bis zu dreihundert Mark bestraft.

Die Verfolgung tritt nur auf Antrag ein.

Ist die Handlung von einer mit Waffen versehenen Person oder von Mehreren gemeinschaftlich begangen worden, so tritt Gefängnißstrafe von Einer Woche bis zu Einem Jahre ein.

[1] Dazu gehören: Empfangsgebäude, OLG. Rostock 25. 7. 85 (Eger, Entsch. IV 304), Bahnsteig, RG. 28. 10. 89 (Eger, Entsch. VII 326), Wartesäle; selbst bei Besitz einer Fahrkarte sind diese Räume auf die Aufforderung der Bahnpolizeibeamten zu verlassen, OLG. Naumburg 21. 6. 88 (Eger, Entsch. VII 12); ferner die sonstigen Anlagen, z. B. Wasserthurm. RG. 4. 5. 85 (Eger, Entsch. IV 156).

§. 243. Auf Zuchthaus bis zu zehn Jahren ist zu erkennen, wenn:

4) auf einem öffentlichen Wege, einer Straße, einem öffentlichen Platze, einer Wasserstraße oder einer Eisenbahn, oder in einem Postgebäude oder dem dazu gehörigen Hofraume, oder auf einem Eisenbahnhofe[1] eine zum Reisegepäck oder zu anderen Gegenständen der Beförderung gehörende Sache[2] mittels Abschneidens oder Ablösens der Befestigungs-[3] oder Verwahrungsmittel, oder durch Anwendung falscher Schlüssel oder anderer zur ordnungsmäßigen Eröffnung nicht bestimmter Werkzeuge gestohlen wird.

[1] D. i. sämmtliche zum Betriebe der betr. Verkehrsanstalt — auch Straßenbahn — unmittelbar gehörenden Räumlichkeiten der Bahn. RG. 2. 10. 90 (Eisenbahnzeitung 1891 Nr. 97).

[2] Umfaßt alle zur Beförderung bestimmten Sachen, die sich an den angeführten Orten befinden, selbst wenn sie von der Bahn zur Beförderung noch nicht angenommen sind. RG. 17. 9. 85 (Entsch. i. St.S. XIII 243).

[3] Z. B. Schnur. RG. 25. 3. 82 (Eger, Entsch. II 120). Zum Ablösen gehört jedwede Befreiung aus der Umfassung des betr.

Mittels, sofern dieselbe nur gewaltsam erfolgt ist, RG. 9. 11. 81 (Eger, Entsch. II Nr. 73); letzteres ist stets anzunehmen, wenn die Entfernung nur mit Zerstörung desselben, z. B. einer Gepäckmarke erfolgen konnte, RG. 21. 6. 82 (Eger, Entsch. II Nr. 147); es genügte aber auch Abstreifen des Bandes ohne Beschädigung desselben. RG. 27. 4. 91 (Eger, Entsch. VIII 333).

§. 250. Auf Zuchthaus nicht unter fünf Jahren ist zu erkennen, wenn

3) der Raub auf einem öffentlichen Wege, einer Straße, einer Eisenbahn,[1] einem öffentlichen Platze, auf offener See oder einer Wasserstraße begangen wird.

[1] Auch Straßenbahn.

§. 263. (G. vom 26. Februar 1876.) Wer in der Absicht, sich oder einem Dritten einen rechtswidrigen Vermögensvortheil zu verschaffen, das Vermögen eines Anderen dadurch beschädigt, daß er durch Vorspiegelung falscher oder durch Entstellung oder Unterdrückung wahrer Thatsachen[1] einen Irrthum erregt oder unterhält, wird wegen Betruges mit Gefängniß bestraft,[2] neben welchem auf Geldstrafe bis zu dreitausend Mark, sowie auf Verlust der bürgerlichen Ehrenrechte erkannt werden kann.

Sind mildernde Umstände vorhanden, so kann ausschließlich auf die Geldstrafe erkannt werden.

Der Versuch ist strafbar.

[1] Benutzung einer schon von einer anderen Person zur Hinfahrt gebrauchten Rückfahrkarte ist strafbar, OLG. Colmar 14. 7. 92 (Jur. Ztschr. f. EB. Bd. 17 S. 563), RG. 10. 2. 88 (Eger, Entsch. VI Nr. 247); desgl. einer auf einen Andern ausgestellten Arbeiterkarte, RG. 7. 2. 87 (Eger, Entsch. V Nr. 154); Betrug auch bei

Mitfahrt ohne oder mit ungültiger Fahrkarte bei Einverständniß des Schaffners, RG. 13. 3. 88 (Eger, Entsch. VI Nr. 179), falsche Angaben im Frachtbriefe zur Ersparung von Fracht sind strafbar nach § 263, jedoch nicht solche zur Erlangung des für in Rede stehende Gegenstände sonst ausgeschlossenen Transportes. RG. 8. 11. 83 (Eger, Entsch. III Nr. 54).

[2] Die Strafe nach § 263 StGB. ist unabhängig von den Konventionalstrafen der BO. und VO. RG. 19. 2. 91 (Eger, Entsch. VIII 158).

§. 305. Wer vorsätzlich und rechtswidrig ein Gebäude, ein Schiff, eine Brücke, einen Damm, eine gebaute Straße, eine Eisenbahn[1] oder ein anderes Bauwerk, welche fremdes Eigenthum sind, ganz oder theilweise zerstört, wird mit Gefängniß nicht unter einem Monat bestraft.

Der Versuch ist strafbar.

[1] Auch die nicht dem öffentlichen Verkehr dienenden (Anschlußgleise); ferner die Straßenbahnen. Im Uebrigen der Begriff der „Eisenbahn“ hier enger als im § 315. Vergl. § 60 BO.

[2] Geschützt wird hiermit nur der Schienenweg, bezüglich der übrigen Bahnanlagen kommen §§ 303, 304 StGB. zur Anwendung.

§. 315.[1 2] Wer vorsätzlich[3] Eisenbahnanlagen,[4] Beförderungsmittel oder sonstiges Zubehör derselben dergestalt beschädigt, oder auf der Fahrbahn durch falsche Zeichen oder Signale oder auf andere Weise[5] solche Hindernisse bereitet, daß dadurch der Transport[6] in Gefahr[7] gesetzt wird, wird mit Zuchthaus bis zu zehn Jahren bestraft.

Ist durch die Handlung eine schwere Körperverletzung verursacht worden, so tritt Zuchthausstrafe nicht unter fünf Jahren und, wenn der Tod eines Menschen verursacht worden ist, Zuchthausstrafe nicht unter zehn Jahren oder lebenslängliche Zuchthausstrafe ein.

[1] Vergl. § 305 und Anm.

[2] Die im § 315 aufgeführten Handlungen gehören zu den gemeingefährlichen Verbrechen, bezüglich derer jeder, welcher von dem Vorhaben derselben zu einer Zeit, in welcher die Verhütung des Verbrechens möglich ist, glaubhafte Kenntniß erhält, zur rechtzeitigen Anzeige gemäß § 139 StGB. verpflichtet ist.

[3] Voraussetzung ist nicht Bosheit, die Vorsätzlichkeit kann auch als Muthwillen sich darstellen; Motiv gleichgültig. RG. 1. 6. 90 (Eger VIII Nr. 341).

[4] Dazu gehören alle mit elementarer Kraft betriebenen Bahnen, jedoch nicht die Pferdebahnen, RG. 9. 12. 87 (Entsch. i. St.S. XVI 431); unerheblich, ob dieselben dem öffentlichen Verkehr übergeben sind, RG. 4. 12. 83 (Blum, Ann. IX 111), § 315 gilt bei Industrie-, Bau- und ähnlichen Dampfbahnen. RG. 2. 3. 86 (Entsch. i. StS. VIII 147). Der Paragraph schützt nur den eigentlichen Schienenweg, nicht die Werkstätten, Empfangsgebäude, Büreauräume.

[5] Z. B. Auflegen von Gegenständen auf die Schienen, muthwilliges zu spätes Fahren über einen Uebergang, wenn das Gefährt von dem Zuge erfaßt wird.

[6] Umfaßt nicht nur die Personen- und Güterzüge, sondern auch einzeln fahrende Lokomotiven, RG. 4. 12. 83 (Eisenbahnzeitung 1884 Nr. 24), die zur Beförderung bereitstehenden Wagen, RG. 16. 12. 84 und 13. 5. 87 (Entsch. i. StS. XVI 66), auch auf Nebengleisen, die nur zu Betriebszwecken dienen. PrOTr. 23. 3. 77 (Oppenhoff, Entsch. XVIII 247). Voraussetzung nicht der thatsächliche Zustand der Bewegung, sondern das Bereitsein zur Beförderung, RG. 8. 2. 92 (Entsch. i. StS. XXII 343); zu letzterer gehören Rangirbewegungen nicht. „Transport“ umfaßt nicht: das Be- oder Entladen selbst bei Anwendung eines auf Schienen laufenden Dampfkrahns, RG. 13. 5. 87 (Entsch. i. StS. XVI 66), die Beförderung von Bahnmeisterwagen, Draisinen, Lowrys u. ähnl. auf den Schienen, da hierbei nicht die besonderen Gefahren des Bahnbetriebes vor-

liegen. RG. 29. 9. 91 (Eisenbahnzeitung Nr. 92). Unter „der Transport" ist der gesammte Bahnbetrieb, nicht ein bestimmter Zug zu verstehen. RG. 23. 5. 87 (Entsch. i. StS. IX 334).

[7] Erfordert ist Wahrscheinlichkeit, es genügt nicht Möglichkeit der Gefahr, RG. 7. 2. 84 (Eger, Entsch. III Nr. 77), nicht nothwendig nachtheiliger Erfolg. PrOTr. 1. 10. 74 (Oppenhoff, Entsch. XV 604). Ingefahrsetzung auch bei Gütern und Transportmitteln strafbar, selbst wenn eine Beschädigung nicht eingetreten ist. OApp.-Ger. 27. 9. 71 (Oppenhoff, Entsch. XII 465.) Feststellung der Grenze zwischen Möglichkeit und Wahrscheinlichkeit ist Thatfrage. RG. 25. 1. 90 (Eger, Entsch. VII 269). Ingefahrsetzung vorhanden, wenn der Fuhrmann oder Hirt zu spät einen Uebergang passirt, OLG. München 1. 10. 89 (Eisenbahnzeitung 1890 Nr. 57); bei Nebenbahnen kann sich der Betreffende nicht auf das Fehlen der Schranke berufen.

§. 316. Wer fahrlässigerweise[1] durch eine der vorbezeichneten Handlungen[2] den Transport auf einer Eisenbahn in Gefahr setzt, wird mit Gefängniß bis zu Einem Jahre und, wenn durch die Handlung der Tod[3] eines Menschen verursacht worden ist, mit Gefängniß von Einem Monat bis zu drei Jahren bestraft.

Gleiche Strafe trifft die zur Leitung der Eisenbahnfahrten und zur Aufsicht über die Bahn und den Beförderungsbetrieb angestellten[4] Personen,[5] wenn sie durch Vernachlässigung der ihnen obliegenden Pflichten[6] einen Transport in Gefahr setzen.

[1] Fahrlässigkeit vorliegend: wenn Jemand rasch auf einen Zug zufährt und die Gefahr durch Scheuwerden der Pferde entstand, Sächs. OAG. 15. 6. 77 (Gerichtssaal XXII 81); wenn Jemand durch Unachtsamkeit geschehen läßt, daß seine Pferde vom Bahnübergang auf den Bahnkörper einlenken, OLG. München 1. 10. 89 (Sammlung der Entsch. dess. V 486); bei so raschem Fahren, daß ein Anhalten bei geschlossener Schranke nicht mehr möglich ist und

die Pferde nach Durchbruch auf die Schienen gelangen. OLG. München 9. 7. 85. (Eisenbahnzeitung 1886 Nr. 38). Eine erhöhte Aufmerksamkeit wird bei dem Benutzen einer Straße verlangt, auf welcher eine mit elementarer Kraft betriebene Straßenbahn fährt. R.G. 28. 1. 90 (Eisenbahnzeitung Nr. 38).

[2] Vergl. Anm. zu § 315.

[3] Die fahrlässige Körperverletzung wird nach § 230 StGB. auf Antrag mit Geldstrafe bis zu neunhundert Mark oder mit Gefängniß bis zu zwei Jahren und, wenn sie mit Uebertretung einer Amts-, Berufs- oder Gewerbepflicht begangen worden ist, auch ohne Antrag mit derselben Strafe bestraft, die jedoch bis auf drei Jahre Gefängniß erhöht werden kann.

[4] Daß Thäter zu dieser Klasse von Beamten gehört, ist im Urtheil besonders festzustellen. PrOTr. 8. 3. 76 (Oppenhoff, Entsch. XVII 179). Unwesentlich ist, ob die Anstellung auf Lebenszeit oder nur vorübergehend, ob mit derselben ein Titel oder Gehalt verbunden ist oder nicht, ob der Angestellte einen Diensteid geleistet hat. RG. 7. 12. 86 (Eger, Entsch. V 84) und 20. 4. 81 (Eger, Entsch. II 7 u. 8).

[5] D. h. alle Personen, welche darauf zu achten haben, daß bei einer Eisenbahnfahrt, auch bei Rangirbewegungen, keine Gefahr entsteht. RG. 23. 6. 90 (Eisenbahnzeitung 1891 Nr. 33). Dazu gehören: Stationsvorsteher und Assistenten, RG. 27. 9. 81 (Eger, Entsch. II), Rangirmeister, RG. 14. 1. 90 (Eger, Entsch. VII Nr. 266), Lokomotivführer, geprüfte Heizer, RG. 2. 10. 80, Bahnwärter, RG. 5. 7. 80, Krahnmeister, RG. 17. 2. 91 (Jur. Wochenschr. 1891 S. 234), Weichensteller, vereidigte Bremser, (Bayr. Kass. H. 21. 8. 75; Zimmerle, Deutsche Strafrechtspraxis), vereidigte Streckenwärter, RG. 20. 10. 91 (Eger, Entsch. IX).

[6] Setzt nicht eine Fahrlässigkeit im Sinne des Abs. 1 voraus, letzterer Begriff der engere, RG. 13. 11. 90 (Eisenbahnzeitung 1891 Nr. 67); möglich ist, daß Pflichtvernachlässigung und Fahrlässigkeit neben einander vorkommen, dann liegt eine Konkurrenz von Abs. 1 und Abs. 2 vor, RG. 18. 5. 85 (Entsch. i. StS. XII 303). — „Pflichten" sind nicht allein die in den Dienstinstruktionen aufge-

führten, sondern alle in der Natur und den Verhältnissen des Wirkungskreises des betr. Angestellten liegenden. RG. 9. 3. 83 (Eger, Entsch. III Nr. 12). Die Dienstvorschriften sind nur Beweismittel bezüglich Pflichtvernachlässigung. RG. 17. 12. 79 (Rechtsspr. des RG. I 160), nicht der Revision unterliegende Rechtsnormen, RG. 18. 6. 81 (Eger, Entsch. II Nr. 34). Voraussetzung jedoch stets eine schuldvolle Pflichtvernachlässigung; solche liegt vor bei verschuldeter Nichtkenntniß der Dienstpflichten, RG. 16. 10. 90 (Jur. Wochenschr. S. 396), bei zu raschem Fahren während des Rangirens, selbst wenn die erlaubte höchste Geschwindigkeit noch nicht erreicht ist. RG. 2. 10. 80. Bei Bezugnahme auf die Weisung eines Vorgesetzten ist festzustellen, inwieweit sich der Beamte hierdurch zur Abweichung von seiner Dienstpflicht berechtigt halten konnte. RG. 15. 11. 80 (Rechtsspr. des RG. II 511). Eine Pflichtvernachlässigung liegt nicht vor, wenn der Beamte durch Maßregeln zur Verhütung eines Unglücks ein anderes nicht größeres herbeigeführt hat. RG. 9. 10. 91 (Entsch. i. StS. XXII 163).

§. 319. Wird einer der in den §§. 316 und 318[1] erwähnten Angestellten wegen einer der in den §§. 315 bis 318 bezeichneten Handlungen verurtheilt, so kann derselbe zugleich für unfähig zu einer Beschäftigung im Eisenbahn-[2] oder Telegraphendienste oder in bestimmten Zweigen dieser Dienste erklärt werden.

[1] §§ 317, 318 enthalten entsprechende Vorschriften zum Schutze der Telegraphen- und Telephonanlagen.

[2] Auch Straßenbahndienst, soweit es sich um Betrieb mit elementarer Kraft handelt.

§. 320. Die Vorsteher einer Eisenbahngesellschaft, sowie die Vorsteher einer zu öffentlichen Zwecken dienenden Telegraphenanstalt, welche nicht sofort nach Mittheilung des rechtskräftigen Erkenntnisses die Entfernung des Verurtheilten bewirken, werden mit Geldstrafe bis zu dreihundert Mark oder mit Gefängniß bis zu drei Monaten bestraft.

Gleiche Strafe trifft denjenigen, welcher für unfähig zum Eisenbahn= oder Telegraphendienste erklärt worden ist, wenn er sich nachher bei einer Eisenbahn oder Telegraphenanstalt wieder anstellen läßt, sowie diejenigen, welche ihn wieder angestellt haben, obgleich ihnen die erfolgte Unfähigkeitserklärung bekannt war.

IV. Anhang.

1. Preußisches Gesetz über die Eisenbahn-Unternehmungen.

Vom 3. November 1838.

(GS. S. 505).

§. 1. Jede Gesellschaft, welche die Anlegung einer Eisenbahn [1] beabsichtigt, hat sich an das Handelsministerium [2] zu wenden, und demselben die Hauptpunkte der Bahnlinie, sowie die Größe des zu der Unternehmung bestimmten Aktien-Kapitals genau anzugeben. [3] Findet sich gegen die Unternehmung im Allgemeinen nichts zu erinnern, so ist der Plan derselben, nach den bereits ertheilten und künftig etwa noch zu erlassenden Instruktionen, einer sorgfältigen Prüfung zu unterwerfen. Wird in Folge dieser Prüfung Unsere landesherrliche Genehmigung ertheilt, [4] so hat das Handelsministerium, [2] unter Eröffnung der etwa nöthig befundenen besonderen Bedingungen und Maaßgaben, eine Frist festzusetzen, binnen welcher der Nachweis zu führen ist, daß das bestimmte Aktien-Kapital gezeichnet und die Gesellschaft, nach einem unter den Aktienzeichnern vereinbarten Statute, wirklich zusammengetreten sei.

[1] Das Gesetz betrifft nur die landesherrlich genehmigten und für den öffentlichen Verkehr bestimmten Eisenbahnen, RG. 15. 10. 91 (Eger, Entsch. IX 89), nicht die Straßenbahnen, KG. Berlin 16. 10. 91 (Eger, Entsch. IX 90).

[2] Jetzt Ministerium der öffentlichen Arbeiten. (Gesetz vom 13. März 1879, GS. S. 123.)

[3] Durch V. v. 19. August 1867, GS. S. 1426, ist das Gesetz mit Ausschluß der §§ 11—13, 15—19, 38—41 u. 44 in den neuerworbenen Landestheilen eingeführt. Für Hohenzollern besonderes Gesetz vom 1. Mai 1865, GS. S. 317.

[4] In der Konzessionsertheilung liegt die allgemeine Anordnung der Staatsgewalt, daß sich die benachbarten Grundbesitzer diejenigen nachtheiligen Einwirkungen auf ihre Grundstücke gefallen lassen müssen, ohne welche der Betrieb nicht möglich ist. RG. 20. 9. 82 (Entsch. i. C.S. VII 266).

§. 2. Hinsichtlich der Aktien und der Verpflichtungen der Aktienzeichner finden folgende Grundsätze Anwendung:

1) die Aktien dürfen auf den Inhaber gestellt werden und sind stempelfrei;
2) die Ausgabe der Aktien darf vor Einzahlung des ganzen Nominalbetrags derselben nicht erfolgen, und eben so wenig die Ertheilung auf den Inhaber gestellter Promessen, Interimsscheine ꝛc. Ueber Partial-Zahlungen dürfen nur Quittungen, auf den Namen lautend, ertheilt werden;
3) der Zeichner der Aktie ist für die Einzahlung von 40 Prozent des Nominalbetrages der Aktie unbedingt verhaftet; von dieser Verpflichtung kann derselbe weder durch Uebertragung seines Anrechts

auf einen Dritten sich befreien, noch Seitens der Gesellschaft entbunden werden. Für den Fall, daß die ausgeschriebenen Partial-Zahlungen in Rückstand bleiben, ist die Bestimmung von Konventionalstrafen, ohne Rücksicht auf die sonst hinsichtlich deren Höhe gesetzlich bestehenden Beschränkungen, zulässig;

4) nach Einzahlung von 40 Prozent hat die Gesellschaft, wenn der ursprüngliche Zeichner der Aktie sein Anrecht auf einen Andern übertragen hat, die Wahl, ob sie
   a) den ursprünglichen Zeichner seiner Verpflichtung entlassen und sich lediglich an den Cessionar halten, oder
   b) der Abtretung ungeachtet, den ursprünglichen Zeichner noch ferner in Anspruch nehmen will, in welchem Fall die Gesellschaft gegen den Cessionar keinen Anspruch hat.

   Der hierüber von dem Vorstande der Gesellschaft zu fassende Beschluß ist beim Ausschreiben der nächsten Partialzahlung bekannt zu machen.

5) Bei jeder folgenden Cession treten dieselben Bestimmungen ein, welche unter 4. für die erste gegeben worden sind.

6) Wenn nach Einzahlung von 40 Prozent die ferneren Partialzahlungen nicht eingehen, so ist die Gesellschaft berechtigt, entweder
   a) den Zahlungspflichtigen weiter in Anspruch zu nehmen,

oder

b) denselben, unter Aufhebung seiner Verpflichtung gegen die Gesellschaft, des bereits Gezahlten und aller Rechte aus den bisherigen Zahlungen verlustig zu erklären. Bis zu dem Betrage, mit welchem die auf diese Weise ausscheidenden Interessenten betheiligt waren, dürfen neue Aktienzeichnungen zugelassen werden.

§. 3. Das Statut ist zu Unserer landesherrlichen Bestätigung einzureichen; es muß jedoch zuvor der Bauplan im Wesentlichen festgestellt worden sein.

So lange die Bestätigung nicht erfolgt ist, bestimmen sich die Verhältnisse der Gesellschaft und ihrer Vertreter nach den allgemeinen gesetzlichen Vorschriften über Gesellschafts- und Mandats-Verträge. Mittelst der Bestätigung des Statuts, welches durch die Gesetzsammlung zu publiziren ist, werden der Gesellschaft die Rechte einer Korporation oder einer anonymen Gesellschaft ertheilt.

§. 4. Die Genehmigung[1] der Bahnlinie in ihrer vollständigen Durchführung durch alle Zwischenpunkte wird dem Handelsministerium vorbehalten, eben so sind die Verhältnisse der Konstruktion, sowohl der Bahn als der anzuwendenden Fahrzeuge, an diese Genehmigung gebunden.[2] Alle Vorarbeiten zur Begründung der Genehmigung hat die Gesellschaft auf ihre Kosten zu beschaffen.

[1] Nicht aufgehoben durch § 21 des Enteign.Ges. v. 11. Juni 1874. Genehmigung nicht erforderlich bei nothwendig werdenden baulichen

Veränderungen (z. B. Erweiterung einer nicht mehr genügenden Unterführung. PrOVG. 31. 1. 93 (Eger, Entsch. X 56).

[2] Bei genehmigten Bahnbauten kann von dem geschädigten Nachbar nicht Beseitigung, sondern nur Schadenersatz verlangt werden.

§. 5. Die Anlage von Zweigbahnen kann eben so, wie die von neuen Eisenbahnen überhaupt nur mit Unserer landesherrlichen Genehmigung stattfinden.

§. 6. Zur Emission von Aktien über die ursprünglich festgesetzte Zahl hinaus, ist Unsere Genehmigung nothwendig. Die Aufnahme von Gelddarlehnen (womit der Kauf auf Kredit nicht gleichgestellt werden soll) bedarf der Zustimmung des Handelsministeriums, welches dieselbe an die Bedingung eines festzustellenden Zins- und Tilgungsfonds zu knüpfen befugt ist.

§. 7. Die Gesellschaft ist befugt, die für das Unternehmen erforderlichen Grundstücke ohne Genehmigung einer Staatsbehörde zu erwerben; zur Gültigkeit der Veräußerung von Grundstücken ist jedoch die Genehmigung der Regierung nöthig.

§. 8. Für den Fall, daß über den Erwerb der für die Bahn-Anlage nothwendigen Grundstücke eine Einigung mit den Grundbesitzern nicht zu Stande kommt, wird der Gesellschaft das Recht zur Expropriation,[1] welchem auch die Nutzungsberechtigten unterworfen sind,[2] verliehen.

Dasselbe erstreckt sich insonderheit:

1) auf den zu der Bahn selbst erforderlichen Grund und Boden;

2) auf den zu den nöthigen Ausweichungen erforderlichen Raum;

3) auf den Raum zur Unterbringung der Erde und des Schuttes ꝛc., bei Einschnitten, Tunnels und Abtragungen;
4) auf den Raum für die Bahnhöfe, die Aufseher- und Wärterhäuser, die Wasserstationen und längs der Bahn zu errichtenden Kohlenbehältnisse zur Versorgung der Dampfmaschinen, und
5) überhaupt auf den Grund und Boden für alle sonstigen Anlagen, welche zu dem Behufe, damit die Bahn als eine öffentliche Straße zur allgemeinen Benutzung dienen könne, nöthig oder in Folge der Bahn-Anlage im öffentlichen Interesse erforderlich sind.

Die Entscheidung darüber, welche Grundstücke für die obigen Zwecke (Nr. 1—5.) in Anspruch zu nehmen sind, steht in jedem einzelnen Falle der Regierung, mit Vorbehalt des Rekurses an das Ministerium, zu. Dagegen ist das Expropriationsrecht auf solche Anlagen nicht auszudehnen, welche, wie Waaren-Magazine und dergleichen, nicht den unter Nr. 5. gedachten allgemeinen Zweck, sondern nur das Privat-Interesse der Gesellschaft angehen.

[1] Enteignungsgesetz vom 11. Juni 1874.

[2] Aus der ihm lästigen Verwendung des enteigneten Grundstückes durch die Bahn kann der Eigenthümer bei der Enteignung keinen besonderen Schadenersatzanspruch erheben. RG. 26. 5. 80 (Eger, Entsch. I 186).

§. 9. Außer dem Expropriationsrechte wird der Gesellschaft auch das Recht zur vorübergehenden Benutzung fremder Grundstücke Behufs der Einrichtung von Interims-Wegen, der Materialien-Gewinnung ꝛc., ebenso, wie es bei der Anlegung und Unterhaltung von Kunststraßen dem Staate zusteht, eingeräumt. In welchem Umfange dieses Recht nach den, in den verschiedenen Landestheilen bestehenden Vorschriften geltend zu machen, und welche Grundstücke dabei in Anspruch zu nehmen sind, hat die Regierung, vorbehaltlich des Rekurses an das Handelsministerium, zu bestimmen. Jedoch ist überall das Ausgraben von Erde zur Ziegelfabrikation und von Feldsteinen, sowie die Eröffnung von Steinbrüchen und die Benutzung schon vorhandener Steinbrüche, in den durch gegenwärtigen Paragraphen den Gesellschaften beigelegten Befugnissen nicht enthalten.

§. 10. Wenn die Gesellschaft ein benachbartes Grundstück zur Unterbringung der Erde und des Schuttes in Anspruch genommen hat (§. 8. Nr. 3), so soll, nachdem dieser Zweck vollständig erreicht ist, der Eigenthümer die Wahl haben, dieses Grundstück (nach §. 8.) der Gesellschaft fortwährend zu überlassen, oder (nach §. 9.) gegen Ersatz der Werthsverminderung zurückzunehmen. Sollte jedoch der fortwährende Besitz desselben der Gesellschaft für die Sicherheit der Bahn nöthig sein, so fällt der Anspruch des Eigenthümers auf Rückgabe hinweg.

§. 11. Die Expropriation erfolgt in denjenigen Landestheilen, wo das Allgemeine Landrecht in Kraft ist, nach Vorschrift der §§. 8—11. Theil I. Titel 11.

Die Regierung ernennt die Taxatoren und leitet das Abschätzungsverfahren unter Zuziehung beider Theile.

Der Eigenthümer ist verpflichtet, gegen Empfang oder gerichtliche Deposition des Taxwerths, das Grundstück der Gesellschaft zu übergeben, und wird nöthigen Falls von der Regierung hierzu angehalten.

Der Eigenthümer kann, wenn er mit der Schätzung der Taxatoren nicht zufrieden ist, auf richterliche Entscheidung über den Werth antragen. Der Gesellschaft steht ein solches Recht nicht zu.

In der Rheinprovinz, soweit das Allgemeine Landrecht daselbst nicht in Kraft ist, erfolgt die Ausübung des Expropriationsrechts (§. 8.) und die Feststellung der Entschädigungen nach den für die Expropriation dort geltenden Bestimmungen.

§. 12. Wenn bei der Entschädigung, außer dem Eigenthümer, auch Realberechtigte[1] in Betracht kommen, so hängt es von dem Ermessen der Regierung ab, ob die Entschädigungssumme gerichtlich deponirt, oder ob dafür Kaution gestellt werden soll, in welchem letzten Fall die Gesellschaft, vom Zeitpunkt der Uebergabe an, landesübliche Zinsen zu zahlen hat.

[1] Zu den Entschädigungsberechtigten gehören Pächter und Miether auch dann, wenn ihre Rechte nicht dinglicher Natur sind. RG. 12. 5. 92 (Eger, Entsch. IX 186).

§. 13. Für die vorübergehende Benutzung von Grundstücken (§. 9.) ist die Entschädigung in gleicher Art, wie bei der Expropriation (§. 11.), zu bestimmen. Es kann aber für deren Gewährung die Bestellung einer angemessenen Kaution verlangt werden, in welchem Falle die Regierung die Sache interimistisch zu reguliren hat.

§. 14.[1] Außer der Geldentschädigung ist die Gesellschaft auch zur Einrichtung[2] und Unterhaltung aller Anlagen verpflichtet, welche die Regierung[3] an Wegen, Ueberfahrten, Triften, Einfriedigungen, Bewässerungs- oder Vorfluths-Anlagen 2c. nöthig findet, damit die benachbarten Grundbesitzer gegen Gefahren und Nachtheile in Benutzung ihrer Grundstücke gesichert werden.

Entsteht die Nothwendigkeit solcher Anlagen erst nach Eröffnung der Bahn durch eine mit den benachbarten Grundstücken vorgehende Veränderung, so ist die Gesellschaft zwar auch zu deren Einrichtung und Unterhaltung verpflichtet, jedoch nur auf Kosten[4] der dabei interessirten Grundbesitzer, welche deshalb auf Verlangen der Gesellschaft Kaution zu bestellen haben.

[1] § 14 betrifft die Pflicht zur Erstellung von Anlagen im Interesse benachbarter Grundstücke, §§ 4 und 5 BO. diejenige zur Sicherung der Bahn und des Verkehrs.

[2] Hat der Bahnbau die Veränderung eines bestehenden oder Herstellung eines neuen Weges nothwendig gemacht, so trifft die Bahn die Umbau- bezw. Baukosten und die Unterhaltungspflicht. Pr.OVG. 20. 2. 89 und 28. 4. 88 (Eger, Entsch. VII 78 und VI 289).

[3] Nicht die Nachbarn; ein Klagerecht zur Erstellung von Schutzvorrichtungen besteht nicht, RG. 20. 9. 86 (Entsch. i. CS. VII 266), der Entschädigungsanspruch aus § 14 ist ein Ausfluß des öffentlichen Rechts. RG. 9. 3. 86 (Eger, Entsch. IV 432). Vergl. Anm. 2 zu § 4.

[4] Ersatzanspruch hier privatrechtlicher Natur, daher Zuständigkeit der bürgerlichen Gerichte. OVG. 28. 3. 88 (Eger, Entsch. VI 273).

§. 15. Bei der Zahlung der Geldvergütungen für Grundstücke, welche nach §. 8. der Expropriation unterworfen sind, ohne Unterschied, ob die Veräußerung selbst durch Expropriation oder durch freien Vertrag bewirkt wird, kommen die, für den Chausseebau in den verschiedenen Landestheilen hierüber bestehenden gesetzlichen Bestimmungen zur Anwendung, auch sollen die dabei vorkommenden Verhandlungen stempel- und sportelfrei erfolgen.[1]

[1] Anlieger öffentlicher Stadtstraßen haben keinen Ersatzanspruch bei Aenderungen derselben für die Bahnanlagen. RG. 16. 1. 80 (Eger, Entsch. I 92). — §§ 16—19 sind durch § 57 Enteign.Ges. aufgehoben. Vergl. Motive zu diesem.

§. 20. Für alle Entschädigungs-Ansprüche, welche in Folge der Bahn-Anlage an den Staat gemacht, und entweder von der Gesellschaft selbst anerkannt, oder unter ihrer Zuziehung richterlich festgestellt werden, ist die Gesellschaft verpflichtet.

§. 21. Das Handelsministerium wird nach vorgängiger Vernehmung der Gesellschaft die Fristen bestimmen, in welchen die Anlage fortschreiten und vollendet werden soll, und kann für deren Einhaltung sich Bürgschaften stellen lassen. Im Falle der Nichtvollendung binnen der bestimmten Zeit bleibt vorbehalten, die Anlage, so wie sie liegt, für Rechnung der Gesellschaft unter der Bedingung zur öffentlichen Versteigerung zu bringen, daß dieselbe von den Ankäufern ausgeführt werde. Es muß jedoch dem Antrage auf Versteigerung die Bestimmung einer schließlichen Frist von sechs Monaten zur Vollendung der Bahn vorangehen.

§. 22. Die Bahn darf dem Verkehr nicht eher eröffnet werden, als, nach vorgängiger Revision der Anlage, von der Regierung die Genehmigung dazu ertheilt worden.

§. 23. Die Handhabung der Bahnpolizei wird, nach einem darüber von dem Handelsministerium zu erlassenden Reglement, der Gesellschaft übertragen. Das Reglement wird zugleich das Verhältniß der mit diesem Geschäft beauftragten Beamten der Gesellschaft näher festsetzen.[1]

[1] Betriebsordnung vom 5. Juli 1892, RGBl. S. 691.

§. 24. Die Gesellschaft ist verpflichtet, die Bahn nebst den Transport-Anstalten fortwährend in solchem Stande zu erhalten, daß die Beförderung mit Sicherheit und auf die der Bestimmung des Unternehmens entsprechende Weise erfolgen könne, sie kann hierzu im Verwaltungswege angehalten werden.[1]

[1] Vergl. Art. 45, 46 RV.

§. 25. Die Gesellschaft ist zum Ersatz verpflichtet für allen Schaden,[1] welcher bei der Beförderung auf der Bahn,[2 3] an den auf derselben beförderten Personen und Gütern,[4] oder auch an anderen Personen und deren Sachen, entsteht und sie kann sich von dieser Verpflichtung nur durch den Beweis befreien, daß der Schade entweder durch die eigene Schuld des Beschädigten,[5] oder durch einen unabwendbaren äußern Zufall[6] bewirkt worden ist. Die gefährliche Natur der Unternehmung selbst ist als ein solcher, von dem Schadensersatz befreiender, Zufall nicht zu betrachten.

(G. vom 3. Mai 1869.) Die Eisenbahnen sind nicht befugt, die Anwendung der im §. 25. des Gesetzes über die Eisenbahn-Unternehmungen vom 3. November 1838 enthaltenen Bestimmungen über ihre Verpflichtung zum Ersatze des Schadens, welcher bei der Beförderung auf der Bahn an den auf derselben beförderten Personen oder auch an anderen Personen entsteht, zu ihrem Vortheile durch Verträge (mittelst Reglements oder durch besondere Uebereinkunft) im Voraus auszuschließen oder zu beschränken.

Vertragsbestimmungen, welche dieser Vorschrift entgegenstehen, haben keine rechtliche Wirkung.

[1] § 25 durch Art. 1386 c. N. nicht berührt, RG. 10. 5. 92 (Eger, Entsch. X 197), ebenso nicht durch das Haftpflichtgesetz § 1. RG 5. 1. 80 (Eger, Entsch. I 80).

[2] Gilt nicht für Straßenbahnen. RG. 16. 10. 91 (Eger, Entsch. IX 90).

[3] § 25 nicht gültig bei zwar landespolizeilich, aber nicht landesherrlich genehmigten Bahnanlagen. RG. 4. 5. 91 (Eger, Entsch. VIII 335).

[4] Auch für Eisenbahnpostwagen gültig. Radreifenbruch nicht ohne Weiteres äußerer Zufall. RG. 28. 9. 85 (Eger, Entsch. IV 231).

[5] Der Einwand des eigenen Verschuldens des Beschädigten kann nicht auf ein Verschulden seiner Leute gestützt werden. RG. 23. 2. 91 (Eger, Entsch. IX 32).

[6] Gleichbedeutend mit „höherer Gewalt" in § 3 Haftpflichtges. (siehe Anm. zu § 3). RG. 13. 1. 81 (Eger, Entsch. I 360).

§. 26. Für die ersten drei Jahre nach dem auf die Eröffnung der Bahn folgenden 1. Januar wird, vorbehaltlich der Bestimmungen des §. 45., der Gesellschaft das Recht zugestanden, ohne Zulassung eines Konkurrenten, den Transportbetrieb allein zu unternehmen und die Preise sowohl für den Personen- als für den Waarentransport nach ihrem Ermessen zu bestimmen.[1] Die Gesellschaft muß jedoch

1) den angenommenen Tarif beim Beginn des Transportbetriebes und die späteren Aenderungen sofort bei deren Eintritt, im Falle der Erhöhung aber sechs Wochen vor Anwendung derselben, der Regierung anzeigen und öffentlich bekannt machen, und
2) für die angesetzten Preise alle zur Fortschaffung aufgegebene Waaren, ohne Unterschied der Interessenten, befördern, mit Ausnahme solcher Waaren, deren Transport auf der Bahn durch das Bahn-Reglement[2] oder sonst polizeilich für unzulässig erklärt ist.

[1] Die Beschränkung der Konkurrenz ist jetzt aufgehoben durch Art. 41 RV.

[2] RV. §§ 43, 44, BO., BO. (siehe oben.)

§. 27. Nach Ablauf der ersten drei Jahre können, zum Transportbetriebe auf der Bahn, außer der Gesellschaft selbst, auch Andere, gegen Entrichtung des Bahngeldes, oder der zu regulirenden Vergütung (§§. 28—31. vergl. mit §. 45.), die Befugniß erlangen, wenn das Handelsministerium, nach Prüfung aller Verhältnisse, angemessen findet, denselben eine Konzession zu ertheilen.

§. 28. Auf solche Konkurrenten sind, in Ansehung der Bahn-Polizei, der guten Erhaltung ihrer Anstalten, sowie der Verpflichtung zum Schaden-Ersatz, dieselben Bestimmungen anzuwenden, welche in den §§. 23. 24. 25. für die ursprüngliche Gesellschaft gegeben sind.

§. 29. Die Höhe des Bahngeldes, zu dessen Forderung die Gesellschaft, in Ermangelung gütlicher Einigung mit den Transport-Unternehmern, berechtigt ist, wird in der Art festgesetzt, daß durch dessen Entrichtung, unter Zugrundelegung der wirklichen Erträge aus den letztverflossenen Jahren,

1) die Kosten der Unterhaltung und Verwaltung der Bahn nebst Zubehör (mit Ausschluß der das Transport-Unternehmen angehenden Betriebs- und Verwaltungskosten) bestritten,
2) der statutenmäßige Beitrag zur Ansammlung eines Reservefonds für außergewöhnliche, die Bahn und Zubehör betreffende Ausgaben aufgebracht,
3) die von der Gesellschaft zu übernehmenden Lasten (einschließlich der im §. 38. gedachten) gedeckt werden können; woneben außerdem
4) der Gesellschaft an Zinsen und Gewinn ein, der bisherigen Nutzung entsprechender, Reinertrag des auf die Bahn und Zubehör verwendeten Anlage-Kapitals, zu gewähren bleibt, mit der weiteren Maaßgabe jedoch, daß dieser Reinertrag, auch wenn die Erträge der verflossenen Jahre eine höhere Nutzung des Anlage-Kapitals gewährt hätten, nicht höher als zu 10 Prozent des letzteren, dagegen umgekehrt, auch wenn die Erträge der Vorjahre sich nicht so hoch belaufen hätten, nicht geringer als zu 6 Prozent des Anlage-Kapitals in Ansatz kommen soll. Zum Anlage-Kapital sind auch alle spätere wesentliche, von der Re-

gierung als solche anerkannte, Meliorationen zu rechnen, in soweit dieselben durch Erweiterung des Grund-Kapitals bewirkt worden sind.

§. 30. Die Berechnung des Bahngeldes geschieht in folgender Weise:

1) Aus den von der Gesellschaft im letzten Vierteljahr der ersten Betriebs-Periode vorzulegenden Rechnungen der verflossenen $2^3/_4$ Jahre ist zunächst der bis dahin durchschnittlich gewonnene Reinertrag eines Jahres zu ermitteln. Dieser Reinertrag wird nach Verhältniß der

auf die Bahn und deren Zubehör

und auf das Fuhr- und Transport-Unternehmen nebst dem dazu gehörigen Inventar

verwendeten Anlage-Kapitalien vertheilt, und der hiervon auf die Bahn und deren Zubehör fallende Antheil, mit Berücksichtigung der im §. 29. Nr. 4. gegebenen Vorschriften für den Reinertrag der Bahn angenommen. Der sonach festgestellte Reinertrag der Bahn und der jährliche Durchschnittsbetrag der in dem §. 29. Nr. 1—3. bezeichneten Ausgabe-Positionen zusammengenommen, bilden die Theilungssumme, welche der Festsetzung des Bahngeldes zum Grunde zu legen ist.

2) Die Frequenz der Bahn ist nach der Einnahme an Personen- und Frachtgeld zu berechnen und hierbei entweder die Zentnerzahl der Güterfracht nach Verhältniß des Personengeldes zum Fracht-

gelde auf Personen-Einheiten, oder auch die Personenzahl nach demselben Verhältniß auf Zentner-Einheiten zu reduziren.

3) Die zu 1. ermittelte Summe, durch die Zahl des auf Personen- oder Zentner-Einheiten reduzirten Fuhr- und Transportbetriebes zu 2. getheilt, ergiebt die Höhe des zu entrichtenden Bahngeldes für eine Person oder einen Zentner Waare.

Haben bei einer Bahn verschiedene Sätze des Personengeldes oder für den Güter-Transport stattgefunden, so soll bei der Reduktion zu 2.

hinsichtlich des Personengeldes überall nur der niedrigste Satz

hinsichtlich des Güter-Transports aber ein Durchschnittssatz

angenommen werden.

4) Die schließliche Feststellung des Bahngeldes für Personen und Güter erfolgt demnächst in dem bei der Reduktion auf Personen- oder Zentner-Einheiten zum Grunde gelegten Verhältnisse, mit Rücksicht auf die Verschiedenheit der bisherigen Sätze für den Güter-Transport.

§. 31. Das Bahngeld ist in bestimmten Perioden, welche das Handelsministerium für jede Eisenbahn auf wenigstens drei und höchstens zehn Jahre festzusetzen hat, von Neuem zu reguliren. Die Gesellschaft darf das festgesetzte Bahngeld nicht überschreiten, wohl aber vermindern. Sowohl der für die ganze Periode festgesetzte

Tarif, als diese in der Zwischenzeit eintretende Veränderungen, sind öffentlich bekannt zu machen und auf alle Transporte ohne Unterschied der Unternehmer gleichmäßig anzuwenden. Enthält der neue Tarif eine Erhöhung des Bahngeldes, so kann diese erst sechs Wochen nach der Bekanntmachung in Anwendung kommen.

§. 32. Es bleibt der Gesellschaft überlassen, nachdem die Regulirung des Bahngeld-Tarifs nach §§. 29. und 30. erfolgt ist, die Preise, welche sie für die Beförderung an Fuhrlohn neben dem Bahngelde erheben will, nach ihrem Ermessen anzusetzen; es dürfen solche jedoch nicht auf einen höheren Reinertrag als 10 Prozent des in dem Transport-Unternehmen angelegten Kapitals berechnet werden.

Die Gesellschaft ist hierbei verpflichtet:

1) den Fracht-Tarif (sowohl für den Waaren- als für den Personen-Transport), welcher nachher ohne Zustimmung des Handelsministeriums nicht erhöhet werden darf, so wie demnächst die innerhalb der tarifmäßigen Sätze vorgenommenen Aenderungen, und zwar im Falle einer Erhöhung früher ermäßigter Sätze sechs Wochen vor Anwendung derselben, der Regierung anzuzeigen und öffentlich bekannt zu machen; auch

2) für die angenommenen Sätze alle zur Fortschaffung aufgegebene Waaren, deren Transport polizeilich zulässig ist, ohne Unterschied der Interessenten zu befördern.

§. 33. Sofern nach Abzug der das Transport=Unternehmen betreffenden Ausgaben, einschließlich des in dem Statute mit Genehmigung des Ministeriums festzusetzenden jährlichen Beitrags zur Ansammlung eines Reservefonds, für die zuletzt verlaufene Periode sich an Zinsen und Gewinn ein Reinertrag von mehr als zehn Prozent des in dem Unternehmen angelegten Kapitals ergiebt, müssen die Fuhrpreise in dem Maaße herabgesetzt werden, daß der Reinertrag diese zehn Prozent nicht überschreite. Wenn jedoch der Ertrag des Bahngeldes das dafür in §. 29. verstattete Maximum von zehn Prozent nicht erreicht, so soll der Ertrag des Transportgeldes zehn Prozent so lange übersteigen dürfen, bis beide Einnahmen zusammengerechnet einen Reinertrag von zehn Prozent der in dem gesammten Unternehmen angelegten Kapitale ergeben.

§. 34. Um die Ausführung der in den §§. 29—33. gegebenen Vorschriften möglich zu machen, ist die Gesellschaft verpflichtet, über alle Theile ihrer Unternehmung genaue Rechnung zu führen und hierin die ihr von dem Handels=Ministerium zu gebende Anweisung zu befolgen. Diese Rechnung ist jährlich bei der vorgesetzten Regierung einzureichen.

§. 35. Wenn über die Anwendung des Bahngeld= oder des Fracht=Tarifs zwischen der Gesellschaft und Privatpersonen Streitigkeiten entstehen, so kommt die Entscheidung hierüber, mit Vorbehalt des Rekurses an das Handels=Ministerium, der Regierung zu.

§. 36. Die aus dem Postregale entspringenden Vorrechte des Staats, an festgesetzten Tagen und zwischen bestimmten Orten Personen und Sachen zu befördern, gehen, soweit es für den Betrieb der Eisenbahnen nöthig ist, die in jenem Regale enthaltene Ausschließung des Privatgewerbes aufzugeben, auf dieselben über, wobei der Postverwaltung die Berechtigung vorbehalten bleibt, die Eisenbahnen zur Beförderung von postmäßigen Versendungen unter den nachfolgenden näheren Bestimmungen zu benutzen:

1) Die Gesellschaft ist verpflichtet, ihren Betrieb, soweit die Natur desselben es gestattet, in die nothwendige Uebereinstimmung mit den Bedürfnissen der Postverwaltung zu bringen.
2) Sie übernimmt den unentgeltlichen Transport der Briefe, Gelder und aller anderen dem Postzwange unterworfenen Güter.
3) Sie übernimmt ferner den unentgeltlichen Transport derjenigen Postwagen, welche nöthig sein werden, um die der Post anvertrauten Güter zu befördern.
4) Findet es die Postverwaltung nöthig, der Gesellschaft Reisende zur Beförderung zu überweisen, so ist die Gesellschaft verpflichtet, dieselben vorzugsweise vor anderen Personen auf derjenigen Klasse von Bahnwagen, die dazu von der Post für immer bestimmt werden sollen, gegen Entrichtung des gewöhnlichen Personengeldes dieser Wagen, zu befördern.

5) Die Gesellschaft ist verpflichtet, die mit Post-Freipässen versehenen Personen unentgeltlich zu befördern, vorausgesetzt, daß diese nur einen Theil ihrer Reise auf der Eisenbahn, einen andern Theil aber mit gewöhnlichem Postfuhrwerk zurücklegen.

6) Wird der regelmäßige Postbetrieb auf einer Eisenbahn dergestalt durch die Schuld der Gesellschaft unterbrochen, daß die Postverwaltung ihren Betrieb einstweilen durch andere Anstalten zu besorgen genöthigt wird, so ist die Gesellschaft zum Ersatz des hierdurch veranlaßten Kostenaufwandes verpflichtet.

§. 37. Wird eine Konkurrenz im Transport auf der Eisenbahn verstattet (§. 27.), so sind die Konkurrenten gegen die Post zu denselben Leistungen verpflichtet, wie die ursprünglichen Unternehmer. (§. 36.) Für die angemessene Vertheilung dieser Lasten unter den verschiedenen Unternehmern ist bei Ertheilung der Konzession Bedacht zu nehmen.

§. 38. Von den Eisenbahnen ist eine Abgabe zu entrichten, welche im Verhältnisse des auf das gesammte Aktien-Kapital, nach Abzug aller Unterhaltungs- und Betriebskosten und des jährlich inne zu behaltenden Beitrags zum Reservefonds, treffenden Ertrags sich abstuft. Die Höhe dieser Abgabe soll aber erst dann regulirt werden, wenn die zweite, innerhalb Unserer Staaten konzessionirte Eisenbahn drei Jahre in vollständigem Betriebe gewesen ist und dadurch zu einer angemessenen Regulirung die nöthigen Erfahrungen gesammelt worden sind; bis dahin ist die Post für den Verlust, welchen sie durch die Eisenbahnen in ihrer Einnahme erweislich erleidet, von jeder Gesellschaft mit Berücksichtigung der im §. 36. zum Vortheile der Post bestimmten Leistungen zu entschädigen.

Von der Entrichtung einer Gewerbesteuer bleiben die Eisenbahn-Gesellschaften befreit.

§. 39. Der Ertrag der im §. 38. vorbehaltenen Abgabe soll zu keinen andern Zwecken, als zur Entschädigung der Staatskasse für die ihr durch die Eisenbahnen entzogenen Einnahmen und zur Amortisation des in dem Unternehmen angelegten Kapitals, verwendet werden. Ueber die Art dieser Verwendung werden Wir Unser Handelsministerium mit besonderer Anweisung versehen.

§. 40. Nach vollendeter Amortisation soll dem Unternehmen eine solche Einrichtung gegeben werden, daß der Ertrag des Bahngeldes die Kosten der Unterhaltung der Bahn und der Verwaltung nicht übersteige.

§. 41. Sollte künftig eine Konkurrenz in der Transport-Unternehmung bewilligt werden (§. 27.), so wird den Konkurrenten gleichfalls eine angemessene Abgabe aufgelegt und darüber in der Konzession das Nöthige bestimmt werden.

§. 42. Dem Staate bleibt vorbehalten, das Eigenthum der Bahn mit allem Zubehör gegen vollständige Entschädigung anzukaufen.[1]

Hierbei ist, vorbehaltlich jeder anderweiten, hierüber

durch gütliches Einvernehmen zu treffenden Regulirung, nach folgenden Grundsätzen zu verfahren:

1) Die Abtretung kann nicht eher als nach Verlauf von dreißig Jahren, von dem Zeitpunkt der Transporteröffnung an, gefordert werden.

2) Sie kann ebenfalls nur von einem solchen Zeitpunkt an gefordert werden, mit welchem, zufolge des §. 31., eine neue Festsetzung des Bahngeldes würde eintreten müssen.

3) Es muß der Gesellschaft die auf Uebernahme der Bahn gerichtete Absicht mindestens ein Jahr vor dem zur Uebernahme bestimmten Zeitpunkte angekündigt werden.

4) Die Entschädigung der Gesellschaft erfolgt sodann nach folgenden Grundsätzen:

   a) der Staat bezahlt an die Gesellschaft den fünf und zwanzigfachen Betrag derjenigen jährlichen Dividende, welche an sämmtliche Aktionaire im Durchschnitt der letzten fünf Jahre ausbezahlt worden ist.

   b) Die Schulden der Gesellschaft werden ebenfalls vom Staate übernommen und in gleicher Weise, wie dies der Gesellschaft obgelegen haben würde, aus der Staatskasse berichtigt, wogegen auch alle etwa vorhandenen Aktiv-Forderungen auf die Staatskasse übergehen.

   c) Gegen Erfüllung obiger Bedingungen geht nicht nur das Eigenthum der Bahn und des zur Transport-Unternehmung gehörigen Inventariums sammt allem Zubehör auf den Staat über, sondern es wird demselben auch der von der Gesellschaft angesammelte Reservefonds mit übereignet.

d) Bis dahin, wo die Auseinandersetzung mit der Gesellschaft nach vorstehenden Grundsätzen regulirt, die Einlösung der Aktien und die Uebernahme der Schulden erfolgt ist, verbleibt die Gesellschaft im Besitze und in der Benutzung der Bahn.

[1] Veräußerung von Staatsbahnen bedarf der Zustimmung des Landtags. Ges. v. 17. Juni 1874, § 4, GS. S. 255.

§. 43. Für Kriegsbeschädigungen und Demolirungen, es mögen solche vom Feinde ausgehen, oder im Interesse der Landesvertheidigung veranlaßt werden, kann die Gesellschaft vom Staat einen Ersatz nicht in Anspruch nehmen.

§. 44. Die Anlage einer zweiten Eisenbahn durch andere Unternehmer, welche neben der ersten in gleicher Richtung auf dieselben Orte mit Berührung derselben Hauptpunkte fortlaufen würde, soll binnen einem Zeitraum von dreißig Jahren nach Eröffnung der Bahn nicht zugelassen werden, anderweite Verbesserungen der Kommunikation zwischen diesen Orten und in derselben Richtung sind jedoch hierdurch nicht beschränkt.

§. 45. Die Gesellschaft ist verpflichtet, nach der Bestimmung des Handelsministeriums, den Anschluß anderer Eisenbahn-Unternehmungen an ihre Bahn, es möge die beabsichtigte neue Bahn in einer Fortsetzung, oder in einer Seiten-Verbindung bestehen, geschehen zu lassen und der sich anschließenden Gesellschaft den eigenen Transportbetrieb auf der früher angelegten Bahn, auch vor Ablauf des im §. 26. gedachten Zeitraums, zu gestatten. Sie muß sich gefallen lassen, daß die zu diesem Behuf erforderlichen baulichen Einrichtungen, z. B. die Anlage eines zweiten Geleises, von der sich anschließenden Gesellschaft bewirkt werden. Das Handelsministerium wird hierüber, so wie über die Verhältnisse beider Unternehmungen zu einander, und besonders wegen der vor Ablauf der ersten drei Jahre (§. 26.) statt des Bahngeldes zu entrichtenden Vergütung, das Nöthige bei der Konzession des Anschlusses festsetzen.

§. 46. Zur Ausübung des Aufsichtsrechts des Staates über das Unternehmen wird, nach Ertheilung Unserer Genehmigung (§. 1.), ein beständiger Kommissarius ernannt werden, an welchen die Gesellschaft sich in allen Beziehungen zur Staatsverwaltung zu wenden hat. Derselbe ist befugt, ihre Vorstände zusammen zu berufen und deren Zusammenkünften beizuwohnen.

§. 47. Die ertheilte Konzession wird verwirkt und die Bahn mit den Transportmitteln und allem Zubehör für Rechnung der Gesellschaft öffentlich versteigert, wenn diese eine der allgemeinen oder besonderen Bedingungen nicht erfüllt und eine Aufforderung zur Erfüllung binnen einer endlichen Frist von mindestens drei Monaten ohne Erfolg bleibt.

§. 48. Die Bestimmungen dieses Gesetzes über die Verhältnisse der Eisenbahn-Gesellschaften zum Staate und zum Publikum, sollen auch bei den Unternehmungen derjenigen Eisenbahn-Gesellschaften, deren Statuten bereits Unsere Genehmigung erhalten haben, zur Anwendung kommen.

§. 49. Wir behalten Uns vor, nach Maaßgabe der weiteren Erfahrung und der sich daraus ergebenden Bedürfnisse, die im gegenwärtigen Gesetze gegebenen Bestimmungen, durch allgemeine Anordnungen oder durch künftig zu ertheilende Konzessionen, zu ergänzen und abzuändern und nach Umständen denselben auch andere ganz neue Bestimmungen hinzuzufügen. Sollten Wir es für nothwendig erachten, auch den bereits konzessionirten oder in Gemäßheit dieses Gesetzes zu konzessionirenden Gesellschaften die Beobachtung dieser Ergänzungen, Abänderungen oder neuen Bestimmungen aufzulegen, so müssen sie sich denselben gleichfalls unterwerfen. Sollte jedoch durch neue, in diesem Gesetze weder festgesetzte noch vorbehaltene (§. 38.) und, sofern von künftig zu konzessionirenden Gesellschaften die Frage ist, später als die ihnen ertheilte Konzession erlassene Bestimmungen, eine Beschränkung ihrer Einnahmen oder eine Vermehrung ihrer Ausgaben herbeigeführt werden, so ist ihnen eine angemessene Geldentschädigung dafür zu gewähren.

2. Gesetz über Kleinbahnen und Privatanschlußbahnen.

Vom 28. Juli 1892.

(GS. S. 225.)

I. Kleinbahnen.

§. 1. Kleinbahnen sind die dem öffentlichen Verkehre dienenden Eisenbahnen, welche wegen ihrer geringen Bedeutung für den allgemeinen Eisenbahnverkehr dem Gesetze über die Eisenbahnunternehmungen vom 3. November 1838 (Gesetz-Samml. S. 505) nicht unterliegen.

Insbesondere sind Kleinbahnen der Regel nach solche Bahnen, welche hauptsächlich den örtlichen Verkehr innerhalb eines Gemeindebezirks oder benachbarter Gemeindebezirke vermitteln, sowie Bahnen, welche nicht mit Lokomotiven betrieben werden.

Ob die Voraussetzung für die Anwendbarkeit des Gesetzes vom 3. November 1838 vorliegt, entscheidet auf Anrufen der Betheiligten das Staatsministerium.

§. 2. Zur Herstellung und zum Betriebe einer Kleinbahn bedarf es der Genehmigung der zuständigen Behörde. Dasselbe gilt für wesentliche Erweiterungen oder sonstige wesentliche Aenderungen des Unternehmens, der Anlage oder des Betriebes. Diese Genehmigung ist zu versagen, wenn die Erweiterung oder Aenderung die Unterordnung des Unternehmens unter das Gesetz vom 3. November 1838 bedingt.

§. 3. Zur Ertheilung der Genehmigung ist zuständig:

1) wenn der Betrieb ganz oder theilweise mit Maschinenkraft beabsichtigt wird: der Regierungspräsident, für den Stadtkreis Berlin der Polizeipräsident, im Einvernehmen mit der von dem Minister der öffentlichen Arbeiten bezeichneten Eisenbahnbehörde;
2) in allen übrigen Fällen, und zwar:
   a) sofern Kunststraßen, welche nicht als städtische Straßen in der Unterhaltung und Verwaltung von Stadtkreisen stehen, benutzt oder von der Bahn mehrere Kreise oder nicht preußische Landestheile berührt werden sollen: der Regierungspräsident, im ersten Falle für den Stadtkreis Berlin der Polizeipräsident,
   b) sofern mehrere Polizeibezirke desselben Landkreises berührt werden: der Landrath,
   c) sofern das Unternehmen innerhalb eines Polizeibezirks verbleibt: die Ortspolizeibehörde.

Wenn die zum Betriebe mit Maschinenkraft einzurichtende Bahn die Bezirke mehrerer Landespolizeibehörden berührt, oder in dem Falle der Nr. 2 a die betreffenden Kreise nicht in demselben Regierungsbezirke liegen, bezeichnet der Oberpräsident, falls jedoch die Landespolizeibezirke beziehungsweise Kreise verschiedenen Provinzen angehören, oder Berlin betheiligt ist, der Minister der öffentlichen Arbeiten im Einvernehmen mit dem Minister des Innern die zuständige Behörde.

Die Zuständigkeit zur Genehmigung von wesentlichen

Erweiterungen oder sonstigen wesentlichen Aenderungen des Unternehmens, der Anlage und des Betriebes regelt sich so, als ob das Unternehmen in der nunmehr geplanten Art neu zu genehmigen wäre. Jedoch bleibt zur Genehmigung von Aenderungen des Betriebes der in Absatz 1 Nr. 1 erwähnten Unternehmungen diejenige Behörde zuständig, welche die Genehmigung zum Bau und Betriebe ertheilt hat.

§. 4. Die Genehmigung wird auf Grund vorgängiger polizeilicher Prüfung ertheilt. Diese Prüfung beschränkt sich auf:

1) die betriebssichere Beschaffenheit der Bahn und der Betriebsmittel,
2) den Schutz gegen schädliche Einwirkungen der Anlage und des Betriebes,
3) die technische Befähigung und Zuverlässigkeit der in dem äußeren Betriebsdienste anzustellenden Bediensteten,
4) die Wahrung der Interessen des öffentlichen Verkehrs.

§. 5. Dem Antrage auf Ertheilung der Genehmigung sind die zur Beurtheilung des Unternehmens in technischer und finanzieller Hinsicht erforderlichen Unterlagen, insbesondere ein Bauplan, beizufügen.

§. 6. Soweit ein öffentlicher Weg benutzt werden soll, hat der Unternehmer die Zustimmung der aus Gründen des öffentlichen Rechtes zur Unterhaltung des Weges Verpflichteten beizubringen.

Der Unternehmer ist mangels anderweitiger Vereinbarung zur Unterhaltung und Wiederherstellung des benutzten Wegetheiles verpflichtet und hat für diese Verpflichtung Sicherheit zu bestellen.

Die Unterhaltungspflichtigen (Absatz 1) können für die Benutzung des Weges ein angemessenes Entgelt beanspruchen, ingleichen sich den Erwerb der Bahn im Ganzen nach Ablauf einer bestimmten Frist gegen angemessene Schadloshaltung des Unternehmers vorbehalten.

§. 7. Die Zustimmung der Unterhaltungspflichtigen kann ergänzt werden:

soweit eine Provinz oder ein den Provinzen gleichstehender Kommunalverband betheiligt ist, durch Beschluß des Provinzialrathes, wogegen die Beschwerde an den Minister der öffentlichen Arbeiten zulässig ist;

soweit eine Stadtgemeinde oder ein Kreis betheiligt ist, oder es sich um einen mehrere Kreise berührenden Weg handelt, durch Beschluß des Bezirksausschusses, im Uebrigen durch Beschluß des Kreisausschusses.

Durch den Ergänzungsbeschluß wird unter Ausschluß des Rechtsweges zugleich über die nach §. 6 an den Unternehmer gestellten Ansprüche entschieden.

§. 8. Vor Ertheilung der Genehmigung ist die zuständige Wegepolizeibehörde und, wenn die Eisenbahnanlage sich dem Bereiche einer Festung nähert, die zuständige Festungsbehörde zu hören. In diesem Falle darf die Genehmigung nur im Einverständniß mit der Festungsbehörde ertheilt werden.

Wenn die Bahn sich dem Bereiche einer Reichstelegraphenanlage nähert, so ist die zuständige Telegraphenbehörde vor der Genehmigung zu hören.

Soll das Gleis einer dem Gesetze über die Eisenbahnunternehmungen vom 3. November 1838 unterworfenen Eisenbahn gekreuzt werden, so darf auch in den Fällen, in denen die Eisenbahnbehörde im Uebrigen nicht mitwirkt (§. 3), die Genehmigung nur im Einverständniß mit der letzteren ertheilt werden.

§. 9. Außer den durch die polizeilichen Rücksichten (§. 4) gebotenen Verpflichtungen sind in der Genehmigung zugleich diejenigen zu bestimmen, welchen der Unternehmer im Interesse der Landesvertheidigung und der Reichs-Postverwaltung in Gemäßheit des §. 42 zu genügen hat.

§. 10. Bei der Genehmigung von Bahnen, auf welchen die Beförderung von Gütern stattfinden soll, kann vorbehalten werden, den Unternehmer jederzeit zur Gestattung der Einführung von Anschlußgleisen für den Privatverkehr anzuhalten. Art und Ort der Einführung unterliegt der Genehmigung der eisenbahntechnischen Aufsichtsbehörde.

Die Behörde (§. 3) hat mangels gütlicher Vereinbarung der Interessenten auch die Verhältnisse des Bahnunternehmens und des den Anschluß Beantragenden zu einander zu regeln, insbesondere die dem Ersteren für die Benutzung oder Veränderung seiner Anlagen zu leistende Vergütung vorbehaltlich des Rechtsweges festzusetzen.

§. 11. Bei der Genehmigung ist die Art und Höhe der Sicherstellung für die Unterhaltung und Wiederherstellung öffentlicher Wege, soweit diese nicht bereits erfolgt ist, vorzuschreiben.

Für die Ausführung der Bahn und für die Eröffnung des Betriebes kann eine Frist festgesetzt und die Erlegung von Geldstrafen für den Fall der Nichteinhaltung derselben, sowie Sicherheitsstellung hierfür gefordert werden.

Auch können Geldstrafen und Sicherheitsstellung zur Sicherung der Aufrechterhaltung des ordnungsmäßigen Betriebes während der Dauer der Genehmigung vorgesehen werden.

§. 12. Der nach den Bestimmungen dieses Gesetzes erforderlichen Sicherstellung bedarf es nicht, wenn das Reich, der Staat oder ein Kommunalverband Unternehmer ist.

§. 13. Die Genehmigung kann dauernd oder auf Zeit ertheilt werden. Sie erfolgt unter dem Vorbehalte der Rechte Dritter, der Ergänzung und Abänderung durch Feststellung des Bauplanes (§§. 17 und 18).

§. 14. Im Interesse des öffentlichen Verkehrs ist bei der Genehmigung (§. 2) durch die zuständige Behörde über den Fahrplan und die Beförderungspreise das Erforderliche festzustellen; zugleich sind die Zeiträume zu bezeichnen, nach deren Ablauf diese Feststellungen geprüft und wiederholt werden müssen.

Von der Feststellung über den Fahrplan kann für einen bei der Genehmigung festzusetzenden Zeitraum abgesehen werden. Dieser Zeitraum kann verlängert werden.

Die Feststellung der Beförderungspreise steht innerhalb eines bei der Genehmigung festzusetzenden Zeitraumes von mindestens fünf Jahren nach der Eröffnung des Bahnbetriebes dem Unternehmer frei. Das alsdann der Behörde zustehende Recht der Genehmigung der Beförderungspreise erstreckt sich lediglich auf den Höchstbetrag derselben. Hierbei ist auf die finanzielle Lage des Unternehmens und auf eine angemessene Verzinsung und Tilgung des Anlagekapitals Rücksicht zu nehmen.

§. 15. Der Aushändigung der Genehmigungsurkunde müssen die nach §. 11 geforderten Sicherstellungen vorausgehen.

§. 16. Die Genehmigung, welche für eine Aktiengesellschaft, eine Kommanditgesellschaft auf Aktien oder eine Gesellschaft mit beschränkter Haftung behufs Eintragung in das Handelsregister (Artikel 210 Absatz 2 Nr. 4, Artikel 176 Absatz 2 Nr. 4 des Deutschen Handelsgesetzbuchs, §. 8 Nr. 4 des Reichsgesetzes vom 20. April 1892 — Reichs-Gesetzbl. S. 477 —) ausgehändigt worden ist, tritt erst in Wirksamkeit, wenn der Nachweis der Eintragung in das Handelsregister geführt ist.

§. 17. Mit dem Bau von Bahnen, welche für den Betrieb mit Maschinenkraft bestimmt sind, darf erst begonnen werden, nachdem der Bauplan durch die genehmigende Behörde in folgender Weise festgestellt worden ist:

1) Der Planfeststellung werden die bei der Genehmigung vorläufig getroffenen Festsetzungen zu Grunde gelegt.

2) Plan nebst Beilagen sind in dem betreffenden Gemeinde- oder Gutsbezirke während vierzehn Tagen zu Jedermanns Einsicht offenzulegen. Zeit und Ort der Offenlegung ist ortsüblich bekannt zu machen.

Während dieser Zeit kann jeder Betheiligte im Umfange seines Interesses Einwendungen gegen den Plan erheben. Auch der Vorstand des Gemeinde- oder Gutsbezirkes hat das Recht, Einwendungen zu erheben, welche sich auf die Richtung des Unternehmens oder auf Anlagen der in §. 18 dieses Gesetzes gedachten Art beziehen.

Diejenige Stelle, bei welcher solche Einwendungen schriftlich einzureichen oder mündlich zu Protokoll zu geben sind, ist zu bezeichnen.

3) Nach Ablauf der Frist (Nr. 2 Absatz 1) sind die gegen den Plan erhobenen Einwendungen in einem nöthigenfalls an Ort und Stelle durch einen Beauftragten abzuhaltenden Termine, zu dem der Unternehmer und die Betheiligten (Nr. 2 Absatz 2) vorgeladen werden müssen und Sachverständige zugezogen werden können, zu erörtern.

4) Nach Beendigung der Verhandlungen wird über die erhobenen Einwendungen beschlossen und erfolgt darnach die Feststellung des Planes, sowie

der Anlagen, zu deren Errichtung und Unterhaltung der Unternehmer verpflichtet ist (§. 18).

Der Beschluß wird dem Unternehmer und den Betheiligten zugestellt.

Der Feststellung (Absatz 1) bedarf es nicht, wenn eine Planfestsetzung zum Zwecke der Enteignung stattfindet.

Wenn aus der beabsichtigten Bahnanlage Nachtheile oder erhebliche Belästigungen der benachbarten Grundbesitzer und des öffentlichen Verkehrs nicht zu erwarten sind, kann, sofern es sich nicht um die Benutzung öffentlicher Wege, mit Ausnahme städtischer Straßen, handelt, der Minister der öffentlichen Arbeiten den Beginn des Baues ohne vorgängige Planfestsetzung gestatten.

§. 18. Dem Unternehmer ist bei der Planfeststellung (§. 17) die Herstellung derjenigen Anlagen aufzuerlegen, welche die den Bauplan festsetzende Behörde zur Sicherung der benachbarten Grundstücke gegen Gefahren und Nachtheile oder im öffentlichen Interesse für erforderlich erachtet, desgleichen die Unterhaltung dieser Anlagen, soweit dieselbe über den Umfang der bestehenden Verpflichtungen zur Unterhaltung vorhandener, demselben Zwecke dienenden Anlagen hinausgeht.

§. 19. Zur Eröffnung des Betriebes bedarf es der Erlaubniß der zur Ertheilung der Genehmigung zuständigen Behörde. Die Erlaubniß ist zu versagen, sofern wesentliche in der Bau- und Betriebsgenehmigung gestellte Bedingungen nicht erfüllt sind.

§. 20. Die Betriebsmaschinen sind vor ihrer Einstellung in den Betrieb und nach Vornahme erheblicher Aenderungen, außerdem aber zeitweilig der Prüfung durch die zur eisenbahntechnischen Aufsicht über die Bahn zuständige Behörde (§. 22) zu unterwerfen.

§. 21. Der Fahrplan und die Beförderungspreise sowie die Aenderungen derselben sind vor ihrer Einführung öffentlich bekannt zu machen.

Die angesetzten Beförderungspreise haben gleichmäßig für alle Personen oder Güter Anwendung zu finden.

Ermäßigungen der Beförderungspreise, welche nicht unter Erfüllung der gleichen Bedingungen Jedermann zu Gute kommen, sind unzulässig.

§. 22. Rücksichtlich der Erfüllung der Genehmigungsbedingungen und der Vorschriften dieses Gesetzes ist jede Kleinbahn der Aufsicht der für ihre Genehmigung jeweilig zuständigen Behörde unterworfen. Bei den für den Betrieb mit Maschinenkraft eingerichteten Bahnen steht die eisenbahntechnische Aufsicht der zur Mitwirkung bei der Genehmigung berufenen Eisenbahnbehörde zu, sofern nicht der Minister der öffentlichen Arbeiten die Aufsicht einer anderen Eisenbahnbehörde überträgt.

§. 23. Die Genehmigung kann durch Beschluß der Aufsichtsbehörde für erloschen erklärt werden, wenn die Ausführung der Bahn oder die Eröffnung des Betriebes nicht innerhalb der in der Genehmigung bestimmten oder der verlängerten Frist erfolgt.

§. 24. Die Genehmigung kann zurückgenommen werden, wenn der Bau oder Betrieb ohne genügenden

Grund unterbrochen oder wiederholt gegen die Bedingungen der Genehmigung oder die dem Unternehmer nach diesem Gesetze obliegenden Verpflichtungen in wesentlicher Beziehung verstoßen wird.

§. 25. Ueber die Zurücknahme entscheidet auf Klage der zur Ertheilung der Genehmigung zuständigen Behörde das Oberverwaltungsgericht.

§. 26. Bei Erlöschen oder Zurücknahme der Genehmigung wird die für die Unterhaltung und Wiederherstellung öffentlicher Wege bestellte Sicherheit, soweit sie für den bezeichneten Zweck nicht in Anspruch zu nehmen ist, herausgegeben. Mangels anderweiter Vereinbarung hat der Wegeunterhaltungspflichtige die Wahl, die Wiederherstellung des früheren Zustandes, nöthigen Falls unter Beseitigung in den Weg eingebauter Theile der Bahnanlage, oder gegen angemessene Entschädigung den Uebergang der letzteren in sein Eigenthum zu verlangen.

Macht der Unterhaltungspflichtige von dem ersteren Rechte Gebrauch, so geht das Eigenthum der zurückgelassenen Theile der Bahnanlage auf den Unterhaltungspflichtigen unentgeltlich über.

Im öffentlichen Interesse kann die Aufsichtsbehörde eine Frist festsetzen, vor deren Ablauf der Unterhaltungspflichtige nicht berechtigt ist, die Wiederherstellung des früheren Zustandes zu verlangen.

§. 27. Ob und inwieweit bei Erlöschen (§. 23) oder Zurücknahme der Genehmigung wegen Unterbrechung des Baues oder Betriebes (§. 24) die für die Ausführung der Bahn oder die fristgemäße Eröffnung oder die Aufrechterhaltung des Betriebes bestimmten Geldstrafen verfallen, entscheidet unter Ausschluß des Rechtsweges der Minister der öffentlichen Arbeiten. Dieser beschließt über die Verwendung solcher Geldstrafen. Letztere sind zu Gunsten des früheren Unternehmens, anderenfalls ähnlicher Unternehmungen in dem betreffenden Landestheile zu verwenden.

§. 28. Unternehmer von Kleinbahnen sind verpflichtet, sich den Anschluß anderer Bahnen gefallen zu lassen, sofern die Behörde, welche die Genehmigung für die Bahn, an welche der Anschluß erfolgen soll, ertheilt hat, mit Rücksicht auf die Konstruktion und den Betrieb der Bahn den Anschluß für zulässig erachtet. Dieselbe Behörde entscheidet auch darüber, wo und in welcher Weise der Anschluß erfolgen soll, regelt in Ermangelung einer gütlichen Vereinbarung die Verhältnisse beider Unternehmer zu einander und setzt, vorbehaltlich des Rechtsweges, die dem erstgedachten Bahnunternehmer für die Benutzung oder Veränderung seiner Anlagen zu leistende Vergütung fest.

§. 29. Unternehmer von Kleinbahnen können die Gestattung des Anschlusses ihrer Bahnen an Eisenbahnen verlangen, welche dem Gesetze über die Eisenbahnunternehmungen vom 3. November 1838 unterliegen, sofern der Minister der öffentlichen Arbeiten mit Rücksicht auf die Konstruktion und den Betrieb der letzteren den Anschluß für zulässig erachtet. Darüber, wo und in welcher Weise der Anschluß herzustellen ist, und über die Verhältnisse beider Unternehmer zu einander, insbesondere über die dem Eisenbahnunternehmer für die Benutzung oder Veränderung seiner Anlagen zu leistende Vergütung entscheidet, in letzterer Beziehung unter Vorbehalt des Rechtsweges, der Minister der öffentlichen Arbeiten.

§. 30. Haben Kleinbahnen nach Entscheidung des Staatsministeriums eine solche Bedeutung für den öffentlichen Verkehr gewonnen, daß sie als Theil des allgemeinen Eisenbahnnetzes zu behandeln sind, so kann der Staat den eigenthümlichen Erwerb solcher Bahnen gegen Entschädigung des vollen Werthes nach einer mit einjähriger Frist vorangegangenen Ankündigung beanspruchen.

§. 31. Der Erwerb (§.. 30) erfolgt unter sinngemäßer Anwendung der Bestimmungen des §. 42 Nr. 4 a bis d des Gesetzes über die Eisenbahnunternehmungen vom 3. November 1838, mit der Maßgabe, daß der Berechnung des 25 fachen Betrages nach §. 42 Nr. 4 a des vorerwähnten Gesetzes das steuerpflichtige Einkommen nach den Bestimmungen des Einkommensteuergesetzes vom 24. Juni 1891 (Gesetz-Samml. S. 175) zu Grunde zu legen ist, jedoch bei den Aktiengesellschaften und Kommanditgesellschaften auf Aktien der Abzug von $3^1/_2$ Prozent des eingezahlten Aktienkapitals (§. 16 Einkommensteuergesetz) fortfällt. Erstreckt sich die Kleinbahn über das Gebiet des Preußischen Staates hinaus in andere Deutsche Bundesstaaten, so ist gleichwohl das Einkommen aus dem gesammten Betriebe der Berechnung der Entschädigung zu Grunde zu legen. War das zu erwerbende Unternehmen noch nicht fünf Jahre im Betriebe, so ist für die Berechnung der Entschädigung der Jahresdurchschnitt des bisher erzielten Reingewinnes maßgebend. —

Ist eine Aktiengesellschaft Unternehmer der zu erwerbenden Bahn, so bedarf es nicht der Einlösung der Aktien von den einzelnen Aktionären, sondern nur der Zahlung der Gesammtentschädigung an die Gesellschaft.

§. 32. Der Unternehmer kann verpflichtet werden, über jede Bahn, für welche ihm eine besondere Genehmigung ertheilt worden ist, dergestalt Rechnung zu führen, daß der Reinertrag derselben, und wenn der Unternehmer eine Aktiengesellschaft ist, die von derselben gezahlte Dividende daraus mit Sicherheit entnommen werden kann.

Die Vernachlässigung dieser Verpflichtung begründet für den Staat das Recht, die Berechnung der Entschädigung nach dem Sachwerthe (§§. 33 bis 35) zu verlangen.

§. 33. Der Unternehmer kann Entschädigung nach dem Sachwerthe verlangen, wenn das Unternehmen noch nicht länger als fünfzehn Jahre im Betriebe ist. Erfolgt die Erwerbung durch den Staat in den ersten fünf Jahren des Betriebes, so werden dem Sachwerth 20 Prozent, erfolgt sie in den nachfolgenden zehn Jahren, so werden demselben 10 Prozent zugeschlagen.

§. 34. Im Falle der Entschädigung nach dem Sachwerthe bilden den Gegenstand des Erwerbes alle dem Unternehmen unmittelbar oder mittelbar gewidmeten Sachen und Rechte des Unternehmers, die Forderungen und Schulden jedoch nur insoweit, als dieselben nach beiderseitigem Einverständnisse auf den Staat übergehen sollen. In die mit den Beamten und Arbeitern bestehenden Verträge tritt der Staat ein, ebenso in solche

Verträge, welche zur Beschaffung des für das Unternehmen erforderlichen Materials abgeschlossen sind.

Für alle Bestandtheile ist der volle Werth zu vergüten.

§. 35. Die Abschätzung und die Festsetzung der Entschädigung für die Bestandtheile des Unternehmens (§. 34) erfolgt nach einem von dem Unternehmer aufzustellenden Inventar, über dessen Richtigkeit und Vollständigkeit erforderlichen Falles zu verhandeln und von dem Bezirksausschusse zu entscheiden ist.

§. 36. Die Festsetzung der Entschädigung (§§. 31 und 33 bis 35) erfolgt, vorbehaltlich des beiden Theilen zustehenden, innerhalb sechs Monaten nach Zustellung des Festsetzungsbeschlusses zu beschreitenden Rechtsweges, durch den Bezirksausschuß unter sinngemäßer Anwendung der §§. 24 bis 29 des Enteignungsgesetzes vom 11. Juni 1874.

Der Bezirksausschuß ist auch für das Vollziehungsverfahren zuständig.

§. 37. Auf die Ermittelung der Entschädigung finden die §§. 24 bis 28, auf die Vollziehung der Enteignung die §§. 32 bis 37, auf das Verfahren vor dem Bezirksausschusse und auf die Wirkungen der Enteignung die §§. 39 bis 46 des Enteignungsgesetzes vom 11. Juni 1874 sinngemäße Anwendung.

Die Entschädigung für Bestandtheile des Unternehmens, welche im Inventar verzeichnet und bei Feststellung der Gesammtentschädigung berücksichtigt, bei der Vollziehung der Enteignung aber nicht mehr vorhanden sind, ist von dem Unternehmer zurückzuerstatten. Für Bestandtheile, welche bei Vollziehung der Enteignung über das Inventar hinaus vorhanden sind, ist auf Antrag des Unternehmers von dem Bezirksausschusse nachträglich die vom Staate zu gewährende Entschädigung festzusetzen.

§. 38. Erwerbsberechtigten (§. 6) gegenüber greift das Erwerbungsrecht des Staates gleichfalls Platz. Ihnen ist der volle Werth des Erwerbsrechtes zu erstatten.

§. 39. Zur Anlegung von Bahnen in den Straßen Berlins und Potsdams bedarf es Königlicher Genehmigung.

§. 40. Die Kleinbahnen werden der Gewerbesteuer auf Grund des Gewerbesteuergesetzes vom 24. Juni 1891 (Gesetz-Samml. S. 205) unterworfen.

Bezüglich der Kommunalbesteuerung sind Kleinbahnen als Privateisenbahnunternehmungen im Sinne des §. 4 des Gesetzes vom 27. Juli 1885, betreffend Ergänzung und Abänderung einiger Bestimmungen über Erhebung der auf das Einkommen gelegten direkten Kommunalabgaben (Gesetz-Samml. S. 327), nicht zu erachten.

§. 41. Die auf Grund des Allerhöchsten Erlasses vom 16. September 1867 (Gesetz-Samml. S. 1528), des Gesetzes vom 7. März 1868 (Gesetz-Samml. S. 223), des Gesetzes vom 11. März 1872 (Gesetz-Samml. S. 257) und der §§. 2 und 3 des Gesetzes vom 8. Juli 1875 (Gesetz-Samml. S. 497) den dort genannten Provinzial- und Kommunalverbänden überwiesenen Kapitalien und Summen können auch zur Förderung des Baues von Kleinbahnen verwendet werden.

§. 42. Die Kleinbahnen unterliegen nachfolgenden Verpflichtungen gegenüber der Postverwaltung:

1) Die Unternehmer haben auf Verlangen der Postverwaltung mit jeder für den regelmäßigen Beförderungsdienst bestimmten Fahrt einen Postunterbeamten mit einem Briefsack und, soweit der Platz reicht, auch andere zur Mitfahrt erscheinende Unterbeamte im Dienst gegen Zahlung der Abonnementsgebühr oder, falls solche nicht besteht, der Hälfte des tarifmäßigen Personengeldes zu befördern.

2) Die Unternehmer solcher Bahnen, welche sich nicht ausschließlich mit der Personenbeförderung befassen, sind außerdem verpflichtet, auf Verlangen der Postverwaltung mit jeder für den regelmäßigen Beförderungsdienst bestimmten Fahrt:

a) Postsendungen jeder Art durch Vermittelung des Zugpersonals zu befördern, und zwar Briefbeutel, Brief- und Zeitungpackete gegen eine Vergütung von 50 Pfennig für jede Fahrt, die anderen Sendungen gegen Zahlung des Stückguttarifsatzes der betreffenden Bahn oder, sofern dieser Betrag höher ist, gegen eine Vergütung von 2 Pfennig für je 50 Kilogramm und das Kilometer der Beförderungsstrecke nach dem monatlichen Gesammtgewicht der von Station zu Station beförderten Poststücke;

b) in Zügen, mit welchen in der Regel mehr als ein Wagen befördert wird, eine Abtheilung eines Wagens für die Postsendungen, das Begleitpersonal und die erforderlichen Postdienstgeräthe, gegen Zahlung der in den Artikeln 3 und 6 des Reichsgesetzes vom 20. Dezember 1875 (Reichs-Gesetzbl. S. 318) und den dazu gehörigen Vollzugsbestimmungen festgesetzten Vergütung, sowie gegen Entrichtung des halben Stückguttarifsatzes der betreffenden Bahn einzuräumen.

3) Die Postverwaltung ist berechtigt, auf ihre Kosten an den Bahnwagen einen Briefkasten anbringen und dessen Auswechselung oder Leerung an bestimmten Haltestellen bewirken zu lassen.

II. Privatanschlußbahnen.

§. 43. Bahnen, welche dem öffentlichen Verkehre nicht dienen, aber mit Eisenbahnen, welche den Bestimmungen des Gesetzes über die Eisenbahnunternehmungen vom 3. November 1838 unterliegen, oder mit Kleinbahnen derart in unmittelbarer Gleisverbindung stehen, daß ein Uebergang der Betriebsmittel stattfinden kann, bedürfen, wenn sie für den Betrieb mit Maschinen eingerichtet werden sollen, zur baulichen Herstellung und zum Betriebe polizeilicher Genehmigung.

§. 44. Zur Ertheilung der Genehmigung (§. 43) ist der Regierungspräsident, für den Stadtkreis Berlin der Polizeipräsident, im Einvernehmen mit der von dem Minister der öffentlichen Arbeiten bezeichneten Eisenbahnbehörde zuständig.

Berührt die Bahn mehrere Landespolizeibezirke, so bestimmt, wenn sie derselben Provinz angehören, der Oberpräsident, falls sie verschiedenen Provinzen angehören oder Berlin dabei betheiligt ist, der Minister der öffentlichen Arbeiten im Einvernehmen mit dem Minister des Innern die zuständige Landespolizeibehörde.

§. 45. Die polizeiliche Prüfung beschränkt sich

1) auf die betriebssichere Beschaffenheit der Bahn und der Betriebsmittel,
2) auf die technische Befähigung und Zuverlässigkeit der in dem äußeren Betriebsdienste anzustellenden Bediensteten,
3) auf den Schutz gegen schädliche Einwirkungen der Anlage und des Betriebes.

Soll eine Bahn, welche an eine dem Gesetze über die Eisenbahnunternehmungen vom 3. November 1838 unterliegende Eisenbahn Anschluß hat, von dem Unternehmer der letzteren angelegt und betrieben werden, so beschränkt sich die Prüfung auf den Schutz gegen schädliche Einwirkungen der Anlage und des Betriebes.

§. 46. Zur Benutzung öffentlicher Wege bedarf es der Zustimmung der Unterhaltungspflichtigen und der Genehmigung der Wegepolizeibehörde.

§. 47. Die Bestimmungen der §§. 8, 17 bis 20 und 22 Satz 1 finden auf diese Bahnen gleichmäßige Anwendung.

§. 48. Polizeiliche Bestimmungen über den Betrieb auf solchen Bahnen können nur im Einverständniß mit der Eisenbahnbehörde (§. 44) erlassen werden.

§. 49. Die Genehmigung kann zurückgenommen werden, wenn wiederholt gegen die Bedingungen derselben in wesentlicher Beziehung verstoßen wird.

Ueber die Zurücknahme der Genehmigung entscheidet auf Klage der Behörde (§. 44) das Oberverwaltungsgericht.

§. 50. Die eisenbahntechnische Aufsicht und Ueberwachung der Privatanschlußbahnen erfolgt durch diejenige Behörde, welcher diese Aufgaben bezüglich der dem öffentlichen Verkehre dienenden Bahn, an welche sie anschließen, obliegen.

§. 51. Die Bestimmungen der §§. 43 bis 49 finden auf diejenigen Bahnen, welche Zubehör eines Bergwerks im Sinne des Allgemeinen Berggesetzes vom 24. Juni 1865 (Gesetz-Samml. S. 705) bilden, keine Anwendung.

Durch die Bestimmung in §. 50 wird das auf dem Allgemeinen Berggesetze vom 24. Juni 1865 (Gesetz-Samml. S. 705) beruhende Aufsichtsrecht der Bergbehörden gegenüber diesen Bahnen nicht berührt.

Gemeinsame und Uebergangsbestimmungen.

§. 52. Gegen die Beschlüsse und Verfügungen, für welche die Landespolizeibehörden in Verbindung mit den Eisenbahnbehörden zuständig sind, und gegen die Beschlüsse und Verfügungen der eisenbahntechnischen Aufsichtsbehörden findet die Beschwerde an den Minister der öffentlichen Arbeiten statt. Im Uebrigen greifen die nach den Bestimmungen der §§. 127 bis 130 des Gesetzes über die allgemeine Landesverwaltung vom 23. Juli 1883 (Gesetz-Samml. S. 195) zulässigen Rechtsmittel Platz.

§. 53. Für die bereits vor Inkrafttreten dieses Gesetzes genehmigten Kleinbahnen und Privatanschlußbahnen ist diejenige Behörde zuständig, welcher die Genehmigung nach Inkrafttreten dieses Gesetzes gemäß §§. 3 und 44 obgelegen hätte.

Auf diese Bahnen finden die §§. 2, 20 bis 22, 24, 25, 40, 42 und 52, beziehungsweise 48 bis 50 des gegenwärtigen Gesetzes, sowie die Bedingungen und Vorbehalte, welche bei ihrer Genehmigung vorgesehen sind, Anwendung.

Die Unternehmer sind jedoch berechtigt, sich durch eine an die zuständige Aufsichtsbehörde zu richtende Erklärung den sämmtlichen Bestimmungen dieses Gesetzes zu unterwerfen.

Die Genehmigung von wesentlichen Erweiterungen oder wesentlichen Aenderungen des Unternehmens, der Anlage oder des Betriebes kann von der Unterwerfung des Unternehmens unter sämmtliche Bestimmungen dieses Gesetzes abhängig gemacht werden.

Der Zeitpunkt der Unterstellung unter dieses Gesetz ist öffentlich bekannt zu machen.

Wohlerworbene Rechte Dritter werden durch die Unterwerfung nicht berührt.

§. 54. Dieses Gesetz tritt bezüglich des §. 40 am 1. April 1893, bezüglich aller anderen Bestimmungen am 1. Oktober 1892 in Kraft.

§. 55. Mit der Ausführung dieses Gesetzes werden der Minister der öffentlichen Arbeiten und der Minister des Innern betraut.

Sachregister.

Die Zahlen bezeichnen die Seiten.

A.

B.

H.

J.

K.

L.

M.

N.

O.

P.

R.

S.

T.

U.

V.

W.

Z.

Lippert & Co. (G. Pätz'sche Buchdr.), Naumburg a/S.

Verzeichniß
der
Guttentag'schen Sammlung
Deutscher Reichsgesetze
und
Preußischer Gesetze.

Text-Ausgaben mit Anmerkungen.

Taschenformat.

Deutsche Reichsgesetze grün,
Preußische Gesetze grau cartonnirt.

Berlin SW.48
Wilhelmstraße 119/120
J. Guttentag, Verlagsbuchhandlung.
1895.

FSC
www.fsc.org
MIX
Papier | Fördert
gute Waldnutzung
FSC® C083411

Kolibri 360 GmbH
Ferdinand-Jühlke-Straße 7
99095 Erfurt, Deutschland
produktsicherheit@kolibri360.de